30-04

VÉRITÉ

Tome 1
Les Sages de Sion

DU MÊME AUTEUR

Série DAMNÉ

Tome 1, *L'Héritage des cathares*, Paris, Hugo & Cie, 2012.

Tome 2, *Le Fardeau de Lucifer*, Paris, Hugo & Cie, 2013.

Tome 3, *L'Étoffe du Juste*, Paris, Hugo & Cie, 2013.

Tome 4, *Le Baptême de Judas*, Paris, Hugo & Cie, 2014.

Série LE TALISMAN DE NERGAL

Tome 1, *L'Élu de Babylone*, Montréal, Hurtubise, 2008.

Tome 2, *Le Trésor de Salomon*, Montréal, Hurtubise, 2008.

Tome 3, *Le Secret de la Vierge*, Montréal, Hurtubise, 2008.

Tome 4, *La Clé de Satan*, Montréal, Hurtubise, 2009.

Tome 5, *La Cité d'Ishtar*, Montréal, Hurtubise, 2009.

Tome 6, *La Révélation du Centre*, Montréal, Hurtubise, 2009.

HERVÉ GAGNON

VÉRITÉ

TOME 1
LES SAGES DE SION

Hugo Roman

Direction éditoriale : Pierre Bourdon
Révision linguistique : Corinne de Vailly
Conception graphique et mise en pages : Louise Durocher
Graphisme et illustration de la couverture : Kinos

Département de Hugo Publishing
34/36, rue La Pérouse
75116 Paris
www.hugoetcie.fr
Dépôt légal : mars 2018
ISBN : 978-2-7556-3714-4
Imprimé en France par CPI Brodard et Taupin - N° d'impression : 3028120

Prologue

Ussat-les-Bains, Ariège,
France, 1917

Personne ne naît monstre. Certes, il en est de moins chanceux que d'autres qui, lorsqu'ils entrent en ce monde, sont affligés d'infirmités et de limites qu'ils n'ont ni demandées, ni méritées, qu'ils traîneront comme un boulet de forçat toute leur vie. Même si certains sont sans doute prédisposés au Mal, personne n'entre dans la vie avec une âme déjà noire. Le Mal n'est pas plus intrinsèque que le Bien. Les deux s'apprennent un geste à la fois, par l'exemple. Pour prospérer, l'un et l'autre doivent être alimentés jusqu'à devenir assez forts pour se nourrir eux-mêmes et s'auto-engendrer sans cesse. Les gens mauvais ne sont pas plus à blâmer pour le Mal que les gens de Bien ne doivent être félicités pour leurs bienfaits. Chacun n'est que le fruit du terreau où le hasard l'a planté.

Roland Sentenac n'était pas né monstre. Il l'était devenu. On l'avait fabriqué petit à petit, et cela avait construit l'adulte qu'il était. Il n'avait pas pu faire autrement. Il n'avait même pas su qu'on pouvait faire autrement. Pour lui, le Mal avait été dans l'ordre naturel des choses, et on ne remet pas en question ce qui va de soi.

Maître Marcel Sentenac, respectable et prospère notaire de son état, et Eugénie Sentenac, née Clanet, avaient été les jardiniers qui l'avaient cultivé avec les instruments insuffisants dont ils disposaient. Ils l'avaient arrosé de froideur, engraissé à l'indifférence, fait pousser à coups de rejet et avaient fait croître le jeune plant avec une absence de règles. Lorsque le Bien et le Mal ne sont pas clairement définis, le Mal triomphe toujours. Il est simplement plus fort.

Il était justifié de considérer Roland Sentenac comme une victime du mauvais sort. Il n'avait jamais voulu que celle avec qui il avait passé neuf mois dans le ventre de leur mère naisse mort-née, étranglée par le cordon ombilical de son jumeau. Le sort avait fait tout cela, mais c'était Roland qui en avait payé le prix. Qui a dit que le sort était juste et bon? Le destin est le jeu personnel d'un Dieu cruel et vengeur.

Pour autant que Roland pût le dire, sa mère avait toujours vécu hors de sa vie, en périphérie: une forme diaphane entrevue du coin de l'œil, à la fois présente et absente. Il avait vaguement côtoyé une ombre, une créature triste, sombre et à moitié catatonique, claquemurée dans sa chambre ou dans un boudoir aux tentures tirées. Ce pauvre spectre communiquait peu. Son regard était perpétuellement abattu et vide. Le teint cireux, les joues creuses, les yeux cernés, elle était maigre et voûtée; une vieillarde brisée qui n'avait pas encore trente ans. Rien à voir avec les photos qui montraient une jeune mariée souriante et bien en chair, le regard espiègle, au bras de son Marcel. Cette femme-là avait dévoré la vie à pleines dents. Celle qui existait dans la demeure des Sentenac avait été dévorée par la vie.

Eugénie Sentenac ne s'était jamais remise d'avoir accouché d'un petit cadavre bleui. Elle n'était pourtant pas la première femme à qui ce malheur arrivait, mais pour elle, la perte de l'enfant qu'elle ne verrait jamais grandir s'était révélée impossible à surmonter. Par ricochet, Marcel ne s'en était pas relevé, lui non plus. La jeune femme lumineuse qu'il aimait tant s'en était allée ce jour-là pour ne plus jamais reparaître. L'amour s'était mué en apathie silencieuse. Le jeune notaire n'était pas assez bête pour croire qu'un bébé encore en gestation puisse volontairement étouffer sa jumelle avec son propre cordon ombilical. Malgré cela, il ne pouvait faire autrement qu'attribuer à la maudite grossesse à moitié réussie le fait que sa jeune épouse s'était flétrie comme une rose.

Le hasard avait gâché trois vies et avait ouvert la porte au Mal.

Roland avait souvenir du boudoir où Eugénie passait une partie de ses journées, entourée d'une multitude de poupées de porcelaine dont elle brossait les cheveux en leur roucoulant doucement des paroles incompréhensibles. Implicitement, cette pièce était un lieu inaccessible, mais il arrivait parfois que, mû par une étrange curiosité à l'égard de cette étrangère qui vivait à l'écart, il s'y glissât. Eugénie l'accueillait d'un regard éteint, comme s'il était transparent, avant de reporter son attention sur la poupée qui faisait l'objet de ses attentions du moment. Beaucoup plus rarement, il arrivait qu'elle force un sourire aussi triste qu'éphémère. Il la regardait jouer un peu sans qu'elle lui accorde davantage d'attention et repartait sans trop savoir ce qu'il avait espéré, mais avec le cœur serré et une étrange lourdeur dans le ventre. De la haine, aussi. Une haine qui grandissait, comme une plante pleine d'épines poussait sur un tas de fumier.

L'un de ces épisodes avait défini Roland à jamais. Il devait avoir quatre ou cinq ans. Il était entré dans le boudoir et avait trouvé sa mère assise sur le canapé, un cadre dans les mains au lieu de l'habituelle poupée. Elle pleurait à chaudes larmes en regardant une image dans les tons sépia. Roland s'était approché sur la pointe des pieds pour se planter près d'elle, indécis, se demandant s'il devait tenter de la consoler sans savoir s'il pouvait la toucher. Il s'était étiré le cou pour voir ce qu'il y avait sur la photo. Sa maman. Jeune, toute belle avec un très gros ventre. Il n'en était pas tout à fait certain, mais il croyait savoir que c'était là que poussaient les bébés déposés par les papas.

— C'est toi qui es dans mon ventre, lui avait-elle déclaré d'une voix morne et nostalgique.

Roland avait ressenti une joie mêlée de fierté en apprenant cette étonnante nouvelle. Lui, dans son ventre à elle? Le seul fait que sa mère lui adresse la parole lui causait un inexplicable plaisir.

— Ta petite sœur aussi était dans mon ventre, avait-elle ajouté en caressant la photographie, la nostalgie peinte sur le visage.

— Elle est morte, ma petite sœur, avait déclaré Roland, qui tenait l'affirmation de conversations chuchotées, surprises au hasard.

En entendant cela, Eugénie avait tourné lentement la tête pour poser sur lui un regard dur et mouillé de larmes.

— C'est toi qui devrais être mort, avait-elle craché, la bouche déformée par un rictus haineux tandis que ses yeux lui lançaient des éclairs. Pas elle. Toi. Tu ne devrais pas être là. Va-t'en!

Elle s'était aussitôt murée dans son silence. Blessé, il était reparti à reculons, sans faire de bruit, la laissant seule avec l'image du bonheur qui lui avait été enlevé. Il s'était heurté à son père, qui avait observé la scène depuis la porte. Raide dans son costume sombre et son col de cravate empesé, Marcel lui avait adressé un regard dur.

— Tu ne vois pas que tu fais pleurer ta pauvre maman? avait-il lâché, les dents serrées sous sa fine moustache bien cirée.

La gifle était venue de nulle part, lui dévissant presque la tête.

— Elle a assez de peine comme ça. Pas besoin de lui rappeler que tu existes en plus! Allez ouste! Fiche le camp!

Le cœur en miettes et la joue en feu, Roland avait fui dans sa chambre où l'abondance de jouets ne comblait pas sa solitude. Il y avait emporté des certitudes: sa maman et son papa avaient voulu très fort une petite fille et c'était sa faute s'ils ne l'avaient pas eue. Elle était morte à cause de lui. Il n'aurait pas dû naître. Il avait brisé la vie de ses parents et, quand on est méchant à ce point, on ne mérite pas d'être aimé. Mais on n'aime pas non plus. Sur le tas de fumier, la plante couverte d'épines grandissait.

Peu après cet épisode, un investissement presque oublié dans une mine de fer en Allemagne s'était soudain mis à rapporter gros. En un rien de temps, Marcel Sentenac avait fait fortune. Il avait vendu son étude notariale pour se destiner tout entier à faire prospérer cette nouvelle richesse, saisissant l'occasion de s'absenter de plus en plus souvent et longtemps pour fuir loin de l'ambiance funèbre de la maison. On avait donc retenu les services d'une nounou chargée de s'occuper de l'enfant et de la mère. Jeanine. C'était le nom de la grosse matrone au regard aussi austère que le chignon qu'elle portait toujours, sanglée dans une permanente robe noire surmontée d'un tablier blanc, au visage exempt de sourire et de douceur. Elle avait pris soin de Roland avec compétence et méthode. Elle avait veillé à ce qu'il soit bien nourri, bien lavé, bien vêtu, qu'il fasse ses devoirs, qu'il soit soigné par le docteur Gadal quand il était malade. Roland n'avait manqué de rien. Sauf d'amour, car en donner ne faisait pas partie des tâches de Jeanine.

Le Mal n'est pas inné, mais il est très contagieux. Il s'attrape facilement auprès de ceux qui le portent en eux, qui le font et qu'on a la malchance de côtoyer. Il s'installe d'autant plus facilement que le terrain est rendu fertile par la haine et l'indifférence. Il attire les plus vulnérables comme le feu attire les mouches qui finissent par s'y brûler les ailes. Une lueur à la fois, il éteint la lumière en eux, ne laissant que des ténèbres libres de s'épaissir. Le Mal est plus que la simple absence du Bien. Il est ce qui reste quand le Bien a disparu. Ou la mort.

Si la maison familiale avait été le purgatoire de Roland, la cour d'école avait été son enfer quotidien. Chétif, renfermé, taciturne, triste et laissé sans protection, il avait été la cible parfaite des enfants qui, tels les loups et les hyènes, attaquent les plus faibles en meute. Il avait été tourmenté de toutes les façons, insulté, humilié et battu. On lui avait craché dessus, on l'avait roulé dans la boue, piétiné et frappé. Hormis l'instituteur, qui intervenait les rares fois où ses bourreaux manquaient de discrétion, jamais personne n'était venu à son secours. Ses parents voyaient à peine ses vêtements sales et déchirés, les ecchymoses, et le sang qui avait coulé de son nez. Jeanine nettoyait ses éraflures en maugréant.

Roland avait été laissé sans défense, abandonné face au Mal et le Mal était entré encore plus profondément en lui.

De la mort aux rats. C'était tout ce qu'il avait fallu pour modifier l'équilibre précaire de la maisonnée

Sentenac. Un jour, Roland avait vu la grosse Jeanine disposer à l'aide d'une vieille cuillère des petits tas de poudre blanche dans la cave. Questionnée, elle lui avait expliqué que des rats avaient eu l'impudence d'établir domicile dans le cellier et que cette substance les ferait « crever comme des rats ». Elle avait beaucoup ri de son mot d'esprit. Roland, lui, avait imaginé autre chose.

Quelques jours plus tard, la mort des sales bestioles avait été annoncée en grande pompe par la gouvernante. Roland s'était assuré de noter où Janine entreposait la substance, puis il avait attendu que tout le monde en oublie l'existence. Le Mal est patient. Comme un abcès qui s'infecte.

La mort aux rats avait trouvé son chemin dans les plats que Jeanine apportait à Eugénie, toujours cloîtrée et hors du monde. Tromper la vigilance de la matrone n'avait pas été difficile.

Petit à petit, la femme Sentenac s'était éteinte doucement. La dernière dose avait été massive et la mort, immédiate. Le bon docteur Gadal, de connivence avec le mari éploré, avait omis de noter la présence de poison sur le certificat de décès un peu complaisant, se contentant d'évoquer la « mélancolie chronique » de la défunte. Officiellement, Eugénie Sentenac était morte de cause inconnue. Quelques rumeurs avaient couru parmi les bien-pensants d'Ussat-les-Bains, mais dans les petits villages, les gens préfèrent regarder ailleurs. Des funérailles aussi hâtives que discrètes avaient été organisées. Eugénie était devenue un souvenir un peu embarrassant que l'on n'évoquait qu'en chuchotant.

Elle était allée retrouver son foutu bébé mort, la petite fille jamais née qui avait pourri la vie de tout le monde. Bon débarras. Les deux fantômes, le mort et le vivant, avaient fini de hanter la maison. C'est ainsi qu'à onze ans, Roland Sentenac était devenu un matricide. Il ne l'avait jamais regretté.

1

Rome, palais du Latran,
23 mars 1227

Le nouveau pape n'avait plus beaucoup d'illusions. Prêtre depuis de nombreuses décennies, juriste de surcroît, il avait vu tout ce qu'il y avait de plus sale et nauséabond dans la vie vaticane. Les intrigues de couloirs et les trahisons avaient été son lot quotidien. Mais au-delà des restrictions mentales et des compromis politiques et moraux, il lui restait la foi. Jusqu'à maintenant, en tout cas.

Le monde d'Ugolino de Agnani ne serait plus jamais le même. Le trône de saint Pierre était déjà une chaise bien inconfortable pour un vieil homme. On venait en plus de poser sur ses frêles épaules une croix trop lourde. Depuis son intronisation, il avait partagé son temps entre deux tâches : se familiariser avec les dossiers les plus urgents de son prédécesseur Honorius III et prendre connaissance des secrets plus ou moins farfelus qui se transmettaient de pape en pape.

— Seigneur, pourquoi ne m'as-tu pas rendu sénile et gâteux, comme les autres vieillards ? se lamenta-t-il. À cette heure, je serais serein et heureux.

Dieu lui avait refusé cette grâce. Malgré son âge avancé, il était resté désespérément lucide et devait maintenant faire face à l'abomination dont il venait de prendre connaissance.

Deux jours plus tôt, Ugolino avait été installé sur le trône de saint Pierre sous le nom de Grégoire IX. Il avait choisi ce nom en hommage à Grégoire VII, qui avait réformé la papauté deux siècles et demi auparavant. À force de mesures, d'interdits et d'anathèmes, le brave homme avait réussi à purifier les mœurs du clergé et à endiguer la simonie des évêques. Enfin, en partie. Et voilà qu'Ugolino se rendait compte que cette réforme avait été futile.

L'enveloppe en cuir maroquiné s'était retrouvée sous une pile de dossiers. Dessus, tracé à la feuille d'or, un seul mot : MENDACIUM[1].

Intrigué, Ugolino l'avait ouverte pour y trouver quatre pages de papier vélin couverts de l'écriture fine et serrée de son cousin Lotario Conti, qui avait occupé le trône de saint Pierre, lui aussi, sous le nom d'Innocent III. Il les avait parcourues avec un effroi grandissant. Le seul fait que Lotario ait écrit ces mots de sa main, sans l'aide d'un secrétaire, témoignait de leur gravité. Il avait su des choses terribles qui, assurément, pesaient lourd sur sa conscience. Ses mains tremblaient comme des feuilles au vent, mais leur agitation n'avait rien à voir avec les quatre-vingt deux ans de leur propriétaire.

1. Mensonge.

Le pape comprenait mieux, maintenant, pourquoi Lotario avait déployé tant d'efforts pour consolider le pouvoir de l'Église. Sachant ce qu'il savait, il ne pouvait faire autrement. Maintenant, il savait, lui aussi, et le reste de sa vie serait un véritable purgatoire.

Grégoire IX déposa les feuillets sur la table au dessus de marbre et caressa pensivement l'épaisse barbe blanche de patriarche qui convenait si bien à sa nouvelle fonction.

— *Pater, si vis, transfer calicem istum a me; verumtamen non mea voluntas sed tua fiat*[2], murmura-t-il d'une voix épuisée.

Il allait se signer mais sa main s'arrêta à mi-chemin. Un rire cynique lui échappa et il secoua la tête, dépité.

— *Eli, Eli, lema sabachtani?*[3] renâcla-t-il avec amertume et dépit.

Il étira le bras vers l'élégante aiguière d'argent remplie de ce riche vin de Toscane qu'il affectionnait particulièrement. Il s'en versa une pleine coupe et l'avala en trois grandes gorgées. Il n'avait jamais eu tant besoin de s'abrutir. Une chaleur réconfortante se répandit dans son ventre et le calma un peu. L'homme pragmatique qu'il avait toujours été ne tarda pas à reprendre le dessus. Si Dieu lui avait prêté vie toutes ces années, c'était pour placer entre ses mains cette mission délicate, et il essaierait de s'en montrer digne. Car Dieu et la religion étaient deux choses distinctes. Il était bien placé pour le

---

2. « Père, si tu veux, éloigne de moi cette coupe ; cependant, que ce ne soit pas ma volonté qui soit faite, mais la tienne », Luc, 22, 42.
3. « Mon Dieu, mon Dieu, pourquoi m'as-tu abandonné ? », Matthieu, 27, 46.

savoir. La seconde se drapait dans la première pour exercer un pouvoir temporel dénué de toute moralité. Rien de plus.

Il remit les papiers dans l'enveloppe et soupira. Il était épuisé et devait se reposer un peu. Dès l'aube, il se rendrait en personne aux Archives secrètes et lirait le document auquel son cousin avait fait allusion. Il ne croirait vraiment à son existence que lorsqu'il l'aurait vu de ses yeux et tenu dans ses mains. Ensuite, il le scellerait pour son successeur.

Décidément, se dit-il, l'Église avait beaucoup d'ennemis et chacun avait le pouvoir de la réduire à l'état de simple secte. Mais le pire de tous était sans aucun doute elle-même.

2

Quelque part dans les Pyrénées,
22 juin 1279

Brisé par le temps et par la vie, le vieil homme gisait sur son lit de mort. À quatre-vingt quatorze ans, après tant de souffrances et de tourments, Dieu le rappelait enfin à lui. L'entêtante odeur de pourriture qui emplissait l'austère petite chambre trahissait le mal qui le rongeait de l'intérieur. Le temps vient à bout des monuments les plus imposants, même eux que l'on croit éternels, songea Odon.

Gondemar de Rossal, l'homme qui avait protégé la Vérité pendant soixante-dix longues années, n'était plus qu'un frêle tas d'os et de chairs flasques. Du colosse qui, jadis, avait tellement fait rager Simon de Montfort – le chef des croisés massacreurs des cathares, le chien du pape Innocent III –, il ne restait qu'un vague et lointain souvenir. Depuis des années, Gondemar n'arrivait plus à marcher et l'arthrite lui avait déformé les articulations. Son esprit, cependant, était demeuré vif et il avait joué jusqu'à la fin le rôle qui lui avait été imparti. Même aux portes de la mort, il avait commandé sans faillir et pris les décisions nécessaires à l'accomplissement du mandat qui lui avait été confié. Tel avait été son lot et il avait porté le fardeau sans jamais fléchir.

En cet instant même, malgré la douleur, le guerrier posait sur Odon un regard toujours lucide et brillant d'intelligence. Il esquissa un sourire crispé qui révéla des gencives édentées. Un filet de sang s'écoula à la commissure de ses lèvres ; il l'épongea distraitement avec un mouchoir déjà taché. Odon ne put retenir une grimace.

— Tu ne vas pas tourner de l'œil comme une femmelette, l'admonesta l'agonisant, une lueur espiègle et complice dans les yeux.

Malgré sa tristesse, Odon força un sourire. Le Créateur n'avait jamais démontré la moindre pitié pour Gondemar de Rossal. Il avait imposé à sa pauvre créature une vie de souffrance, de renoncement et de solitude. Si Dieu châtiait vraiment ceux qu'il aimait, alors son amour pour le vieil homme qui agonisait en cet instant avait été immense. Ce dernier avait subi les épreuves avec une résignation digne de Job et n'avait jamais rechigné. Il avait été un monument d'abnégation, de résignation et de courage ; un homme comme on n'en faisait plus, dont tous les *Praetores* s'étaient inspirés.

Gondemar avait hérité du titre de *Cancellarius Maximus* de Norbert de Craon. Ce faisant, il était devenu le chef du *Prateorium*, l'ordre millénaire chargé de protéger la Vérité. Il avait consacré à cette tâche ingrate chaque instant de sa vie, chaque souffle.

Un à un, ses vieux compagnons étaient retournés à la lumière. Pernelle, son amie d'enfance devenue cathare, puis Ugolin, son fidèle compagnon d'armes, au côté duquel il avait combattu les croisés, et combien d'autres encore. Tous, ils étaient partis. Le géant de jadis avait encaissé ces pertes sans broncher et accepté sa solitude toujours croissante. Du groupe qui l'avait rejoint pour sauver la Vérité, il ne restait maintenant qu'Odon, fils de Pernelle, et, à quatre-vingts ans passés, lui-même était cruellement conscient qu'il n'en avait plus pour très longtemps.

Autour de la paillasse, des hommes à la mine grave formaient un hémicycle silencieux. Ils portaient les mêmes patronymes que leurs prédécesseurs, ce qui créait une étrange sensation de familiarité : Payns, Saint-Omer, Montdidier, Saint-Agnan, Montbard, Bisors, Payraud... Jamais les Familles Fondatrices du *Praetorium* n'avaient failli à leur engagement d'envoyer des fils pour combler les ponctions effectuées par le temps dans les effectifs du *Praetorium*.

— Le *consolamentum*... implora Gondemar.

Têtu comme une mule, le diable d'homme avait attendu la toute dernière minute pour se réconcilier avec son Créateur et demander à recevoir le seul sacrement de la religion cathare, à la fois baptême et extrême-onction. D'aussi loin qu'Odon pût s'en souvenir, Gondemar s'était tenu loin des choses sacrées, au point de susciter quelques murmures suspicieux parmi ses hommes, tous hérétiques aux yeux de l'Église, alors que lui-même, c'était chose connue, ne l'était point. Mais ses gestes avaient toujours parlé d'eux-mêmes, et il avait commandé un indéfectible respect.

Un homme vêtu de noir se détacha des autres et s'accroupit près de l'agonisant, un livre dans les mains.

— Entends-tu bien que notre sacrement t'assure le pardon de tes péchés, mais pas le salut? demanda-t-il avec douceur.

— Je l'entends, répondit le *Cancellarius Maximus* avec difficulté.

Le Parfait posa la main sur la tête du mourant, depuis longtemps dépouillée de sa chevelure rousse.

— *Gratia Domini nostri Jesu Christi sit cum Omnibus vobis. Benedicite, parcite nobis. Fiat secundum verbum tuum*[4], récita le saint homme. Bien-aimé frère, que le Père saint, juste, véridique et miséricordieux, qui a le pouvoir dans le Ciel et sur la Terre de remettre les péchés, te remette et te pardonne tous tes péchés en ce monde et te fasse miséricorde dans le monde futur. Que le Seigneur Dieu te pardonne et te conduise à bonne fin.

— *Amen*, haleta le mourant, la voix rendue rauque par la douleur et une anxiété palpable. Qu'il en soit fait selon ta parole, Seigneur.

Il porta la main à sa gorge et, pendant quelques secondes, resta immobile, manifestement aux aguets de quelque chose qui ne se produisit pas. Puis il ferma les yeux. Son visage se chiffonna, une larme s'échappa de son œil droit et suivit le chemin des rides profondes jusqu'à son cou.

— Je suis vraiment pardonné, chuchota-t-il pour lui-même, visiblement ému et surpris. Que Dieu soit loué.

---

4. « Que la grâce de notre Seigneur Jésus Christ soit avec vous tous. Bénis et épargne-nous. Qu'il en soit fait selon ta parole. »

Pour la première fois depuis qu'Odon connaissait Gondemar, le visage du guerrier prit une expression sereine, presque transfigurée. Puis un rire monta de sa gorge, d'abord discret, qui se mua en un puissant éclat. Médusé de l'effet imprévu du sacrement, le Parfait se releva.

— Son âme est prête à quitter la chair, chuchota le Parfait avec tout le calme dont il disposait. Pour ce qui est de sa raison, par contre...

Le saint homme reprit sa place parmi les autres. D'un geste, Gondemar invita Odon à s'approcher. Le fils illégitime de dame Pernelle, fruit du viol et de la haine qui avait frappé le village de Rossal voilà si longtemps, mais aimé de tous, ravala un sanglot et s'accroupit avec difficulté près de la paillasse. Ses genoux émirent des craquements douloureux dont il ne tint pas compte. Son maître et son héros était à l'article de la mort et, à cet instant précis, rien d'autre ne comptait. Il laissa errer son regard fatigué sur leurs mains jointes. À travers le film laiteux qui brouillait sa vue depuis des décennies, il constata qu'elles arboraient les mêmes taches de vieillesse, les mêmes veines gonflées sous la peau translucide et les mêmes cicatrices. Deux hommes bien trop vieux, qui en avaient beaucoup trop vu.

— Attends que je sois... mort pour... chialer, tu veux bien? haleta le mourant en forçant un sourire. Ta mère... était... un homme... bien plus solide... que toi.

Odon eut un petit rire triste en entendant pour la dernière fois cette vieille blague.

— Tout... est en place et je meurs... tranquille. Fais ce que dois... Tu retourneras bientôt à la... Lumière, toi aussi.

— Gondemar... hésita Odon. Une fois que... que tu seras... parti, comment ton successeur saura-t-il que le temps de la révélation est venu?

— Crois-m'en, un messager... lui indiquera... les... voies de... Dieu.... Et il... n'est pas... commode. Il n'a aucune... pitié pour... les mortels.

Ce disant, le vieil homme pointa un index osseux et tremblant vers le coin de la pièce.

— Il est là... le maudit... bougre, râla-t-il. Je t'ai... bien eu, hein? Sale... petite... engeance.

Comme si une douleur soudaine l'avait frappé, Gondemar grimaça et porta la main à son épaule gauche, là où se trouvait une croix cathare marquée dans sa chair, seule preuve qu'il ne rejetait pas la religion des Parfaits. Odon attribua ces paroles obscures à la confusion de l'agonie. Il n'était pas rare que les mourants voient des choses qu'eux seuls pouvaient apercevoir. Dans un ultime sursaut, le mourant écarquilla subitement les yeux et émit un gémissement de chiot apeuré. Il parvint à se relever à demi, saisit la chemise d'Odon et le tira vers lui avec ce qui lui restait de forces.

— La bête... bredouilla-t-il avec urgence, son haleine pestilentielle emplissant les narines de son interlocuteur. Elle viendra... Elle... voudra... conquérir... le monde. Elle ne doit pas... jamais... posséder la Vérité. Un autre... Un autre... sera... damné. Il devra... Un pacte... avec le diable...

Il fut saisi d'un ultime spasme et retomba sur la paillasse. À la surprise générale, il fut pris d'un fou-rire.

— Tu peux aller… te… faire… enculer, Métatron, maudit… châtron, ricana-t-il avec un immense sourire sous lequel le guerrier de jadis reparaissait. J'arrive… Et je me ferai… une joie de… botter ton petit… cul comme… j'en ai toujours… eu envie.

Le rire se calma peu à peu. Le visage de Gondemar de Rossal prit une expression déterminée et il ouvrit grand les yeux, bien décidé à regarder la mort en face. Un dernier souffle s'échappa de sa poitrine usée, mais pour les *Praetores* assemblés autour de lui, il fut pareil au vacarme d'un monument sacré qui s'écroule.

3

Quelque part dans les Pyrénées,
23 juin 1279

Les yeux bouffis d'avoir trop pleuré, Odon avait regardé la dépouille de Gondemar de Rossal être descendue dans son dernier repos. Conformément à ses instructions strictes, le *Cancellarius Maximus* avait été inhumé dans un drap blanc, à la manière templière, la jambe droite repliée formant le chiffre quatre avec la gauche, les mains jointes sur sa fidèle épée Memento. L'arme, baptisée par celui-là même qui l'avait forgée à son entrée dans l'Ordre des Neuf, portait les marques d'innombrables batailles. Tel qu'ordonné, Odon l'avait solennellement déposée sur la poitrine du mort, poignée vers le haut à la hauteur du cœur, de sorte que l'arme formait une sorte de croix. La pauvre vieille n'avait plus combattu depuis longtemps, mais elle avait une ultime mission à accomplir pour celui qui lui avait donné naissance.

L'homme qui avait consacré le plus clair de sa vie à cette cause n'aurait même pas la grâce de reposer auprès de ses chers disparus.

— *Quia pulvis es et in pulverem reverteris*[5], ne put s'empêcher de chuchoter Odon.

Le retour au *Praetorium* dura des jours et fut singulièrement lugubre. Tous avaient le cœur lourd et, le premier jour, nul ne dit mot. Par la suite, la tristesse teinta tous les échanges. Une fois revenus, les *Praetores* suivirent le chemin tortueux des couloirs et des grottes pour descendre les trente-trois marches vers le *Sanctum Sanctorum*, où se ferait la passation des pouvoirs. La Vérité ne devait jamais se trouver sans responsable désigné.

La pièce avait été aménagée dans une crevasse naturelle grossièrement équarrie voilà des années par plusieurs des hommes qui s'y trouvaient maintenant – un sanctuaire bien grossier pour le secret le plus grave de la chrétienté, mais la ruse avait fonctionné. Et puis, il avait fallu faire vite, car les ennemis de la Vérité s'étaient dangereusement approchés de l'ancien *Praetorium*. L'air et le geste graves, Odon laissa courir sur eux un regard bienveillant et avisa Bernon de Saint-Agnan, jeune trentenaire aux épaules larges, aux cheveux et aux yeux d'un noir corbeau. Gondemar avait souvent remarqué l'air de famille qu'il partageait avec Eudes, son lointain parent.

— Agenouille-toi ! ordonna Odon, le visage grave.

---

5. « Tu es poussière et tu retourneras à la poussière », Genèse, 3, 19.

— M-Moi? bredouilla le jeune homme, en réalisant la portée de l'invitation. Mais... Je... Les autres... Ils sont tous meilleurs et plus valeureux que moi.

Le vieil homme fit une pause et lui adressa un sourire rempli de tolérance.

— Gondemar a laissé des instructions, lui expliqua-t-il patiemment. Il était le *Cancellarius Maximus*. Obéis à ses ordres, comme tu en as fait serment, mon frère. Donne-moi ton épée, je te prie.

Le jeune homme s'agenouilla à contrecœur et lui tendit son arme. Les *Praetores* se disposèrent en hémicycle autour de lui. Aucun d'eux ne semblait l'envier. Bien au contraire, on pouvait lire la compassion et la pitié sur leurs visages burinés.

Le vieillard posa l'épée sur l'épaule gauche de l'homme agenouillé, puis sur la droite et, enfin, sur le dessus de sa tête.

— Bernon de Saint-Agnan, je t'adoube et te fais *Cancellarius Maximus* du *Praetorium*, déclara-t-il. Dès cet instant, et jusqu'à ta mort, ton autorité sur les *Praetores* sera absolue et sans appel. Ta mission sera de protéger la part de la Vérité dont tu as la garde jusqu'au jour de sa révélation. D'autres en feront autant de leur côté. Si tu retournes à la Lumière avant ce jour, tu désigneras toi-même ton successeur, comme le veut la tradition.

Il regarda tour à tour les *Praetores* et leur désigna l'homme toujours agenouillé devant lui.

— Mes frères, voici votre *Cancellarius Maximus*! s'exclama-t-il. *Cancellarius Maximus*, voici tes *Praetores*!

À l'unisson, tous posèrent un genou à terre en signe d'allégeance à leur nouveau chef.

— Je te salue ! Je te rends hommage ! Je t'obéis, *Cancellarius Maximus* ! déclara chacun à tour de rôle.

Un à un, ils se relevèrent. Homme humble et discret, Saint-Agnan, encore sonné par une nomination qu'il n'avait pas vue venir, prit le reliquaire à deux mains avec une extrême révérence. Il échangea avec Odon un regard empreint de respect.

— Il en sera fait comme l'a décrété Gondemar, l'assura-t-il, à contrecœur.

Il salua le vieil homme de la tête, tourna les talons et sortit, suivi de ceux qui étaient maintenant ses hommes, laissant derrière lui le dernier représentant de la génération précédente.

Quelques jours plus tard vint le moment de la trahison. C'était là l'ultime devoir d'Odon. Résigné, et très conscient qu'il risquait sa vie s'il était pris, il se rendit de nuit dans le *Sanctum Sanctorum*. Après s'être assuré que personne ne traînait dans les environs, il sortit le reliquaire de la niche où celui-ci était conservé et le déposa sur le sol de pierre. Ses doigts aux jointures noueuses avaient creusé la terre et la boue pendant tant d'années qu'il avait l'impression qu'elles s'étaient à jamais imprégnées dans sa peau et sous ses ongles.

Il tâta le fond de l'alcôve rocheuse et actionna un mécanisme qui y était bien caché. Le double fond pivota et il tendit les bras pour saisir ce qui se trouvait là. Il tira vers lui le coffre d'or et d'argent qui y avait été conservé à l'insu de tous. Il le déposa sur le sol et l'ouvrit, s'autorisant à en admirer le contenu quelques secondes. Il osa même caresser du bout des doigts la surface de pierre gravée de caractères plusieurs fois millénaires. Puis il s'empara d'un médaillon qu'il passa à son cou. C'était lui qui indiquerait la voie.

Il referma le double fond de l'alcôve et tira le rideau devant la niche. Tôt ou tard, on s'apercevrait que le reliquaire avait disparu, mais cela n'aurait plus d'importance. Quant au coffre, personne ne saurait jamais qu'il avait été conservé ici pendant tant d'années. Il sentit un grand poids se poser sur ses frêles épaules. Du succès de son entreprise dépendrait tant de choses.

Odon se releva avec difficulté et attendit que les élancements dans ses genoux s'atténuent. Il avait prêté serment et, ni sa conscience, ni la peur, ni le délabrement de son corps ne devaient le lui faire violer. Il était temps de finir le travail. Il déposerait les parts de la Vérité et les messages là où on le lui avait ordonné. Le reste ne dépendait pas de lui. Les Familles Fondatrices ne partageaient par leurs intentions avec les exécutants. Quand tout serait fini, il aurait l'éternité pour se reposer. Et pour ruminer le fait qu'il avait dû mentir à Gondemar de Rossal.

4

Près de Paderborn, province de Westphalie,
21 février 1939

Par les nuits de tempête, le château de Wewelsburg, perché sur un petit sommet et entouré d'arbres, prenait des airs sinistres. Choisie parce qu'elle était située à l'intersection de plusieurs lignes d'énergie, l'ancienne forteresse du dix-septième siècle au plan triangulaire si particulier avait pratiquement été reconstruite pierre par pierre par le *SS-Reichführer* Heinrich Himmler. Ses murs étaient imprégnés par la mort : un millier de prisonniers politiques du camp de Sachsenhausen n'avaient pas survécu aux travaux forcés. Mille deux cent quatre-vingt cinq, pour être précis. Les corps avaient été brûlés et les cendres utilisées comme engrais dans le jardin de la prison.

Officiellement, Wewelsburg était le siège de la *Gesellschaft zur Förderung une Pflege deutscher Kulturdenkmäler*[6]. Il abritait en réalité le quartier général de la *Schutzstaffel*, sorte de Vatican païen. De là, le

6. Société pour la Promotion et la Préservation des Monuments de la culture allemande.

Germanenorden, larvé au plus profond de l'Ordre noir, initiait et instruisait les nouveaux officiers triés sur le volet. Ceux qui y étaient invités en ressortaient transfigurés et convaincus. Ceux qui y étaient emmenés contre leur gré n'en ressortaient jamais.

Bientôt, Wewelsburg se retrouverait au centre du monde. Selon une ancienne légende nordique, c'était en effet près de là que devait se produire l'ultime bataille entre le Bien et le Mal. Himmler entendait être aux premières loges pour célébrer le triomphe du Reich.

La Mercedes-Benz 770 gravit la pente douce qui menait au château. Un éclair déchira la nuit pluvieuse et venteuse, illuminant de façon sinistre le bâtiment de pierres grises et se reflétant dans ses nombreuses fenêtres. Himmler admira la scène par la vitre de la voiture et sourit. Un peu de lugubre ne gâchait rien.

Petit, relativement chétif, un peu dégarni, le menton fuyant et équipé d'épaisses lunettes, Heinrich Himmler était affligé d'un physique très éloigné des critères de sélection imposés à la moindre recrue SS. Il en était conscient, mais personne n'osait le lui dire, et peut-être même le penser. On ne critiquait pas celui qui décidait de votre vie et de votre mort. Aussi les douze *Oberst-Gruppenführer* réunis dans la crypte, tous vêtus d'une longue robe rouge, l'accueillirent-ils avec le respect mêlé de crainte qu'ils lui devaient. Ces habitués mesuraient avec justesse leur chance d'être là. Il leur rendit leur salut nazi et leur *Heil Hitler!* et prit place dans son fauteuil en chêne rembourré de cuir de sanglier. La plaque d'argent qui l'identifiait portait l'inscription *Heinrich der Vogler*[7], légendaire roi de Saxe mort mille ans plus tôt et dont il était la réincarnation, comme tout le monde le savait.

La crypte ronde du *Germanenorden* avait été aménagée sous la grande salle à dîner de Wewelsburg. Elle était la véritable raison de la restauration du château. Avec ses murs de pierre d'un mètre et demi d'épaisseur, elle était entièrement isolée de l'extérieur. Le jour, elle était éclairée par des puits de lumière, mais le soir, elle baignait dans le halo dansant et un peu sinistre de douze flambeaux. Au centre du plafond en dôme se trouvait un swastika stylisé, sculpté à même la pierre. Dans le plancher était aménagée une cuvette en pierre dans laquelle on brûlait les restes des héros de l'Ordre noir, dont on conservait ensuite les cendres dans les urnes qui s'accumulaient dans les niches sur le pourtour de la pièce. Pour cette raison, les initiés désignaient la crypte sous le nom de *Walhalla* – le hall des morts. La cuvette permettait aussi d'évacuer les liquides, et c'est à ce titre qu'elle serait sollicitée cette nuit.

Le *Reichführer* retira ses lunettes et en essuya méthodiquement la pluie avec un mouchoir. Quand il eut fini, il les chaussa à nouveau puis ferma les yeux et prit quelques grandes inspirations pour calmer son tourment intérieur. Ce soir encore, il allait invoquer les Anciens et leur faire une offrande afin qu'ils étendent leur protection sur le royaume que le Troisième Reich était en train d'ériger pour eux.

---

7. Henri l'Oiseleur (v. 876 – v. 936)

Quand il se sentit bien disposé, il souleva le marteau posé sur le plateau à sa droite – une magnifique imitation de celui du dieu Thor –, et frappa trois coups secs. Les *Gruppenführer* se raidirent imperceptiblement dans leur fauteuil. L'officier le plus proche se leva et se rendit à la porte. Il saisit le heurtoir et répéta les trois coups, qui lui furent retournés de l'extérieur.

— Mes frères, je déclare ouverte cette tenue du *Germanenorden*, déclara-t-il. Purifiez-vous pour le rite à venir.

Le portier claqua des talons et tendit le bras, ouvrit et s'écarta pour céder le passage à un *SS-Unterscharführer*[8] à l'air grave qui portait un bassin en fer battu rempli d'eau et une serviette en lin pliée sur l'avant-bras. Le nouveau venu s'avança et présenta le bassin à Himmler, qui y puisa un peu d'eau pour se laver les mains, et la serviette pour les éponger. Un à un, les autres l'imitèrent. Les ablutions cérémonielles terminées, le jeune homme se retira. La porte fut refermée derrière lui.

Himmler toisa tour à tour les *Gruppenführer*. Ils étaient fébriles à l'idée de retourner, ne serait-ce que brièvement, à la religion originelle qui avait fait la force et l'identité de la nation germanique. Ils aimaient aussi l'idée d'appartenir à un ordre secret larvé au cœur de la *Schutzstaffel*. Personne ne résistait à l'attrait de savoir ce que les autres ignoraient. Mais ils étaient tous convaincus. Dans quelques années, l'antique nation allemande, pure et *judenfrei*[9], serait

8. Sergent.
9. Sans juifs.

à nouveau unifiée sur son territoire naturel. Elle y avait prospéré voilà plus de cent mille ans, quand les Germains régnaient sur l'Europe. Le royaume serait bientôt rétabli. Les géants habiteraient à nouveau la terre. Le christianisme, dénaturé depuis si longtemps, serait relégué aux oubliettes. Déjà, l'Autriche était annexée et le Reich se préparait à envahir la Moravie et la Bohême. Dans trois semaines, le mouvement serait enclenché. Il serait irrésistible.

Himmler frappa un nouveau coup de marteau, se leva et ouvrit grand les bras. Les manches de sa robe se déployèrent telles des ailes. Il tourna le visage vers les cieux et se sentit aussitôt transfiguré, rempli d'une force vitale et primale. L'emplacement de la forteresse avait vraiment été bien choisi.

— J'en appelle aux anciens dieux ! déclara-t-il de la voix chaude et sereine qu'il utilisait dans ses discours publics. Aux dieux injustement oubliés qui ont patiemment attendu le réveil de leurs enfants ! À Wotan, redoutable dieu des morts, de la justice et du savoir qui, avec ses frères Vili et Vé, créa le monde ! À Frigg, son épouse, qui prend place à ses côtés à Hlidskjálf et, avec lui, observe les mondes ! À Baldr, leur fils, dieu de la jeunesse, de la beauté et de l'amour ! À Thor, dieu du tonnerre, dont le marteau écrase les ennemis ! À Jörd, la terre-mère qui nous nourrit et nous abreuve ! À Loki, le malin qui apporte la discorde parmi nos adversaires ! Aux Landvaettir, qui peuplent les lieux naturels et au Grand Yggdrasill, Arbre du Monde !

— *Heil !* s'écrièrent les *Gruppenführer* avec conviction, le bras droit tendu dans le salut traditionnel.

La tension montait dans la crypte.

— Nous implorons votre miséricorde, ô puissances anciennes et oubliées ! reprit-il. Pardonnez-nous notre apathie et notre ingratitude ! Revenez parmi votre peuple légitime, ô forces de la nature et de la vie, créatrices de tout ce qui est fort et sauvage ! Daignez répandre à nouveau vos faveurs et votre protection sur vos élus et les guider vers la victoire ! Étendez votre bénédiction et votre protection sur votre royaume et donnez à vos élus la force de détruire vos ennemis !

— *Heil !*

Himmler se tut et sentit un frisson de fébrilité traverser l'assistance. L'apogée de la cérémonie approchait. Il frappa trois nouveaux coups de maillet. Deux officiers en uniforme entrèrent. L'un portait une coupe en fer ornée de rivets. L'autre tenait en main la longue dague cérémonielle ornée des deux runes *Sig* qui faisaient partie de l'uniforme d'apparat des SS. Ils encadraient un jeune soldat au torse nu, droit comme une barre de fer. Les trois avancèrent au pas vers le centre de la crypte, claquèrent des talons et saluèrent le *Reichführer*, le bras tendu. Ce dernier leur retourna leur geste, aussitôt imité par les douze hommes présents.

— Ô divinités anciennes, recevez cette offrande en signe de notre fidélité ! s'écria-t-il en levant à nouveau les bras au ciel.

— *Heil !*

Il observa le superbe spécimen blond aux yeux bleus, grand et solide, debout au centre de la crypte. Son regard était ferme et, à part une tension perceptible dans sa mâchoire, il ne trahissait aucun signe de peur. Une belle offrande, songea le *Reichführer* qui ne put s'empêcher d'admirer son courage. Qui pouvait le blâmer d'être un peu nerveux ?

— Que le sang pur d'un de vos guerriers arrose et fertilise votre royaume ! Que sa vitalité vous abreuve ! Que son âme immortelle sacrifiée vous rejoigne et nous revienne fortifiée !

— *Heil !* tonnèrent une dernière fois les douze *Gruppenführer.*

Le jeune homme s'agenouilla de son propre chef, sans la moindre hésitation, une expression déterminée sur le visage. Les mains croisées sur l'abdomen, il ferma les yeux.

— Tout-puissant et immortel Wotan, accueille-moi à Asgard afin que je puisse mettre mon bras à ton service, murmura-t-il.

Sur un signe de tête subtil de Himmler, l'officier brandit la dague et fit un tour complet sur lui-même afin que tous la voient. Il prit place derrière le soldat, appuya la lame sur la gorge de celui-ci et, d'un geste assuré, trancha. Un puissant jet de sang jaillit aussitôt et le second officier tendit la coupe pour recueillir le précieux élixir de vie.

Alors qu'il se vidait de sa vie, le jeune homme ne cessa de sourire, en proie à une extase mystique que les participants lui enviaient. Évidemment, les drogues administrées avant la cérémonie y étaient pour quelque chose, mais personne n'avait à le savoir. Quand il fut sur le point de s'écrouler, celui qui l'avait égorgé le soutint par les aisselles et l'allongea avec respect sur le dos dans son propre sang, lui croisa les bras sur la poitrine et lui ferma les paupières. Quelques faibles jets de sang jaillirent de la plaie béante pour se muer en écoulement. Puis l'offrande aux dieux expira avec la conviction d'avoir rempli son rôle. Grâce à lui, l'Allemagne était un peu plus proche d'un retour à sa grandeur naturelle, à la domination qu'elle devait exercer sur le monde.

Indifférent au fait que son uniforme était trempé de sang, l'officier qui tenait la coupe l'éleva vers le ciel, parodiant l'offertoire de la messe chrétienne. Maintenant venait la communion. Il se plaça devant Himmler et lui tendit la coupe. Le *Reichführer* l'accepta et la brandit à son tour.

— Que ce sang exempt d'impuretés, seule offrande digne des anciens dieux, n'ait pas été versé en vain, dit-il. Que vienne le royaume des anciens dieux !

Dans la crypte, la *Chevauchée des Walkyries*, cet air qui incarnait si bien le rêve allemand, retentit. Himmler s'en imprégna un moment avant de porter le calice à ses lèvres et avala une gorgée du sang pur. Le liquide chaud avait une saveur cuivrée et acidulée dont il appréciait la valeur symbolique. La vie devait avoir un goût puissant.

Tandis qu'il observait les *Gruppenführer* s'abreuver tout à tour, Himmler implora l'aide des dieux anciens dans sa quête. Il avait mobilisé les vastes ressources de la *Schutzstaffel* et il détiendrait bientôt le Graal de la légende – la preuve que la religion chrétienne n'était qu'une supercherie. Il le brandirait sous le regard ébahi du monde entier. Alors, même les Sages ne pourraient plus rien contre le Reich. Il détruirait les ennemis millénaires des Aryens. La terre entière appartiendrait à nouveau à ses héritiers légitimes. Pour de bon, cette fois.

5

Cité du Vatican,
2 mars 1939

D'un pas leste, l'abbé Benvenuto Clementelli parcourait les couloirs sans fenêtres qui menaient à son bureau. Sa soutane sobre et bien coupée battait contre ses mollets. Le col romain amidonné, une mallette en cuir fin dans la main gauche, les cheveux grisonnants renvoyés vers l'arrière pour dégager son front haut, le nez aquilin, il portait fort bien sa mi-quarantaine. Il incarnait l'élégance vaticane dans ce qu'elle avait de plus raffiné. Il était le parfait prêtre bureaucrate, rompu aux finesses et aux subtilités de la curie romaine. La vie qu'il menait le comblait. Il savourait le son des talons de ses souliers vernis sur le sol de marbre. Au cours des quatorze dernières années, il avait suivi ce parcours tous les matins et ne s'en était jamais lassé.

Le soldat de la *Cohors helvetica pontificia*[10] qui montait la garde dans son uniforme d'un autre âge

10. Garde suisse pontificale.

le vit approcher et se mit aussitôt au garde-à-vous, hallebarde en main. Comme toujours, Clementelli lui donna une bénédiction amicale accompagnée d'un rire complice.

— Je ne suis pas ton officier, Roberto, lui dit-il avec le même humour que tous les matins. Je ne suis qu'un petit prêtre perdu dans des corridors remplis de vieux papiers.

— Mais vous êtes *mon* petit prêtre, *padre*, badina le garde.

— Allez, ouvre plutôt cette porte, ricana l'abbé.

Le militaire s'exécuta, s'écarta et la lui tint ouverte.

— *Lei passa una buona giornata*[11], *padre*, lui dit-il.

— *Anche tu*, Roberto[12].

La porte se referma et Clementelli reprit sa marche. Les Archives secrètes du Vatican étaient son antre et son royaume. Il s'y sentait dans son élément comme nulle part ailleurs et, s'il s'était écouté, il y aurait passé ses jours et ses nuits. Mais il fallait bien dire la messe de temps à autre, ce qu'il expédiait un peu trop souvent. À titre d'archiviste adjoint il faisait partie des élus autorisés à fréquenter les documents les plus confidentiels de l'Église. L'obtention d'un tel poste exigeait une enquête très poussée des services de sécurité et un serment d'office plus sérieux encore que ceux des diplomates. Son appartenance à cette caste privilégiée lui valait un péché d'orgueil avec lequel il composait très bien et dont il s'accusait chaque semaine à confesse pour se donner bonne conscience.

---

11. Passez une bonne journée, mon père.
12. Toi aussi, Roberto.

Chaque fois qu'il déambulait dans les corridors sombres aux plafonds bas, il avait l'impression un peu iconoclaste de se diriger vers la caverne d'Ali Baba. Les Archives contenaient de véritables trésors politiques, diplomatiques et religieux. Facétieux, les archivistes les surnommaient secrètement le *Débir* – le Saint des saints du Temple de Salomon de l'Ancien Testament, où seul le Grand Prêtre pénétrait une fois l'an, le jour du *Yom Kippour* après avoir procédé à maintes ablutions pour se purifier. Un nom juif pour le dépôt des plus grands trésors chrétiens. Clementelli appréciait l'ironie.

Il s'arrêta devant une nouvelle porte, releva sa soutane et repêcha dans la poche droite de son pantalon fraîchement repassé le trousseau qu'il y gardait. Il sélectionna une clé, déverrouilla et franchit le seuil. Il s'assura que le battant était bien refermé derrière lui. Il prit le temps de humer l'odeur de la poussière des siècles, qu'il aimait tant, puis reprit son chemin. Du plancher au plafond, les murs étaient tapissés d'étagères de métal. Presque quatre-vingts kilomètres de rayonnage, avait un jour calculé un employé particulièrement industrieux ou désœuvré. Çà et là, une porte donnait accès à une salle aux conditions climatiques contrôlées avec soin, où l'on conservait des documents extrêmement fragiles. Partout, il n'y avait que du papier et, surtout, des connaissances ; des connaissances réservées à une élite dont il faisait partie.

Il était fait pour cet endroit. Il avait toujours été curieux, presque voyeur, et les Archives secrètes regorgeaient de choses confidentielles et embarrassantes qu'il apprenait avec délice. Bien sûr, le Vatican prétendait avec tout le sérieux du monde que le terme «secrètes» n'était qu'un synonyme pour «privées». Pourtant, l'Inquisition elle-même n'avait-elle pas affirmé à maintes reprises que ce que ce que l'on gardait secret était forcément condamnable? Depuis toujours, l'Église était la spécialiste du deux poids, deux mesures. Le vœu de pauvreté et la moralité étaient pour les autres, pas pour elle. Faites ce que je prêche, pas ce que je fais.

Il laissa son regard glisser sur les innombrables boîtes. Parmi des siècles de dépêches diplomatiques envoyées par les nonces, de copies d'encycliques et de bulles, de lettres manuscrites de papes et de cardinaux, d'échanges épistolaires avec des rois et des reines, se trouvaient des choses qui ne devaient sous aucun prétexte voir la lumière du jour. Il en avait lui-même vu plus que son saoul. Peut-être que sa désillusion récente trouvait là sa source? À force d'être exposés au mensonge et à la fourberie, ses principes étaient sans doute mis à mal.

Il s'était amusé des récits détaillés des orgies d'Alexandre VI Borgia et de sa fille Lucrèce. Il avait appris le secret du poison de la famille papale. Il avait feuilleté un grimoire de magie écrit par Honorius III. Il avait consulté le texte original de la prophétie des papes de saint Malachie et des prophéties de Michel de Nostredame. Il avait tenu dans ses mains le pardon secret accordé aux Templiers par Clément V. Il avait dépouillé les actes du procès pour hérésie de Galilée, assez naïf pour affirmer que la Terre tournait autour du Soleil. Il avait eu accès à des échanges épistolaires aussi ultrasecrets qu'amicaux entre certains papes et des individus officiellement excommuniés et voués à la géhenne. Il avait consulté des évangiles anciens jamais révélés par Rome. Il avait appris le contenu du troisième secret révélé par la Vierge à Fatima en 1917 – il n'était pas si terrible. Il avait consulté des rapports confidentiels sur l'assassinat de plusieurs papes. Il s'y trouvait même une considérable collection de gravures, de dessins et de tableaux pornographiques méticuleusement accumulée par les Saints-Pères les plus coquins.

Il y avait en ces lieux tout ce qu'il fallait pour faire douter le plus fervent des chrétiens, et encore, ce n'était qu'un mince échantillon. Personne ne pouvait se vanter d'avoir lu chaque document conservé dans le dépôt souterrain du nord de la Cité. Pour y parvenir, il aurait fallu plusieurs vies et encore davantage pour en évaluer l'importance.

Clementelli passa une autre porte et poursuivit son chemin, perdu dans ses pensées. Ce dont les fidèles ne se rendaient pas compte, c'était que l'Église, toute sainte se prétendait-elle, était une institution humaine et, par conséquent, politique. Elle avait fait sa part de compromis honteux et commis mille bassesses, sans compter ses pactes plus ou moins sérieux avec le diable. Celui que ce misérable avorton de Pacelli avait conclu avec le *Führer* Hitler n'était que le dernier en lice et même pas le moins glorieux. Le petit nouveau, qu'il devait appeler Pie XII depuis la veille, était un diplomate accompli. À ce titre, il n'hésitait pas à retrousser sa soutane et à se pencher en avant si la raison d'État l'exigeait.

La proximité secrète entre le Vatican et le Troisième Reich donnait envie de vomir à Clementelli.

Lorsqu'il était question de la sainte Église catholique et apostolique, charité bien ordonnée commençait littéralement par soi-même. Il se signa aussitôt, demandant un pardon dont il ne ressentait pas vraiment le besoin. Penser de telles choses du pape ne se faisait pas, à plus forte raison lorsqu'elles étaient vraies. En bon historien, il comprenait les exigences de la politique. Le Vatican n'avait pas survécu si longtemps en suivant de beaux principes.

Il atteignit la porte de son bureau, dans lequel il entra pour poser sa mallette sur sa grande table de travail en acajou et ressortit. Ce matin, il avait planifié une tâche très particulière. La veille, il était resté très tard, à lire et à organiser les archives laissées par Pie XI. Achille Ratti avait beaucoup écrit et il faudrait des mois, voire des années pour tout classer. Lorsqu'il avait entendu des pas, un peu avant minuit, il avait tendu l'oreille, mais sans plus, jusqu'à ce que montent des chuchotements. Le personnel des Archives secrètes ne parlait pas fort, mais il ne chuchotait pas. Craignant quelque chose de louche, il avait éteint sa lampe et refermé sa porte. Par l'entrebâillement, il avait eu la surprise d'apercevoir le secrétaire particulier du pape défunt accompagné de deux gardes suisses armés. Intrigué, il avait observé la scène en se demandant ce qu'il pouvait bien faire là, celui-là, alors que son travail se terminait avec Pie XI. De quel droit et en vertu de quelle autorisation entrait-il en ce lieu?

Le secrétaire semblait savoir exactement ce qu'il cherchait. Sans hésiter, il s'était dirigé vers une étagère, était monté à une échelle et avait localisé une boîte tout en haut, au fond. Il était redescendu, l'avait ouverte pour en vérifier le contenu et avait fermé les yeux comme pris d'une terrible souffrance. *Dieu tout-puissant, aie pitié de nous*, l'avait-il entendu murmurer. Puis l'homme était reparti avec les gardes, laissant seul un archiviste adjoint interdit. Clementelli avait décidé d'attendre et ne l'avait pas regretté. Quatre-vingt-dix minutes plus tard, le secrétaire, convaincu que les Archives étaient désertes, était revenu pour replacer la boîte à sa place avant de disparaître comme un fantôme dans les couloirs sombres.

La curiosité piquée, et craignant le retour de l'ex-confident de Pie XI ou des gardes, Clementelli avait bien noté l'emplacement de la mystérieuse boîte de documents. Il avait décidé d'attendre au lendemain pour l'examiner de plus près.

Le moment était maintenant arrivé et il ne tenait plus en place. Il retrouva sans mal l'étagère dans le méandre d'allées toutes pareilles qu'il connaissait par cœur. Il grimpa à l'échelle, écarta la première rangée de boîtes en carton épais et repéra celle qui avait intéressée le secrétaire la veille. Il la saisit, redescendit et l'emporta dans son bureau comme si de rien n'était. Il croisa un collègue au passage et le salua sans broncher.

Il s'assit et considéra le carton un moment. Le secret qu'il contenait devait être particulièrement juteux pour qu'on s'introduise de nuit, comme un voleur, pour l'emporter, puis le rapporter. Même les cardinaux n'étaient pas admis en ces lieux sans autorisation. Aussi fébrile que la pire des commères, il ouvrit la boîte. Il y trouva deux lettres manuscrites et une enveloppe en cuir maroquiné, ancien mais bien conservé. Il déposa le tout devant lui sur la table. La première lettre était en fait une courte note rédigée en 1227 par Grégoire IX peu après son intronisation. La seconde était de la main d'Innocent III. Il savait que les deux papes avaient été parents. Les faits que décrivait Innocent étaient particulièrement difficiles à croire. Sa Sainteté révélait comment, en pleine croisade contre les cathares, elle avait réussi à mettre la main sur un document dont elle avait eu vent et dont le contenu remettait en question les fondements mêmes de l'Église. Innocent conseillait à ses successeurs sur le trône de saint Pierre d'en prendre acte, puis de l'enfouir au plus profond des Archives secrètes. Grégoire IX, pour sa part, se contentait de renouveler l'admonestation.

Fébrile et intrigué, Clementelli mit les manuscrits de côté et se concentra sur l'enveloppe. On y avait tracé un seul mot à la feuille d'or :

MENDACIUM

L'archiviste adjoint reconnut le sceau en cire rouge de Grégoire IX. Il était cassé. Conformément aux instructions du vieux pape – mort à 96 ans –, la missive avait donc été lue après et, selon toute vraisemblance, le lecteur le plus récent avait été Pie XII. Il ouvrit l'enveloppe et y trouva un document sur papier vélin dont l'en-tête seul suffisait amplement à établir le grand âge et l'importance. Il lut le texte en latin jusqu'au bout, comme le Christ avait bu le calice jusqu'à la lie.

Quand il eut fini, Benvenuto Clementelli était changé à jamais. Atterré, il resta longtemps immobile, le regard fixe. Il était assez compétent pour ne pas douter de l'authenticité du document. Une sainte colère l'envahit, mêlée au dégoût le plus profond et le plus nauséabond qu'il eut jamais ressenti. L'édifice de ses croyances profondes venait de s'effondrer comme un château de cartes. Sa foi et ses espoirs avaient été placés dans une gigantesque tromperie. On leur avait menti, à lui et à tous les chrétiens. On avait empoché leurs oboles au point que le Vatican baignait dans l'or. L'Église, à laquelle il avait consacré sa vie et qu'il avait servie avec tant de conviction, savait depuis presque deux mille ans que la résurrection n'était qu'un mythe : Jésus était mort de vieillesse.

Un unique sanglot le secoua. Les yeux toujours braqués sur le document, les mains à plat sur la table, il n'eut pas un geste pour essuyer ses larmes de rage et de désespoir. Le monde était sur le point de s'embraser et voilà qu'il découvrait avec stupeur que la religion qu'il avait imaginée comme étant le dernier bastion de la décence humaine pendant la tempête qui s'annonçait ne valait rien.

Pie XII pactisait comme une vulgaire putain avec le Reich et détournait le regard de l'abomination que préparaient les nazis. Et voilà que le Saint-Père protégeait aussi un obscène mensonge dont il était certainement avisé, comme tous ses prédécesseurs depuis Innocent III. Il ne servait plus à rien de défendre l'Église. Autant la détruire. Et Clementelli savait précisément comment s'y prendre. La décision lui vint comme une inspiration divine.

Avec soin, Benvenuto Clementelli remit les manuscrits dans le porte-documents, puis plaça ce dernier dans sa mallette. Il se leva et, tel un automate, se dirigea vers la porte. Il regarda une dernière fois son bureau, puis sortit. Il devait pactiser avec le diable.

6

Ussat-les-Bains, Ariège, France,
12 mars 1939

Le Mal a ceci de particulier qu'il se lasse vite de lui-même. Divinité vengeresse au tempérament volage, il exige toujours plus d'offrandes et de sacrifices de ceux qu'il possède, en échange des plaisirs qu'il leur procure. Le Mal est une bête insatiable qui finit par se nourrir d'elle-même.

Ayant terminé ses classes élémentaires, et n'ayant aucun métier à exercer, Roland avait presque vécu en reclus dans la maison familiale, et limitant ses déplacements aux courses ponctuelles à Ussat-les-Bains. Il n'avait vu aucune nécessité d'errer au-delà de ces frontières naturelles, mettant rarement le pied ailleurs dans la région. Asocial sans pour autant être ermite, il n'avait jamais échangé plus que nécessaire avec les villageois, limitant les interactions aux transactions courantes, ne ressentant pas le désir de communiquer davantage. Il s'était suffi à lui-même. La cohabitation avec son père avait été marquée par un silence lourd de méfiance. Peut-être le docteur Gadal avait-il fait part à ce dernier de ses soupçons, à moins que Jeanine n'ait noté la baisse de son stock de mort aux rats. La gouvernante avait d'ailleurs remis sa démission quelques jours après la mort de Madame. Mais, même s'il avait refusé l'autopsie, Marcel savait, et Roland savait qu'il savait. Le regard torve qu'il surprenait parfois avait amplement suffi à le confirmer.

Le Mal ne se contente pas d'être. Il évolue, s'étend, grandit et prospère. Telle est sa nature. Il finit par devenir si puissant que rien n'échappe à son appétit. Ultimement, il finit par se retourner contre lui-même, comme un serpent qui mange sa propre queue.

Quatre ans plus tôt, Marcel Sentenac avait été terrassé par une crise d'apoplexie que sa richesse n'avait pas pu empêcher. Elle l'avait laissé paralysé du côté droit et à peine plus mobile de l'autre. Dès lors, il y avait eu retournement de la situation. Le père avait goûté à son tour à l'indifférence. Il était devenu une loque balbutiante que Roland avait laissée décrépir et croupir dans sa merde dans la plus totale indifférence – celle-là même qu'il avait vécue. Le paternel avait fondu comme neige au soleil et s'était transformé en un débris affalé dans un fauteuil roulant, le menton mal rasé couvert de bave et de restes de nourriture que son fils ne prenait pas souvent la peine d'essuyer. Il ne l'aidait pas beaucoup plus à pisser et à chier, ce qui engendrait une permanente odeur de merde dans la maison qui avait jadis senti la tristesse. Le vieux fumier pourrait vivre dans ses excréments jusqu'à cent ans. Il récoltait ce qu'il avait semé.

Marcel passait le plus clair de son temps dans la cuisine, l'air hagard, songeant à son argent qui prospérait et se multipliait tandis que lui-même se flétrissait et que sa haine et sa méfiance envers son fils grandissaient en parallèle. Il refusait net de déléguer ses pouvoirs à un héritier qu'il ne connaissait pas et dont il se méfiait, préférant recevoir le représentant d'un fonds d'investissement une fois par mois et signer de la main gauche les papiers qu'on lui présentait.

Marcel déposa sur la table de la cuisine deux sacs de provisions. Avec son mètre soixante-douze, ses soixante-quatorze kilos, ses cheveux noirs coupés court, son visage aussi mince que son corps, son dos légèrement voûté, l'homme était du genre à passer complètement inaperçu et cela lui convenait parfaitement.

— T'es encore en vie, toi? lança Roland en passant près de lui. T'aurais pu avoir la décence de crever pendant que j'étais pas là.

Un rictus haineux déforma le visage à demi paralysé du vieux, qui fit un effort pour inspirer profondément et gonfler ce qui lui restait de poitrine. Le crachat, épais et verdâtre, atteignit Roland à la joue droite.

— P-petit mer-deux, parvint-il à ajouter. C'est t-t-ta m-m-mè-re qui d-doit être f-f-fiè-re.

Le premier coup de poing partit avant même que Roland ne s'en rende compte. La peau se fendit et le sang se mit à couler sur la joue de Marcel, suivant les rigoles des rides. Le vieil homme ne broncha pas, son regard de défiance décuplant la colère du fils. Le deuxième coup lui brisa le nez dans un craquement navrant. L'infirme sourit et ses dents se teignirent de rouge. Le troisième coup asséné marqua le début d'un déluge.

Quand Roland cessa de frapper, Marcel Sentenac n'était plus qu'un sac d'os gisant au sol. Son visage était méconnaissable, mais il souriait encore et ses yeux sans vie restaient braqués sur son fils. À bout de souffle et en sueur, les poings fermés sur ses cuisses, Roland toisa le cadavre. Sa rage était toujours présente en surface, mais dans son for intérieur, il était déçu. Le vieux était mort sans se plaindre, sans supplier, sans crier ni pleurer. Il n'avait eu aucune réaction, sauf ce maudit sourire. Roland écarquilla les yeux quand il comprit que son père s'était joué de lui comme du dernier des imbéciles. Il avait voulu mourir et s'était arrangé pour obtenir ce qu'il souhaitait. Marcel Sentenac venait de lui infliger une ultime gifle.

— Sale pourriture de merde…chuchota le jeune homme en secouant la tête de dépit. T'as gagné.

Il se laissa tomber sur une des chaises de la cuisine et constata distraitement que les deux sacs de provisions étaient toujours là. Il considéra longuement l'homme qu'il venait de réduire en bouillie et qui semblait néanmoins le narguer.

Tandis que les battements de son cœur ralentissaient et que son souffle se calmait, Roland laissa son regard courir dans la pièce. La réalité le frappa comme un coup de masse : il était seul. La haine avait donné un sens à son existence. Que ferait-il sans elle ? Que serait-il sans elle ?

Il se leva et se rendit à l'armoire pour y prendre une bouteille de gnole et un verre, et revint vers la table pour se rasseoir devant le cadavre dont les sphincters s'étaient relâchés : des excréments commençaient à former une flaque sur le plancher. Il se versa une rasade.

— À ta santé ! ricana-t-il tristement tandis que l'eau-de-vie de raisin lui faisait monter les larmes aux yeux. Tu pourriras en enfer. Bon, un jour, moi aussi, c'est sûr, mais j'aurai la satisfaction de savoir que ton éternité de souffrance a débuté avant la mienne.

La conversation avec le cadavre de son géniteur, ponctuée d'insultes, d'ironie, de colère et de fiel, dura aussi longtemps que la bouteille. Quand les deux furent épuisées, il tituba jusqu'au comptoir, ouvrit un tiroir et en sortit l'antique révolver d'ordonnance modèle 1892, souvenir de famille que son père avait religieusement conservé en bon état de marche. Il prit aussi la boîte de cartouches. Il ouvrit le barillet, le chargea, le fit tourner sur lui-même et le referma. Il revint s'asseoir, jeta un ultime regard méprisant au cadavre puis, sans aucune hésitation, fourra le canon du révolver dans sa bouche et appuya sur la détente. La haine fut sa dernière émotion.

7

Wilder Kaiser[13], Söll, Autriche,
12 mars 1939

Résigné, Otto Rahn faisait tourner la fiole de verre entre ses doigts engourdis par le froid. Il avait démissionné aussi discrètement que possible de son poste au sein des glorieux SS quelques semaines auparavant. Son humiliation n'en était pas atténuée pour autant. Désormais, tout le monde savait qu'il n'était qu'une vulgaire *schwuchtel*[14] – un objet de honte pour la *Schutzstaffel*. Le génie était sorti de la bouteille et plus rien ne l'y ferait rentrer.

Sans aucun scrupule, on avait utilisé sa vie privée pour le pousser vers la sortie. Bien entendu, le *Reichführer* Himmler avait été désolé de perdre un des scientifiques les plus utiles à ses desseins. Mais il avait été encore plus irrité d'avoir été pris pour un imbécile, lui qui se targuait d'être au courant de tout. Il avait néanmoins consenti à apposer ses

13. Massif de l'Empereur Sauvage.
14. Tapette.

proverbiales initiales au bas de la lettre de démission déposée par Otto Rahn – son dernier geste honorable en tant que membre des SS.

Non point que l'honneur importât à ce point à Rahn. Certes, il aimait autant que quiconque l'Allemagne que le *Führer* avait tirée de la misère et de l'humiliation dans lesquelles on la maintenait depuis la fin de la Grande Guerre. Grâce à Adolph Hitler, la nation avait retrouvé sa fierté et son honneur. Oubliant les vieilles divisions politiques et religieuses, le peuple allemand s'était uni par la race, la langue et la culture. Le sang et le sol étaient désormais au cœur de l'identité germanique. L'avenir était prometteur. Bientôt, l'Allemagne amorcerait la reconquête du *lebensraum*[15] auquel sa force et son histoire lui donnaient droit. Le culte des dieux nordiques serait ravivé. Tout cela, il le comprenait et en tirait une grande fierté. Dans une certaine mesure, il y croyait même.

Il avait joint les rangs de l'Ordre noir pour manger, bien plus que par conviction. Il voulait avant tout avoir les moyens de poursuivre ses recherches. Il n'avait jamais eu la naïveté de croire qu'il incarnait le mâle aryen qu'idéalisaient les théoriciens nazis. Véritable antithèse des grands dieux blonds aux yeux bleus qui revêtaient l'uniforme noir, il était mince et pâle, presque chétif. Mais le *Reichführer* Himmler savait reconnaître le talent qui pouvait servir ses intérêts. Il avait fermé les yeux sur les insuffisances physiques de sa recrue pour profiter de ses abondantes ressources intellectuelles. Il lui avait même

15. Espace vital.

conféré le rang fort enviable de *SS-Obersturmführer*. De médiéviste inconnu et sans le sou, Rahn était devenu quelqu'un et avait soudainement eu à sa disposition des moyens dont il n'aurait jamais osé rêver. Par un cruel paradoxe, c'étaient précisément ces moyens accrus qui l'avaient mené à sa perte. Sans eux, il n'aurait jamais pu financer ses séjours fatidiques en Ariège.

Ses travaux avaient progressé au-delà de toutes ses espérances et, au fil de son exploration des innombrables grottes des environs, le portrait s'était précisé. Il avait publié un ouvrage dans lequel il avait suggéré que la forteresse cathare de Montségur était le château où le Saint Graal était déposé. Certes, son imagination avait parfois suppléé à l'absence de preuves à l'appui de ses théories, mais Himmler avait été ravi. Le *Reichführer* lui avait commandé un second ouvrage, qui prouverait cette fois que le Graal était une relique préchrétienne découverte par Parsifal, et non pas la coupe dans laquelle on avait recueilli le sang du Christ.

Rahn avait laissé sa vanité décider pour lui. Pour son plus grand malheur, il avait accepté. Grisé par le succès et la renommée acquise en Allemagne et dans le Sud de la France, lui, qui avait toujours œuvré dans l'obscurité, s'était pris à son propre jeu et s'était mis à croire à ses propres élucubrations. Il avait poursuivi ses recherches avec une énergie renouvelée et, contre toute attente, il avait réussi. Ce qu'il avait découvert était profondément troublant. Terrifiant, aussi. Si ce qu'il soupçonnait s'avérait, des milliers d'années d'histoire devraient être réécrites.

Il imaginait facilement ce que Himmler et ses fous en feraient. Et cela n'avait rien de bon.

Dès lors, tout s'était précipité, et Rahn avait paniqué. Il avait refusé d'aller plus loin. Il laisserait à d'autres la responsabilité de valider des découvertes trop lourdes pour lui. Il avait au moins eu le courage d'essayer de berner Himmler en lui fournissant le testament. C'était un moindre mal. Il avait fait le pari risqué que le document garderait le *Reichführer* occupé pendant que lui-même s'assurerait que le reste ne tombait pas entre les mauvaises mains.

Obersturmführer ou pas, Otto Rahn n'avait jamais été brave. Un homme de lettres n'a pas besoin de courage physique. Il avait seulement omis de considérer qu'une autre faction entrerait dans le jeu et qu'elle serait aussi bien informée. Pris en étau, il avait essayé de disparaître. Mais on n'échappait pas à la *Schutzstaffel*. L'Ordre noir avait sa façon bien à lui d'éliminer les indésirables. Il commençait par les discréditer pour en faire des parias que personne ne voudrait aider. Ensuite, on les faisait disparaître sans quiconque pour les pleurer. Quant aux Sages, s'ils étaient plus humains, ils n'étaient pas plus compréhensifs.

Assis dans la neige au pied d'un arbre, Otto Rahn était maintenant à quelques minutes du trépas. La tempête s'était levée vers midi et, en cet instant, elle faisait rage, enveloppant tout d'un tourbillon blanc. On lui avait offert le choix entre l'exécution ou le suicide. À bout de forces et de volonté, il avait opté pour le second, même s'il n'était pas convaincu d'en avoir le courage. Au moins, songea-t-il, il saurait bientôt qui des chrétiens ou des cathares avaient raison. L'enfer, le purgatoire ou le paradis d'un côté ; la réincarnation et le retour à la Lumière divine de l'autre. Il ricana en songeant qu'il n'aurait pas détesté méditer sur la chose un peu plus longtemps si on lui en avait laissé le choix.

— Quelque chose vous amuse, *Herr* Rahn ? demanda l'homme en tenue d'hiver blanche qui se tenait près de lui, le bas du visage caché par un foulard de laine.

— Rien qui puisse vous intéresser, je le crains. Des questions d'ordre théologique, si l'on veut.

— Vous seriez surpris. J'ai un fort penchant pour la théologie et l'histoire sainte. Mon peuple est très fort pour couper les cheveux en quatre, vous savez.

— Je connais très bien vos champs d'intérêt.

Celui qui l'avait accompagné jusque-là était un officier compétent et il se tenait trop à l'écart pour être pris par surprise. De toute façon, Rahn n'aurait rien tenté.

— On dit que la mort par le froid est douce, plaida-t-il. Il paraît qu'on s'endort dans un agréable engourdissement pour ne plus se réveiller. Il doit bien vous rester un peu de compassion ?

— La mort par excès de somnifères est tout aussi douce, contra l'autre avec une pointe d'exaspération.

Puis, l'homme en blanc pointa vers sa tête un Luger P08.

— Maintenant, avalez les comprimés et finissons-en, monsieur Rahn. Ne me forcez pas à faire le travail moi-même. Je n'y tiens pas du tout. La vue du sang me trouble beaucoup.

— Pourtant, vous l'avez souvent versé.

— Pas autant qu'on a versé le nôtre.

Songeur, Rahn laissa son regard parcourir le paysage.

— Au fond, j'aurais préféré ne pas savoir, dit-il en haussant les épaules.

— N'ayez crainte. Nous saurons faire bon usage de vos découvertes, rétorqua l'officier.

Le condamné retint un sourire. Si cet homme croyait tout savoir parce qu'il avait trouvé quelques documents en fouillant son appartement, il n'allait pas le détromper. Rahn n'avait pas anticipé l'existence de toutes ces factions ennemies, mais il avait quand même réussi à brouiller les pistes. Pour l'instant, il demeurait le seul à tout savoir, mais cela ne durerait pas. Il s'en était assuré. Quelqu'un, un jour, suivrait ses traces jusqu'au cadavre et la vérité éclaterait au grand jour. Pour le meilleur ou pour le pire, l'Histoire serait réécrite. Il ne restait qu'à savoir par qui et contre qui.

Il contempla à nouveau le flacon de pilules et se décida à en retirer le bouchon, puis il tourna la tête vers son interlocuteur et posa sur lui un regard suppliant.

— Vous libérerez Raymond? implora-t-il. Vous avez promis.

— Aucun mal ne sera fait à votre, euh..., ami monsieur Perrier, je vous en donne ma parole, répondit son interlocuteur. Nous n'en n'avons qu'une. Il sera libéré dès que vous aurez... agi en homme d'honneur.

Rahn adressa à son bourreau le sourire du vaincu résigné à son sort. Étrangement, il savait qu'il pouvait se fier à cet homme. Comme tous les siens, il était impitoyable, mais honorable. Il pouvait aisément comprendre leurs motivations. En matière de survie plus qu'en tout autre chose, la fin justifiait les moyens. Il avait d'ailleurs appliqué ce principe à la lettre en risquant la vie de Raymond. Non pas pour éviter la mort ; il savait qu'il ne sortirait pas vivant de cette histoire. Mais pour que la vérité ait une chance. Au pire, si sa ruse échouait, Raymond serait mort pour une grande cause, lui aussi.

Il inspira profondément pour se donner du courage, renversa la tête et, d'un geste sec, vida le premier flacon de somnifères dans sa bouche. Il avala le tout avec quelques gorgées d'eau de sa gourde et en fit autant avec le deuxième. Il laissa sa tête s'appuyer contre le tronc de l'arbre et ferma les yeux. Bientôt, tout serait fini.

— Vous voyez ? Ce n'était pas si difficile, fit l'homme sur le ton raisonnable d'un adulte s'adressant à un enfant qui vient d'avaler une cuillérée d'huile de foie de morue.

La drogue était puissante et, conjuguée au froid, elle commençait déjà à engourdir l'ex-officier SS. Il tourna la tête vers son bourreau et leurs regards se trouvèrent.

— Vous... Vous allez rester là jusqu'à ce que... ?

— Je ne partirai que quand vous aurez cessé de vivre, je vous le promets. Nous sommes civilisés. Depuis très longtemps. Votre mort est une nécessité qui ne nous procure aucun plaisir. Je vous rendrai même les derniers hommages selon votre volonté.

— Ce ne sera pas nécessaire. Je crains de ne plus beaucoup croire aux religions. Mais merci pour la délicate attention.

Il pouvait facilement imaginer la suite des choses. On retrouverait son corps au dégel et, peu importe le degré de décomposition de celui-ci, ses assassins s'arrangeraient pour qu'il soit formellement identifié. On camouflerait son suicide en invoquant la tempête qui avait eu raison de lui malgré son entraînement de survie en forêt. Peut-être même lui rendrait-on son grade à titre posthume pour remettre son nom sur la liste des officiers morts en service de la *Schutzstaffel* et célébrer son apport à l'identité allemande.

Il songea à Raymond Perrier. Son précieux, son cher Raymond. Hormis les connaissances qu'il avait pris tant de plaisir à accumuler et qu'il ne pourrait jamais révéler au monde, le cher homme avait été la source de ses plus grands bonheurs et représentait son seul regret de quitter la vie.

Tandis que ses paupières se fermaient, Otto Rahn éprouva du regret pour une vie bien remplie qu'il aurait aimé prolonger. Heureusement, il laissait derrière quelque chose de bien plus grand que lui.

8

Berlin,
quelques heures plus tard

L'homme était sanglé dans l'uniforme noir du *SS-Hauptsturmführer*. Deux runes *Sig*, les barres et les rosettes appropriées sur les pattes de son col et sur son épaule droite, indiquaient son grade. À son bras droit, le brassard rouge arborait la *hakenkreuz*[16] sur fond blanc qui aspirait à flotter sur toute l'Europe. De hautes bottes de cuir complétaient la tenue. Sa casquette était déposée sur la table. La jeune quarantaine droite et en santé, il avait l'allure impeccable exigée de tous les officiers SS, et dont le mérite revenait tout entier à *Herr* Hugo Boss, qui avait conçu des uniformes aussi élégants qu'intimidants. L'élégance mise au service du Mal.

Il soupira profondément et considéra avec un mélange de soulagement et de regret le télégramme qu'on venait de lui remettre.

16. Croix croche. Swastika.

L'Obersturmführer Rahn est arrivé
à destination.

Le cachet indiquait un endroit dans le Tyrol. Tout s'était donc déroulé comme le *Reichführer* Himmler l'avait ordonné. Les habiletés de planification de la *Schutzstaffel*, renommée pour sa nature méticuleuse et méthodique, n'avaient d'égales que la précision de son exécution. Aucun SS ne souhaitait échouer et encourir la colère du patron.

Il plia le télégramme, le glissa dans la poche intérieure de sa veste et se frotta le visage. La mort était toujours regrettable, surtout celle d'un homme de valeur, mais elle était parfois nécessaire. Rahn avait donné sa vie pour une cause qui n'était pas la sienne et dont il ne soupçonnait sans doute pas l'envergure. Mais son sacrifice permettrait peut-être de sauver des milliers d'innocents. Sans doute plus, même. Beaucoup plus.

Sans les documents originaux, les découvertes de Rahn ne signifiaient rien. Une preuve matérielle était indispensable. Des millions de vies en dépendaient. Il tira sur les pans de sa veste et quitta la cuisine pour le salon, où le prisonnier prenait place sur une des quatre chaises autour de la table. Le petit homme était fort bien mis, comme tous ces gens, mais la peur l'avait fait transpirer et il était dépeigné, ses longues mèches châtaines qu'il ramenait en arrière lui tombant sur le front. Près de lui se tenaient deux SS qui ne le quittaient pas des yeux, prêts à intervenir au moindre mouvement suspect.

— Vous pouvez partir, monsieur Perrier, informa-t-il le captif d'un ton tout à fait courtois. Je suis sincèrement désolé des inconvénients que cette affaire a pu vous causer.

Raymond Perrier n'était qu'un pion sur l'échiquier et son rôle était maintenant achevé. Rahn avait avalé les somnifères.

— Et… Otto? bredouilla Perrier après une longue hésitation.

Son inquiétude pour son compagnon était compréhensible. Tout le monde avait le droit d'aimer, philosopha le *Hauptsturmführer*. Même ce genre d'homme. Qui était-il pour juger les autres, lui qui passait ses jours à prétendre être quelque chose qu'il méprisait de tout son être?

— J'ai le regret de vous apprendre que monsieur Rahn est mort, annonça-t-il avec une compassion presque sincère.

Perrier blêmit et porta à sa bouche une main tremblante. Ses lèvres frémirent et ses yeux se mouillèrent.

— Mon Dieu… Otto… soupira-t-il. Vous aviez dit… Vous aviez dit que s'il faisait ce que vous demandiez…

— Je sais ce qu'on vous a dit, monsieur Perrier, l'interrompit son interlocuteur, avec un air faussement affligé. Malheureusement, les choses ne sont jamais simples. Il est parfois nécessaire de revenir sur sa parole ou de mentir pour une cause plus grande que soi. La politique n'a rien à voir avec la morale. La franchise et l'honnêteté y sont des vices. Vous m'en voyez désolé. Si cela peut atténuer un peu votre peine, monsieur Rahn a accepté de mourir pour que vous puissiez vivre.

Le SS s'approcha, se pencha sur la table et vrilla son regard dans celui de son prisonnier.

— Maintenant, monsieur Perrier, je vous conseille vivement d'oublier tout ce que monsieur Rahn a pu vous raconter sur ses travaux. Je ne saurais trop insister sur ce dernier point. Sinon, vous pourriez bien vous retrouver à Dachau. On me dit que l'*Ahnenerbe* y mène des expériences médicales fort intéressantes sur les gens qui partagent vos... préférences. Leur fin n'est pas toujours heureuse, paraît-il. Oubliez aussi tout ce que vous venez de vivre. Oubliez mon visage et celui de ces deux messieurs; oubliez cet appartement et cette ville. Reprenez votre vie et ne parlez jamais à personne de ce que vous avez vécu ici. Une seule erreur vous serait fatale. Me fais-je bien comprendre?

Le jeune homme terrifié hocha vivement la tête, les yeux ronds.

— O-Oui, bredouilla-t-il en essayant de reculer sur sa chaise.

— Bien. Alors je vous dis *auf wiedersehen, Herr* Perrier. Avec un peu de chance, nous ne nous reverrons jamais.

L'un des soldats saisit brusquement le détenu par derrière et le maintint en place. L'autre lui planta une seringue dans le bras et appuya sur le piston. Perrier s'effondra en deux secondes. Les gardes le remirent sur ses pieds, passèrent ses bras autour de leurs épaules et sortirent en le portant. Pour quiconque les observant, ils n'étaient qu'en train de s'occuper d'un ami ivre-mort, ce qui n'avait rien d'exceptionnel dans une capitale où la fête était de mise.

L'officier ordonna à ses hommes:

— Laissez-le dans un endroit discret, d'où il pourra retrouver son chemin.

Le numéro 8, Prinz-Albrecht-Strasse, était l'adresse la plus crainte de toute l'Allemagne – et bientôt de toute l'Europe. Dans le magnifique palais baroque dessiné par Karl Freidrich Schinkel, d'innombrables bureaucrates sanglés dans leurs élégants uniformes noirs s'affairaient à faire fonctionner tous les tentacules de la *Schutzstaffel*. Dans son bureau, Heinrich Himmler tenait en main le télégramme qui lui avait arraché l'ombre d'un sourire une minute plus tôt.

L'Obersturmführer Rahn est arrivé à destination.

C'était un problème embarrassant de réglé. Certes, il aurait pu simplement faire assassiner Rahn en douce, mais sa disparition aurait suscité des questions et les questions exigeaient des réponses. Il était plus simple de discréditer les dissidents puis, au besoin, de les pousser au suicide.

Le *Reichführer* secoua la tête et une moue amère se forma sur ses lèvres. Un si beau talent gâché, déplora-t-il. Au départ, il s'était demandé pourquoi Rahn avait subitement disparu. Il avait d'abord cru que le médiéviste avait flairé une piste dans le Sud de la France ou ailleurs, mais après quelques jours sans nouvelles, il avait lancé des recherches discrètes. La *Schutzstaffel* avait des antennes partout et pouvait retrouver n'importe qui en un rien de temps. Rahn n'avait pas fait exception.

Une fouille de son appartement avait révélé une chose extraordinaire qui, si elle s'avérait, aiderait le *Reichführer* à changer le cours de l'Histoire. Cette découverte avait aussi signé l'arrêt de mort d'Otto Rahn. La diffusion d'une telle connaissance devait être réservée au cercle le plus restreint.

Himmler se leva pour verrouiller la porte, même si aucun homme normalement constitué et aimant la vie n'aurait osé faire irruption dans son bureau sans y être invité. Cela fait, il se dirigea vers le coffre-fort encastré dans le mur dont il tourna la roulette de la combinaison. Il en sortit un luxueux écrin en cuir qu'il rapporta à sa table en le tenant à deux mains, comme le plus précieux des trésors.

Il s'assit, rabattit le couvercle, forma un triangle avec ses doigts devant son visage et considéra brièvement le contenu de la boîte : un document très ancien et sa traduction. Il prit le second manuscrit, le posa devant lui et se mit à le feuilleter avec quelque chose qui s'approchait de la révérence. Il en connaissait le contenu par cœur. Il s'agissait d'un long récit tenant de la confession rédigé en 1257 par un certain Gondemar de Rossal. Rahn l'avait sans doute découvert dans le Languedoc lors d'une de ses expéditions de recherche sur les cathares, mais il n'en avait touché mot. Il l'avait même laissé derrière lui avant de disparaître, ce que Himmler n'arrivait pas à s'expliquer, compte tenu de sa valeur inestimable, que le chercheur avait certainement reconnue. C'était là un mystère qui ne serait sans doute jamais expliqué.

Le manuscrit avait été traduit en allemand par les meilleurs linguistes de l'*Ahnenerbe*, la section de la *Schutzstaffel* où se concentraient les spécialistes de l'héritage allemand. En raison de son contenu explosif, chaque expert n'en avait reçu qu'une section à traduire. Aucun n'avait donc connaissance de l'ensemble. Il était toujours préférable que l'information soit compartimentée. Des recherches historiques pointues avaient permis de dénicher quelques traces de ce Rossal en France. Il avait donc vraiment existé et, de toute évidence, avait ressenti le besoin de soulager sa conscience, à l'article de la mort. Le manuscrit lui-même avait été expertisé et déclaré authentique. L'encre et le papier étaient d'époque, de même que la langue employée, l'assurait-on.

Les incidences du récit étaient étourdissantes. Le *Reichführer* en avait le tournis. Dans un étrange fatras ésotérique, Rossal affirmait être mort, avoir fait un séjour en enfer et en être ressorti avec la mission de protéger des documents anciens qui sapaient les fondations mêmes de l'Église. Au-delà du délire religieux propre à l'esprit médiéval torturé par la peur de l'enfer et de la fin du monde, les affirmations elles-mêmes étaient fascinantes. L'auteur relatait avec force détails comment, en pleine croisade contre les cathares, il avait découvert une lettre dans laquelle Ponce Pilate, procurateur de Judée, relatait à l'empereur Tibère la condamnation, la crucifixion et la survie de Ieschoua Ben Ioseph. Il en incluait même une retranscription. Rossal prétendait que la lettre de Pilate à Tibère avait longtemps été sous la protection d'un mystérieux Ordre des Neuf, dont il était devenu le chef, mais qu'il avait fini par la remettre à Arnaud Amaury, légat d'Innocent III.

Songeur, Himmler referma le document, retira ses lunettes rondes, les essuya avec un mouchoir et les chaussa de nouveau.

— Incroyable, murmura-t-il, pour la centième fois au moins.

Si ce Rossal disait vrai – et selon les experts de l'*Ahnenerbe*, il n'avait aucune raison d'en douter –, Jésus n'était pas mort sur la croix. Il n'y avait jamais eu de résurrection. La maudite religion chrétienne était une supercherie. L'Église mentait et, pire encore, elle le faisait sciemment.

Dès qu'il avait pris connaissance de ce texte, Rahn était devenu non seulement inutile, mais dangereux. Sa disparition soudaine avait permis même de penser qu'il avait été tenté de faire défection. Himmler n'avait pu courir le risque que le petit efféminé, tout talentueux fût-il, ébruitât sa découverte. La chose était maintenant réglée. Le *Reichführer* possédait l'original de Rossal et quiconque brandirait une copie serait considéré comme faussaire et discrédité.

Malheureusement, le document de 1257, aussi authentique et précieux qu'il fût, ne constituait qu'une source secondaire – guère plus qu'un ragot aux yeux des historiens. Pour détruire la religion chrétienne une fois pour toutes et faire place aux dieux anciens, Himmler devait absolument mettre la main sur la lettre originale de Ponce Pilate.

Heureusement, le hasard faisait parfois bien les choses.

10

Ce fut la chaleur qui tira Roland Sentenac d'un sommeil lourd. Elle était épaisse et lui collait à la peau. L'esprit encore embrumé, il tenta de bouger. Son corps pesait une tonne. La pression sur sa joue droite lui indiqua qu'il était allongé sur un sol chaud et dur. Il inspira profondément et eut l'impression qu'on mettait le feu à ses bronches. Une toux rauque et douloureuse le saisit et toute sa tête lui donna la sensation d'être sur le point de se fendre en deux. La douleur le vrilla du fond de la bouche à la nuque.

Il se concentra sur sa survie jusqu'à ce que les coups dans son crâne s'atténuent. Avec prudence, il ouvrit les yeux et fronça les sourcils, désorienté. Il était étendu sur un sol de sable et de pierre d'une teinte rougeâtre. Il banda ses muscles et parvint à s'asseoir. Un nouvel éclair lui traversa la tête de part en part et le fit grimacer. Il vomit d'épaisses glaires de sang coagulé qui s'accumulèrent près de lui.

— Putain de Dieu, qu'est-ce que j'ai bu ? haleta-t-il.

Le vague souvenir d'une bouteille de gnole dans la cuisine lui revint en mémoire. Il devait avoir une bonne gueule de bois. Trempé de sueur, il s'essuya la bouche et le front avec sa manche de chemise. De peine et de misère, il se mit debout et chancela un peu. Il jeta un coup d'œil plus attentif aux alentours. Çà et là, de gros rochers saillaient dans un désert baigné d'une curieuse lumière orangée et qui s'étendait à perte de vue sans arbres ni végétation. Le silence était assourdissant. Tout semblait mort. Il leva les yeux vers le ciel et n'y vit ni soleil, ni lune, ni étoiles, ni nuages. Il n'y avait absolument rien.

Il n'avait pas la moindre idée de l'endroit où il se trouvait, mais une chose était certaine : ce n'était pas Ussat-les-Bains. Un nouveau frisson de peur superstitieuse lui remonta le dos. Comment s'était-il retrouvé là ? Et pourquoi ? Il mit ses mains en porte-voix.

— Il y a quelqu'un ? cria-t-il aussi fort qu'il le pouvait.

Tandis que l'écho de sa voix se perdait à l'horizon, sa tête voulut à nouveau exploser. Il respirait avec peine dans la chaleur étouffante. Une autre nausée le plia en deux. Le malaise finit par se résorber et il reprit son souffle, les mains sur les cuisses. Peu à peu, le monde cessa de tanguer sous ses pieds. En titubant, il fit quelques pas et appela de nouveau, sans plus de résultat.

De nouveaux élancements lui fendirent le crâne et quelques caillots ensanglantés lui remontèrent dans la bouche. Cette fois, il les cracha presque distraitement. Un bruit guttural lui parvint. Il se mit en marche dans la direction d'où il était venu, contourna un piton rocheux et s'arrêta net. Pendant un moment, son esprit refusa de décoder ce que ses yeux voyaient.

Un homme était plongé jusqu'à la taille dans ce qui, faute de meilleure description, semblait être un étang de feu. Les flammes lui léchaient presque sensuellement la partie supérieure du corps. La peau rougie de son dos était boursouflée de cloques qui gonflaient et éclataient. Son corps se tordait dans tous les sens. Son crâne était chauve, tous ses cheveux ayant brûlé. Le pauvre hère tourna la tête et leurs regards se croisèrent. Roland reçut comme un coup dans la poitrine en reconnaissant son père tel qu'il avait été dans la force de l'âge. Il put lire dans les yeux de son géniteur une souffrance qui transcendait la douleur physique. Des remords. Un puits sans fond de remords dans lequel il se sentit lui-même sur le point de tomber.

Marcel Sentenac fut pris d'un rire dément et pointa vers son fils un index accusateur.

— Tu te croyais débarrassé de moi ? lança-t-il. Nous sommes liés, toi et moi ! Le Mal est en nous deux ! Nous nous méritons. Tu as été mon tourment et celui de ta mère dès le jour de ta naissance. Je serai le tien pour l'éternité, petite merde !

Les yeux de Marcel se gonflèrent soudain et éclatèrent sous la chaleur, lui arrachant un hurlement d'agonie. Le cri semblait provenir du plus profond de son être, comme s'il cherchait à cracher une âme devenue trop douloureuse. Ses ongles se mirent à arracher la peau déjà en lambeaux de son visage. Les flammes l'enveloppèrent tout entier et il continua à crier, tout à son supplice et désormais indifférent à la présence de Roland.

— Non... c'est impossible... bredouilla le jeune homme. Tu... Tu es mort. Je le sais ! C'est moi qui...

— On se haïra jusqu'à la fin des temps ! hurla Marcel.

Roland recula de quelques pas hésitants sans parvenir à arracher son regard de la forme qui se tordait dans les flammes en se consumant. Les orbites vides étaient braquées sur lui et les lèvres brûlées proféraient un interminable chapelet d'insultes.

Par un suprême effort de volonté, Roland réussit à tourner les talons et, indifférent aux coups qui résonnaient dans son crâne, s'élança éperdument droit devant lui dans cet endroit où toutes les directions se valaient. Derrière lui, la voix de son père continua à l'invectiver jusqu'à ce qu'elle se dissipe dans le lointain.

Il ne s'écroula au sol que lorsqu'il fut certain de ne plus l'entendre. À bout de souffle, la poitrine en feu, la tête serrée dans un étau de douleur, il resta longtemps à genoux, pleurant des larmes que la chaleur étouffante séchait aussitôt sur ses joues. Il avait l'impression qu'un désespoir épais le pénétrait graduellement, le remplissait comme le fait l'eau dans une cruche.

— Mais où diable suis-je ? haleta-t-il, découragé.

— La question est formulée de manière très appropriée, fit une voix sur sa droite.

Roland ne bougea pas. Assurément, il était en plein cauchemar et il allait se réveiller sous peu, le cœur battant, dans la chambre qu'il occupait depuis l'enfance. Le vieux salaud serait encore là, loque détestable et puante, et la vie reprendrait son cours.

— Regarde-moi, Roland Sentenac! ordonna la voix avec autorité.

Transi de peur, il ravala sa salive et dut se faire violence pour tourner la tête. Malgré l'air brûlant, son sang se glaça dans ses veines. La plus étrange des créatures se tenait immobile à quelques mètres de lui. Droite comme un chêne, le port altier et digne, elle le toisait avec des yeux à l'iris si pâle qu'il semblait rose. Toute son attitude trahissait un mélange de dédain et de colère. Ses longs cheveux blancs et droits encadraient un visage lisse, et tombaient librement sur ses épaules. Grande et mince, la créature semblait frêle, mais dégageait une puissance qui en imposait. Elle était vêtue d'une robe blanche cintrée par une ceinture étroite en fils d'or. Ses sandales étaient du même matériau. Une aura de lumière l'enveloppait et elle tenait une crosse de berger. Roland n'aurait pas pu dire si elle était homme ou femme, mais il avait l'impression que son regard pénétrant le flétrissait et le fouillait jusqu'au fond de l'âme.

— Relève-toi! tonna la créature, les dents serrées.

Roland obtempéra sans plus prêter attention à sa tête qui cognait. Il se tint presque au garde-à-vous, attendant de connaître l'intention de son interlocuteur.

— Je suis l'archange Métatron, annonça ce dernier avec gravité. Je porte la voix de Dieu et j'annonce Sa volonté aux hommes. Je gouverne la mort et le pardon. Je suis aussi ta seule chance de salut.

— De... salut? O-Où suis-je? s'enquit Roland, soudain tourmenté par un affreux doute.

L'archange enveloppa l'horizon d'un geste ample.

— Ceci est le lieu d'origine des anges déchus, là où la matière a été créée au commencement des temps et où les âmes ont été enfermées dans leur prison de chair, s'exclama-t-il. L'endroit que la lumière de Dieu n'atteint pas parce qu'Il ne le souhaite pas. Les mortels le nomment l'enfer.

Roland sentit son cœur se serrer jusqu'à ne presque plus pouvoir battre dans sa poitrine. La créature, elle, se contenta d'une moue nonchalante.

— Du plus profond de mon âme éternelle, je déteste cet endroit, soupira-t-elle avec un dégoût palpable. Mais Dieu m'a ordonné d'y venir, alors m'y voilà. Pour la deuxième fois. Et la dernière, j'espère.

— L'enfer... répéta Roland d'une voix blanche. Je suis... damné?

— Tout comme ton père. On le serait à bien moins! s'esclaffa Métatron avec amertume. N'as-tu pas pris par vengeance la vie d'autrui? Dieu a pourtant dit: *tu ne tueras point!*

— Ma mère me haïssait! protesta Roland. Mon père aussi!

— Le péché de l'un n'excuse pas celui de l'autre! N'as-tu pas battu à mort ton propre père? Dieu a pourtant dit: *ton père et ta mère tu honoreras!*

— Ils me haïssaient! redit-t-il, faute de meilleure justification.

— La haine de l'un n'excuse pas celle de l'autre! N'as-tu pas pris ta propre vie, rejetant la justice de ton Créateur? Dieu a dit: *tu ne tueras point!*

— J'étais ivre, rétorqua Roland, piteux.

Le visage de l'archange s'assombrit. Ses yeux prirent la teinte des flammes et deux grandes ombres en forme d'ailes se déployèrent dans son dos. Il était terrifiant de majesté.

— Tu brûleras pour l'éternité, sans le moindre espoir de rédemption, Roland Sentenac ! Tu agoniseras sans fin parmi les damnés et les démons qui te tourmenteront sans cesse. Tu imploreras la miséricorde de ton Créateur et il ne t'entendra pas ! Tu voudras cesser d'être et cela ne te sera pas permis !

Il fit un petit geste négligent de la main et le décor changea.

11

Roland baignait dans un bassin de flammes, et sa douleur était indescriptible. Plongé jusqu'à la taille dans la lave bouillante, il sentait la plante de ses pieds rôtir sur un fond de pierres brûlantes. Sa peau se liquéfiait sur ses membres et entrait en ébullition ; sa chair se détachait de ses os, la brûlure s'insinuait partout en lui et le rôtissait de l'intérieur autant que de l'extérieur. Les flammes montèrent et l'enveloppèrent. Des cloques se formèrent sur son torse, ses bras et son visage pour éclater aussi vite. Le liquide qu'elles contenaient grésilla en s'échappant. Il sentit ses yeux devenir trop gros pour ses orbites à mesure qu'ils s'approchaient du point d'ébullition qui les ferait exploser. Ses cheveux n'existaient plus depuis longtemps. Ses oreilles, ses lèvres et son nez non plus. Ils avaient fondu comme de la cire chaude. La chaleur monta encore. Dans sa poitrine, chaque organe avait doublé de volume et disputait l'espace aux autres. Il ne respirait que des flammes et ses poumons étaient carbonisés. La souffrance était un tourbillon, une vague qui le recouvrait tout entier, qui l'enveloppait.

Et pourtant, il vivait. Et il savait que ces tourments n'auraient jamais de fin. La damnation était un désespoir sans fond doublé d'une souffrance perpétuelle.

Roland ne se rappelait pas être tombé à genoux devant l'archange. Il se tenait la tête à deux mains comme pour l'empêcher d'exploser. Tout était clair. Il se rappelait de chaque détail, de chacun de ses péchés et il en réalisait l'importance. Il s'était enlevé la vie, la lançant au visage de son Créateur. Aucun espoir ne lui était permis. Il était bel et bien damné. Et il le méritait pleinement.

— On dirait que tu n'as pas aimé le petit avant-goût de ce qui t'attend, le railla Métatron.

— Pitié, pleurnicha Roland, complètement brisé par la terreur. Je ferai tout ce que tu veux.

— Mais je ne veux rien du tout, protesta l'archange. Je te l'ai dit: je ne suis que le porteur de la volonté de ton Créateur. C'est Dieu qui veut quelque chose.

Roland se tut, attendant anxieusement la suite.

— Le marché est simple: tu retourneras parmi les vivants et tu protégeras la Vérité jusqu'au moment de sa révélation. En échange, tu obtiendras une chance de sauver ton âme. Je dis bien une *chance*. L'acceptes-tu?

— Oui! rétorqua aussi vite le damné, sans même se demander à quoi l'archange faisait allusion.

Ce dernier allongea le bras et la crosse vers Roland. Ses yeux prirent la couleur des flammes.

— Fort bien. Par les pouvoirs que me confère le Créateur de tout ce qui a été, est et sera, je te marque du sceau de la Vérité ! s'exclama Métatron.

Au contact du métal, une brûlure cruelle pénétra la chair de l'épaule gauche de Roland et ce dernier fut projeté dans les airs. Il atterrit quelques mètres plus loin et en perdit le souffle.

— À ton retour parmi les vivants, la voie de la Vérité te sera indiquée, le prévint Métatron d'une voix d'outre-tombe. Ta nature sera un fardeau et ton ignorance, un boulet. Tes démons te hanteront et la conscience que tu ne croyais pas avoir te brûlera sans cesse. Le passé et la mort te conduiront vers l'avenir. Tu devras mettre le Mal au service du Bien. Sois assez sage pour départager la Bête de Sion. Comprends-tu cela?

Un lourd silence tomba sur l'enfer, déchiré de temps à autre par de lointains hurlements de douleur. Roland attendait, l'épaule en feu et l'âme en ruine.

— O-Oui, bredouilla-t-il en baissant les yeux.

— Lève-toi, fit une voix profonde et graveleuse.

Il aperçut une main tendue. Il l'accepta et se releva pour se retrouver face à face avec un homme grand et costaud, aux longs cheveux roux, aux épaules et à la poitrine massive. Son visage dur était parsemé de cicatrices et son regard était ferme. Ses braies, sa chemise, son ceinturon et ses bottes auraient été à la mode au Moyen Âge. Roland le détailla de la tête aux pieds, puis revint au visage, stupéfait. Ils auraient pu être frères. Ils se toisèrent en silence tandis qu'une indéfinissable connivence se tissait entre eux.

— Tu ne seras pas seul, déclara l'homme. Personne ne peut protéger la Vérité sans aide. Maintenant, sors tes doigts de ton cul et mets-toi au travail!

Il écarta le col de sa chemise pour dénuder son épaule gauche. Dans la chair avait été marqué au fer un symbole que tout habitant du Sud de la France connaissait un peu: la croix cathare.

Avant de pouvoir questionner plus avant l'inconnu, Roland se sentit aspiré vers l'arrière et tout devint noir.

12

Berlin,
14 mars 1939

Rahn avait tiré le gros lot. Il l'avait payé de sa vie. Dans son bureau, Karl Wolff était affairé à lire, pour la cinquième fois au moins, le récit mis au jour par le médiéviste. Il s'en émerveillait tout autant que la première fois, peut-être même plus, et se permettait de rêver à ce qui pourrait être. Le Reich devait impérativement mettre la main sur cette lettre de Pilate à Tibère. Si le testament de Gondemar de Rossal était authentique, il n'y avait aucune raison de croire que le document qu'il plaçait au centre de sa quête ne le fût pas tout autant. Après des études historiques sérieuses, les experts de l'*Ahnenerbe* considéraient que son existence était possible. Le potentiel de la lettre était inestimable. À elle seule, elle suffirait à garantir la renaissance d'Ultima Thulé. Si tout se passait comme il l'espérait, elle assurerait aussi la chute du *Reichführer* Heinrich Himmler et la montée en parallèle de l'*Obergrupenfüher* Karl Wolff. Et voilà que la chance frappait à la porte. Le Reich était véritablement prédestiné.

Tel qu'espéré, la sonnerie du téléphone retentit dans le bureau. Elle ne le fit pas sursauter. Il consulta plutôt sa montre et hocha la tête avec satisfaction. L'heure était exactement celle annoncée dans la note anonyme reçue le matin même par la poste. Il appréciait les gens ponctuels. Surtout quand son avenir dépendait de la conversation. Mais, dans la vie, tout pouvait être réduit à deux choses : les principes et l'argent. Le plus souvent, le second finissait par prévaloir sur les premiers et il soupçonnait que ce serait le cas ici. Il tendit le bras, décrocha le combiné et le porta à son oreille.

— *Hallo. Obergrupenfüher* Wolff à l'appareil.

Un silence opaque lui répondit. Il crut percevoir une respiration au bout du fil. S'il était bien celui qu'il espérait, son interlocuteur ne devait pas disparaître à nouveau. Sinon, il risquait de ne jamais reparaître, et Wolff ne pouvait pas se permettre de le perdre. Il prononça le code qui avait été établi par l'expéditeur en essayant de ne pas laisser transparaître l'anxiété qu'il ressentait soudain. Il ne pouvait qu'admirer l'ironie que recelait le choix du Psaume 23.

— *Dominus pascit me, et nihil mihi deerit*[17], dit-il dans son latin du dimanche.

Un nouveau silence s'ensuivit et Wolff sentit une bouffée de chaleur l'envelopper. Il glissa son index sous son col de chemise impeccable et tira dessus pour laisser passer l'air. Il perçut chez son interlocuteur silencieux une ultime hésitation.

17. L'Éternel est mon berger, je ne manquerai de rien.

— *In pascuis virentibus me collocavit, super aquas quietis eduxit me*[18], répondit enfin l'autre, d'une voix tendue, dans un latin lourdement accentué.

Sous sa veste d'uniforme parfaitement repassée, le cœur du général des *Waffen-SS* fit un bond de soulagement. De la main gauche, il lissa nerveusement ses cheveux châtains qui commençaient à s'éclaircir.

— Nous avons à parler, déclara l'homme au téléphone.

— De quoi? s'enquit Wolff, même s'il savait exactement ce dont il était question.

— De la Vérité. Et de la valeur qu'elle a pour vous.

---

18. Il me fait reposer dans de verts pâturages, il me dirige près des eaux paisibles. Psaume 23, 1-2.

13

Ussat-les-Bains,
15 mars 1939

Le bourdonnement insistant des mouches fut la première chose dont Roland eut conscience. Puis vint l'odeur pénétrante de viande avariée. Il sentit une des bestioles se poser sur son nez et la chassa mollement avec sa main en ronchonnant. Une voix retentit sèchement dans son rêve.

Il ouvrit les yeux. Un éclair lumineux lui traversa la tête de part en part et il la prit entre ses mains. Les dents serrées, il grogna en posant ses coudes sur la table. Les élancements s'atténuèrent un peu, assez pour qu'il puisse ouvrir prudemment les yeux. L'explication de sa migraine lui apparut aussitôt sous la forme de la bouteille de gnole et d'un verre devant lui. Les deux étaient vides.

Désorienté, il se frotta le visage et fouilla sa mémoire, mais sa cervelle semblait embourbée dans la mélasse. Une nouvelle mouche vint se poser sur sa main droite et il la chassa distraitement d'un geste impatient. Une autre lui frôla l'oreille. Il comprit qu'un bourdonnement incessant emplissait la cuisine. Il leva les yeux. Des mouches virevoltaient dans tous les sens. Et Dieu que ça empestait ! Il fallait ouvrir une fenêtre. Une brève sensation de brûlure traversa son épaule gauche.

Il fit mine de se lever et son pied buta sur quelque chose, par terre, devant sa chaise. À moitié aveuglé par les coups de masse qui persévéraient dans sa tête, il reconnut le vieux révolver de son père et se pencha pour le ramasser. Que faisait-il là ? Il se laissa retomber sur la chaise, ouvrit le barillet et constata qu'une des six cartouches huit millimètres avait été utilisée. L'odeur caractéristique de la cordite lui confirma que l'arme avait fait feu récemment. Il fronça les sourcils, de plus en plus confus. Il la déposa sur la table, près de la bouteille.

C'est alors qu'il le vit, à l'autre bout de la cuisine, affalé dans son fauteuil. Il grouillait de mouches. Les insectes entraient et sortaient de sa bouche, de ses narines, de ses oreilles et circulaient impunément sur ses globes oculaires, qui avaient pris une teinte laiteuse. Sa peau était parsemée de taches de putréfaction et un épais liquide jaunâtre s'était accumulé sur l'assise du fauteuil.

La digue qui avait retenu ses souvenirs céda et il retomba sur sa chaise. Il se revit en train de battre son père, puis de noyer son trouble dans la gnole. Il revit le révolver dans sa main. Une peur viscérale, primale, l'envahit. Il vit un homme plongé dans la lave et les flammes. *Tu croyais te débarrasser de moi ? Nous sommes liés, toi et moi ! Le Mal est en nous deux !*

Nous nous méritons. Je serai ton tourment et tu seras le mien ! Nous allons passer l'éternité à souffrir ensemble ! On se haïra jusqu'à la fin des temps !

Il secoua la tête pour chasser le cauchemar dont il était manifestement prisonnier. Ou alors, la gnole lui avait troublé la cervelle. Il considéra sa main droite. Il suffisait d'un geste pour en avoir le cœur net. Un simple geste qui portait en lui le salut ou la damnation. Sa main semblait tout à coup peser une tonne et son bras refusa d'obéir. Il inspira pour se donner du courage et fit une seconde tentative. Cette fois, il atteignit l'arrière de sa tête. Quand ses doigts tremblants touchèrent enfin son occiput, plus aucun doute ne fut possible. Il les ramena devant lui. Ils étaient couverts de sang à moitié coagulé.

Il gémit et se mit à haleter, aux portes de la folie. Son regard revint au révolver, et la cartouche utilisée prenait maintenant tout son sens. Une boule se forma dans sa gorge et sa respiration s'accéléra. Il pivota sur la chaise pour examiner le mur derrière lui, et y trouva exactement ce qu'il craignait : un cercle d'éclaboussures sanglantes qui avaient coulé vers le plancher, des morceaux de cervelle plus ou moins séchés et des fragments d'os. Tout cela avait jailli de lui.

Il tâta avec plus d'insistance l'endroit où aurait dû se trouver la blessure mortelle. Rien. Sous le sang séché, tout était solide. Pleurant de panique, il fourra frénétiquement ses doigts dans sa bouche, à la recherche d'un trou au fond de sa gorge. Toujours rien.

— Putain... C'est pas possible... haleta-t-il en se frottant nerveusement l'arrière du crâne.

La panique qui montait en lui l'empêchait de respirer. La sueur le trempait de pied en cap et le monde se mit à tourner autour de lui. Les tremblements de ses mains devinrent incontrôlables et il les coinça sous ses aisselles pour les contenir. Il se leva sur des jambes chancelantes. Il s'était vraiment fait sauter la cervelle. Il avait été jugé pour ses péchés et s'était retrouvé en enfer. Et il en était revenu avec une mission à laquelle il n'aurait jamais osé croire n'eût été les traces de cervelle sur le mur. *Tu retourneras parmi les vivants et tu protégeras la Vérité jusqu'au moment de sa révélation. En échange, tu obtiendras une chance de sauver ton âme.* Il était damné, rejeté par son Créateur. Chassé de Sa lumière. Menacé d'une éternité de tourments et de ténèbres. *On le serait à bien moins!*

La Vérité. Quelle vérité? Il devait la retrouver au plus vite. La protéger. Sauver son âme. Éviter l'enfer. À tout prix. Éviter Marcel. Éviter le feu. Par où commencer? Sa panique se mua en rage. D'un violent coup de pied, il renversa le fauteuil. Le cadavre de son père s'affala mollement sur le plancher, faisant s'envoler une nuée de mouches énervées. Les yeux blanchâtres le fixaient avec indifférence.

Un poids se posa sur sa poitrine. Il étouffait et haletait comme un chien. Il ne pouvait pas rester là. Ça puait la mort et le péché. Il devait sortir à tout prix. Il ramassa le révolver sur la table et le fourra à sa ceinture, puis alla fourrager dans le tiroir du vieux vaisselier et y trouva la boîte de cartouches huit millimètres. Il fit demi-tour et, tel un automate, monta à l'étage, là où se trouvait l'étude de son père. Derrière un tableau se trouvait un petit coffre-fort où le vieux avait toujours gardé une jolie petite somme à l'abri du fisc. Il entra la combinaison qu'il connaissait depuis longtemps, même si son père avait toujours cru le contraire. Il ouvrit la lourde porte en acier fortifié et en sortit une liasse de billets. Il en aurait assez pour une année au moins, plus s'il faisait attention. Il mit une partie de l'argent dans son portefeuille et le reste dans sa poche. Il ignorait où il allait, mais, il en aurait besoin.

Il se rendit ensuite dans sa chambre et fourra des vêtements propres, un canif et les cartouches dans une besace en cuir. Il en profita pour verser de l'eau dans le bassin qu'il utilisait tous les matins pour se rincer le visage, les cheveux et la bouche. Quand il eut fini, l'eau était écarlate. Il passa un pantalon propre et allait enfiler une chemise quand son attention fut attirée par quelque chose dans le miroir au tain fatigué. Il fronça les sourcils et étira le cou pour mieux voir.

Sur son épaule gauche, une marque avait été gravée dans sa chair. *Par les pouvoirs que me confère le Créateur de tout ce qui a été, est et sera, je te marque du sceau de la Vérité !* La croix cathare.

Du bout des doigts, il frôla la petite cicatrice d'un rouge encore vif. Elle était la preuve physique du fait qu'il ne rêvait pas. Il avait vraiment été en enfer et il en était revenu. Il eut du mal à en détacher son regard stupéfait pour s'observer dans le miroir. Les traits tirés, les yeux cernés, une barbe de trois jours sur les joues, l'homme qui se trouvait là semblait hanté, sans doute parce qu'il l'était.

Il passa sa chemise, toujours sonné. Il nageait en plein délire. Il n'avait jamais même eu la foi. Pour lui, l'enfer avait été la vie qu'il avait menée, à souffrir et à faire souffrir. Et voilà que, contre toute attente, Dieu existait.

Sans une pensée pour la maison où il avait passé toute sa vie, il passa sa besace sur son épaule et se dirigea vers la Traction Avant Citroën 1934 noire que son père avait achetée peu avant d'être terrassé par son attaque. Le moment était venu de commencer à dépenser le temps qui lui était prêté.

14

Roland prit place derrière le volant. La jauge à essence du tableau de bord était basse. Il la tapota du bout du doigt, mais l'indicateur ne broncha pas. Les aiguilles de l'horloge indiquaient seize heures quarante. S'il se pressait, il avait le temps d'atteindre la station-service avant la fermeture. S'il voulait sauver son âme, il allait d'abord devoir faire le plein.

Il mit le contact et appuya sur le bouton du démarreur. Le moteur vrombit au deuxième essai. Il empoigna la manette de la boîte de vitesses, enclencha la transmission et mit le véhicule en route.

Il roula vers le centre du village avec l'impression d'être exactement ce qu'il était : un condamné en liberté provisoire et constamment surveillé. À chaque détour, il avait la certitude de tomber sur l'archange qui, sur le bas-côté, lui servirait un avertissement de son drôle de regard pâle. La seule idée de revoir cette créature lui tordait les intestins.

Comme il l'avait espéré, il atteignit la station-service quelques minutes avant dix-sept heures. L'expression qui se dessina sur le visage du pompiste, un petit homme aux cheveux gominés et à la fine moustache qui essayait de se donner des airs de dur, ne fit aucun doute : il était le dernier client de trop. Il se gara devant la pompe, enclencha le frein à main, s'assura de bien cacher la crosse du révolver avec son manteau et sortit. Dès qu'il eut déplié sa carcasse sur toute sa longueur, le bonhomme changea d'air.

— Le plein, grommela Roland d'un ton sans appel à l'homme qu'il avait croisé une fois ou deux sans vraiment s'y arrêter.

— Tout de suite, répondit l'autre, soudain avenant.

Le type s'attarda un peu trop longtemps sur le visage de son client. Roland se dit qu'il devait avoir une tête de déterré, ce qui n'était guère étonnant considérant qu'il revenait d'entre les morts. Tandis que le réservoir se remplissait, une idée lui vint.

— Quelle date sommes-nous ? demanda-t-il.

Le pompiste le toisa comme s'il sortait d'un asile de fous.

— La date, répéta Roland avec impatience. Je veux savoir la date.

— Ben, on est le 15 mars.

— Et l'année ?

— L'année...

Cette fois, le regard du commis de plus en plus circonspect darda dans toutes les directions, à la recherche d'un peu d'aide ou d'une voie de secours.

— Oui, l'année ! ragea Roland, insensible à la peur qu'il instillait.

— 1939... fit le pompiste.

— T'en es sûr?

— Ben oui.

Roland sentit le sang quitter son visage tandis qu'il intégrait l'information de son mieux. Il s'était fait sauter la tête le 12 – il frissonna en réalisant ce que cela signifiait. Il avait passé trois jours en enfer, ce qui expliquait l'état de décomposition du vieux et le fait que le sang et les morceaux de cervelle aient été secs. *Je crois en Jésus Christ, qui est mort et a été enseveli, est descendu aux enfers, le troisième jour est ressuscité des morts*[19]... songea-t-il en appréciant l'ironie. Le commerçant replaça la pompe sur son socle. Roland le paya, remonta dans la voiture et reprit la route.

Il roulait au hasard depuis plus d'une heure. *À ton retour parmi les vivants, la voie de la Vérité te sera indiquée*, avait promis Métatron. Devait-il rester dans les environs d'Ussat ou s'en éloigner? Et si oui, pour quelle destination? Paris? Carcassonne? Barcelone? Berlin? Elle était où, cette Vérité? Elle avait l'air de quoi? Contre quel danger devait-il la protéger? Quelqu'un ou quelque chose? Il avait présumé qu'un signe quelconque lui serait envoyé. Une apparition, une coïncidence, quelque chose. Il finit par immobiliser la Citroën sur le bas-côté de la route, à l'extérieur du village, et abattit rageusement ses paumes sur le volant.

— Alors, je fais quoi? rugit-il. Putain de merde! Je vais où? Hein? T'es là, la femmelette en robe longue?

19. Symbole des apôtres.

Tu crois que c'est comme ça que je vais le protéger, ton machin ?

Il se frotta le visage à deux mains, prit quelques profondes inspirations pour se calmer un peu et observa les alentours. Le soleil était en train de se coucher. Il ferait bientôt nuit. Il décida de trouver un endroit où dormir et verrait la suite des choses le lendemain matin, à tête reposée. Il alluma les phares et reprit la route.

Roland aperçut la voiture accidentée au dernier moment avant de la dépasser. Il fit marche arrière, positionna la Citroën de manière à éclairer la scène et descendit. La Delahaye avait quitté la route dans une courbe, défoncé la clôture et percuté le tronc d'un arbre centenaire.

Méfiant, il inspecta les alentours avant de reporter son attention sur l'accident. La tôle du capot était ratatinée et de la vapeur montait du moteur arrêté. Il inspecta la chaussée mais, dans la nuit presque entièrement tombée, n'arriva pas à déterminer s'il s'y trouvait des traces de freinage. De toute évidence, le véhicule avait percuté l'arbre à grande vitesse.

Il enjamba les débris de la clôture et s'avança avec prudence vers la carcasse. La vapeur qui montait du radiateur trahissait l'accident récent. Éclairé par la lumière des phares de son véhicule, il fit le tour de la voiture par l'arrière et se dirigea vers la portière du conducteur. La force du choc l'avait entrouverte et, en regardant dans l'habitacle, il aperçut une silhouette affalée sur le volant. Une femme. Il fit mine de la toucher, mais s'interrompit. L'éclairage n'atteignait pas l'intérieur et il n'y voyait pratiquement rien. À tâtons, il risquait de faire pire que bien. Il renifla à quelques reprises et, ne repérant aucune odeur d'essence, sortit sa boîte d'allumettes et en craqua une.

La conductrice était inconsciente. Il la saisit par l'épaule et la ramena délicatement dos contre la banquette. Elle n'eut aucune réaction. Il approcha son allumette et l'examina de plus près. La profonde entaille qu'elle arborait à la racine du cuir chevelu avait beaucoup saigné et son visage était ensanglanté, mais l'hémorragie semblait avoir cessé. Il lui tâta le cou à la recherche d'un pouls, et ne fut pas surpris de n'en trouver aucun.

Il se redressa et considéra la morte. Que devait-il faire ? Aller chercher un gendarme ou un prêtre ? L'allumette consumée lui brûla les doigts et il la jeta dans l'herbe.

— Ouille ! ragea-t-il en secouant la main.

Il en alluma une nouvelle et éclaira à nouveau le visage de la femme. Il eut un mouvement de recul. La morte avait ouvert les yeux et le fixait.

15

L'inconnue fronça les sourcils comme si elle cherchait à replacer celui qui se tenait près d'elle. Ou peut-être était-elle seulement aveuglée par la flamme de l'allumette. Ses paupières frémirent et, après une brève lutte, se refermèrent. Roland s'empressa de chercher à nouveau son pouls et, cette fois, le trouva. Il se demanda quoi faire. Ils étaient au beau milieu de nulle part, à plusieurs kilomètres d'Ussat. Il considéra la laisser là et s'en aller. Qu'elle vive ou qu'elle meure, au fond, il s'en fichait comme de son premier caleçon. Avec une âme à sauver, il en avait déjà plus qu'assez sur les bras.

La conscience que tu ne croyais pas avoir te brûlera sans cesse. Un scrupule inattendu l'empêcha de faire le premier pas vers sa propre voiture. Et si venir en aide à cette femme faisait partie de ce qu'il devait faire pour sauver son âme ? L'abandonner réduirait d'autant ses chances. Exaspéré, il soupira. Le reste de sa vie – ce qui ne représentait sans doute pas longtemps s'il réussissait sa tâche – ne serait-il qu'une série de calculs destinés à augmenter ses chances de sauver son âme ?

Frustré, il abattit la paume de sa main sur la portière de la voiture. Il libéra la femme inconsciente de l'habitacle avec force précautions, l'étendit dans l'herbe puis l'examina aux mieux de ses connaissances. Pour autant qu'il pût le dire, à part l'entaille à la tête et quelques bosses, elle ne semblait porter aucune autre blessure. Il la prit dans ses bras et rebroussa chemin vers la Citroën, où il la déposa sur la banquette arrière, puis referma la portière en faisant attention de ne pas la claquer.

Il fila vers le village aussi vite qu'il le pouvait en pleine nuit, jetant de temps à autre un regard vers sa passagère inerte qui gémissait et dodelinait mollement de la tête au rythme des cahots et des virages.

— Content, l'eunuque? grommela-t-il avec arrogance. Me voilà bon Samaritain. Ça me donne des points?

La réponse à sa bravade lui parvint sous la forme d'une brûlure à l'épaule gauche. Puis un éclair de douleur, blanc et froid, lui traversa la tête, de la bouche à la nuque. Il se raidit en étouffant un cri.

— T'aimes pas te faire asticoter, on dirait. Espèce de petite fiotte en robe longue.

Nouvel élancement, plus cruel encore que le précédent. Crispé, il perdit momentanément le contrôle de la Citroën, qui zigzagua dangereusement avant qu'il ne la reprenne en main.

— Au moins tu es à l'écoute, fanfaronna-t-il, les dents serrées, se refusant à donner à Métatron la satisfaction d'admettre qu'il avait mal. Comme ça, on pourra avoir des conversations, toi et moi.

Il ne se faisait aucune illusion : une bonne action de sa part ne changerait rien au statut de son âme. Son salut dépendait du succès de la mission qu'on lui avait confiée et de rien d'autre. Le mérite et la bonté n'y joueraient aucun rôle, ce qui était préférable puisqu'il en était dépourvu. S'il était sauvé, ce serait en vertu d'une unique réussite.

Peu habitué à ce genre d'introspection, il secoua la tête pour s'éclaircir les idées, essuya son front avec sa manche et poursuivit son chemin tandis que la douleur de son côté gauche s'estompait et que son cœur retrouvait un rythme plus normal. Arrivé à destination, il gara la Citroën n'importe comment, prit de nouveau la jeune femme dans ses bras et marcha vers une porte, au bas de laquelle il tambourina du pied. Après une longue minute, une lumière finit par s'allumer à l'intérieur. Un homme âgé lui ouvrit.

Le docteur Gadal était en chemise de nuit sous laquelle il avait enfilé un pantalon. Il cligna des yeux derrière son pince-nez en reconnaissant celui qui avait été son patient de temps à autre, comme tout le monde à Ussat. Manifestement, l'homme avait l'habitude des réveils nocturnes. Il remarqua le fardeau de son visiteur et son visage mince au menton pointu prit une expression alerte.

— Elle a percuté un arbre avec sa voiture, expliqua Roland. Je l'ai trouvée sans connaissance.

— Entre vite, l'invita le médecin.

Il s'écarta et laissa passer Roland, referma et le guida vers un cabinet de consultation, où il désigna une table d'examen en métal.

— Allonge-la, lui ordonna-t-il en replaçant sur son crâne une longue mèche grise destinée à masquer sa calvitie.

Roland obtempéra, puis se tint un peu en retrait. Le médecin déboutonna le chemisier couvert de sang et ouvrit le corsage de sa patiente pour l'ausculter. Roland ne détourna pas les yeux. Au point où il en était, le péché de concupiscence ne pèserait pas bien lourd dans la balance. Il s'attarda surtout sur le médecin. L'homme avait peu de courage. Les rares fois où il avait été mandé à la maison pour le guérir d'une fluxion de poitrine ou d'une brûlure, il n'avait pas semblé préoccupé par le fait que son petit patient était étrangement taciturne et refermé sur lui-même. Sans doute n'avait-il pas voulu le voir. Dans les villages, on voulait rarement voir ces choses-là. Et puis, n'en avait-il pas tiré profit lorsque le bon docteur avait escamoté l'autopsie de sa mère ?

— Tu la connais ? demanda Gadal en tâtant le cou de sa patiente.

— Non.

— Tu sais depuis combien de temps elle est inconsciente ?

— Aucune idée, mais il m'a fallu une bonne dizaine de minutes pour venir jusqu'ici.

Tandis que le docteur Gadal lui palpait l'abdomen, la blessée prit quelques grandes inspirations. Ses paupières frémirent et elle revint à elle. Ses yeux, d'un bleu à la teinte turquoise inhabituelle, devinrent ronds quand ils se posèrent sur le vieil homme.

— Ne craignez rien, ma petite. Je suis médecin, l'informa Gadal de cette voix rassurante qu'il avait perfectionnée au fil de décennies de pratique. Vous avez eu un accident de voiture et vous avez perdu connaissance. Laissez-moi m'assurer que vous n'avez rien de grave et ensuite, nous pourrons discuter. D'accord?

— O-Oui, bredouilla la jeune femme au visage ensanglanté, trop sonnée pour poser des questions.

Elle se tint tranquille pendant que le médecin testait la réaction de ses pupilles avec une petite lumière. Puis il palpa méticuleusement sa nuque et ses côtes.

— Bon! s'exclama-t-il avec une bonhomie forcée. Tout me semble à la bonne place.

Il l'aida à s'asseoir sur la table d'examen. Le regard hébété de l'inconnue se posa sur Roland. Elle eut un mouvement d'incompréhension et serra pudiquement son chemisier sur sa poitrine.

— Je vous présente Roland Sentenac. Il vous a trouvée inconsciente dans votre véhicule, expliqua aussitôt le médecin.

Le regard qu'elle posait sur son sauveur s'adoucit tandis qu'il inclinait timidement la tête, beaucoup moins à l'aise avec une femme consciente.

— Je vous remercie, lui dit-elle d'une voix légèrement rauque.

Roland se contenta de grommeler en regardant par terre.

— Ce n'est pas tout, il faut vous recoudre, continua Gadal. Mais on va d'abord vous débarbouiller un peu, si vous voulez bien.

Il se rendit prendre un pichet sur une table non loin de là et versa de l'eau dans un bassin et revint avec. Il y trempa le coin d'une serviette et essuya doucement le visage et les cheveux de l'accidentée. L'eau prit vite une teinte rouge, et ce fut Roland qui la remplaça à deux reprises. Quand la femme fut raisonnablement propre, le médecin prit le temps de mieux examiner la plaie qui lui ouvrait tout le côté gauche du front, à la racine du cuir chevelu. Elle suintait encore mais avait cessé de saigner.

— Vous avez une chance de bossu, jeune femme, lui apprit-il avec la même bonhomie. Ou alors, vous avez la tête très dure. Vous avez une vilaine entaille, mais rien de plus.

Il se rendit à une armoire vitrée, où il sélectionna une fiole et une seringue qu'il remplit en piquant à travers le capuchon. Il revint lui faire une série de petites piqûres autour de la plaie.

— Voilà. Vous ne sentirez rien du tout. Je vais m'assurer que vous serez aussi jolie qu'avant. Promis.

L'inconnue lui retourna une moue timide. Il tira vers lui une petite table en métal sur roulettes et choisit une aiguille et du fil à sutures. Roland la détailla un peu plus. Elle devait avoir la fin vingtaine.

— Au fait, comment vous appelez-vous, ma petite?

La jeune femme le regarda comme si elle n'avait pas compris la question.

— Votre nom, insista Gadal. Vous en avez bien un?

Son visage prit une expression absente tandis qu'elle fronçait les sourcils. Le médecin s'était immobilisé, l'aiguille dans les airs, et semblait soudain soucieux.

— Je... Je ne sais pas, finit-elle par admettre d'une voix à peine perceptible.

16

Un silence lourd tomba dans le cabinet. Habitué aux crises, le médecin s'empressa de le dissiper.

— Ça vous reviendra, n'ayez crainte, dit le docteur Gadal à la jeune femme pour la rassurer. Vous avez reçu un bon coup sur la tête. Parfois, il faut un peu de temps pour s'en remettre.

— Et parfois, il arrive que... ? fit l'accidentée effrayée, incapable d'aller au bout de sa question.

— Allons, puisque je vous dis que tout ira bien. Il suffit de vous reposer, je vous l'assure. Et si vous avez un peu de chance, seuls les bons souvenirs vous reviendront !

Roland remarqua que, malgré ses assurances, le sourire du vieil homme s'était crispé. Manifestement, il était quelque peu inquiet, et l'inconnue aussi l'avait noté. Pour se donner une contenance, le vieux médecin termina de la recoudre avec des gestes précis, puis fit un pas vers l'arrière pour considérer son travail.

— Voilà ! Dans quelques semaines, vous serez comme neuve, lui assura-t-il avec une moue satisfaite, quoiqu'un peu forcée. La cicatrice va pâlir et se fondre sous la racine des cheveux. On n'y verra que du feu.

Il appliqua un pansement sur la plaie et le maintint avec deux bouts de sparadrap. Pendant qu'il procédait, elle fit mine de reboutonner son chemisier, mais il l'arrêta d'un geste.

— Nous n'allons tout de même pas vous laisser repartir comme ça, ma petite. Vous êtes bien trop jolie. Attendez-moi un peu.

Il sortit du cabinet.

— Euh... vous vous sentez comment ? s'enquit Roland pour briser le silence malaisé.

— J'ai mal à peu près partout, mais le bon docteur dit que je n'ai rien de cassé, répondit-elle avec une moue contrariée. Toutefois, je ne sais pas qui je suis.

Les lèvres de la jeune femme se mirent à trembler et elle fit un effort évident pour ne pas se mettre à pleurer.

— Il a dit que ça passerait, lui rappela Roland, faute de mieux.

Elle haussa les sourcils pour lui faire comprendre que le médecin avait beau dire, il n'y avait aucune certitude. Sur ces entrefaites, le docteur Gadal reparut avec un chemisier jauni qu'il lui tendit.

— Il appartenait à ma Gertrude. Dieu ait son âme, expliqua-t-il.

Roland eut le vague souvenir d'une grande femme, maigre et austère, aux cheveux serrés en chignon dont l'air perpétuellement indigné tranchait avec la simplicité et la bonhomie de son époux.

— Je ne sais pas si je devrais…

— Mais si. Où qu'elle soit, je suis certain qu'elle est ravie de pouvoir vous aider. Elle était si généreuse.

L'inconnue accepta le vêtement, se leva et passa derrière un paravent. Elle réapparut vêtue d'un chemisier trop long et démodé, mais propre.

— Je vous le rendrai dès que j'aurai… euh… que… je suppose que je dois avoir des vêtements quelque part.

Gadal les reconduisit jusqu'à la porte et Roland lui glissa discrètement le prix de la consultation.

— Revenez me voir dans une dizaine jours pour enlever vos sutures, stipula le médecin à sa patiente. Ou sinon, ajouta-t-il après réflexion, n'importe quel collègue pourra s'en charger. D'ici là, si vous avez mal à la tête ou ailleurs, n'hésitez pas. Et ne vous inquiétez pas, les souvenirs vous reviendront.

La jeune femme lui répondit par un demi-sourire gêné. Il lui remit un petit flacon de verre à demi rempli de comprimés.

— Ce sont des antalgiques pour calmer vos courbatures, expliqua-t-il. Prenez-en deux avant d'aller au lit et ensuite, si vous avez trop mal, toutes les six heures au cours des prochains jours.

Elle blêmit et secoua la tête.

— Non merci. Je n'en ai pas besoin.

— Vous en êtes certaine? Vous savez, parfois, la douleur apparaît à retardement.

— Non, ça ira, rétorqua l'amnésique avec énergie.

— Bon, si vous le dites, fit le médecin, perplexe, en rempochant son flacon. Roland, tu vas veiller sur elle?

— Euh… oui, bien sûr, répondit-il, pris au dépourvu.

Après avoir à nouveau remercié le docteur Gadal, ils prirent congé.

— Je présume que vous n'avez nulle part où aller? s'enquit Roland tandis qu'ils se dirigeaient vers la voiture.

— Si c'est le cas, je ne m'en souviens pas, grinça la femme.

Il consulta sa montre.

— Il y a un hôtel tout près. Je vous y emmène. Demain, je vous raccompagnerai à votre voiture et nous verrons ce que vous y trouverez. D'ici là, vos souvenirs seront sans doute revenus.

— Vous avez déjà fait beaucoup. Je ne veux pas abuser. Vous devez bien avoir quelque chose de mieux à faire.

— Ça dépend du point de vue.

Une dizaine de minutes plus tard, Roland et l'inconnue se tenaient devant l'hôtel des Marronniers, avenue de la Gare. Il était souvent passé devant l'édifice Second Empire à trois étages, mais n'avait jamais eu de raison particulière d'y entrer. Sans être un haut lieu de l'hébergement de luxe, l'établissement, coiffé d'une jolie toiture à mansarde en ardoises, et revêtu de crépi, était chaleureux et avait une certaine classe. Il accueillait agréablement les gens bien de passage, disait-on.

Ils sortirent de la Citroën. Roland prit sa besace sur le siège arrière et la passa à son épaule avant d'ouvrir la portière à sa compagne d'infortune. Ils avaient fait quelques pas vers l'hôtel lorsqu'une voix haut-perchée les fit sursauter.

— Eh bé ! Le jeune Sentenac ! T'as pas l'air très content. C'est quand même pas le suicide de ta maman qui te titille encore ? railla-t-elle dans ce patois de l'Ariège que Roland comprenait un peu. Ton père a fini par mourir ?

Interdit, Roland fouilla la pénombre du regard et aperçut une forme accroupie devant la clôture basse en fer forgé qui encerclait l'établissement. Il dévisagea l'importune et reconnut la vieille Henriette, qui mendiait dans les environs depuis au moins un siècle. Elle devait avoir presque cent ans et en paraissait le double, misérable petit tas d'os dépourvu de chair, formé de plis remplis de crasse et enveloppé de guenilles. Elle avait perdu l'esprit depuis des décennies et avait la réputation bien méritée de dire crûment les choses les plus embarrassantes. De toute évidence, elle avait aussi un certain don de clairvoyance.

— Ta gueule, vieille folle, avant que je te mette mon pied au cul, grommela-t-il.

Il fit mine de se détourner et prit le coude de l'amnésique pour l'entraîner quand la mendiante l'interpella de nouveau. La vieillarde se mit à rire. Le bruit faisait penser au grincement des gonds d'une porte rouillée ou au rire d'une sorcière. Elle en vint à se taper les mains sur les cuisses, en proie à ce qui ressemblait fort à une crise de démence. Il eut envie de la saisir par ses hardes pour la relever et la secouer, mais le regard de l'amnésique, qu'il sentait entre ses omoplates, l'en retint. Il se contenta de se pencher au-dessus d'elle, ce qui n'intimida aucunement la vieille, qui lui adressa plutôt un sourire édenté. Puis elle fouilla dans ses nippes et en tira une bouteille de vin à moitié pleine. Elle retira le bouchon, avala plusieurs grandes gorgées, la reboucha, ferma les yeux et soupira de contentement. Quelques secondes plus tard, elle s'affala sur le côté, la bouteille serrée contre elle. Un ronflement sonore monta de sa poitrine creuse. Il se retint d'administrer un coup de pied à la forme inerte.

Ils franchirent la clôture et entrèrent dans l'établissement, annoncés par le tintement d'une clochette. Le réceptionniste écarquilla les yeux en apercevant la blonde à la tête pansée, dont la jupe et le manteau portaient toujours des taches de sang. Roland reconnut le maigrichon au col de chemise trop grand, avec qui il avait fréquenté l'école, lorsqu'il y mettait les pieds. Jules Cabanac était aussi méchant que bête.

— Sentenac ! s'exclama l'homme, surpris.

— La dame a eu un accident de voiture, Jules, expliqua Roland. Il lui faut une chambre.

— Oui, bien sûr.

Le commis pivota et s'empara d'une des clés accrochées à un tableau de bois numéroté derrière lui.

— Et une pour moi, ajouta Roland.

À ces mots, Cabanac se figea imperceptiblement avant de sélectionner une seconde clé. Il se retourna vers Roland, des questions plein les yeux.

— Un problème chez toi? s'enquit-il.

— Si on veut.

Le regard de Roland aurait suffi à flétrir une plante et Jules ne poussa pas son interrogatoire.

— La 3 et la 4, au premier. Elles ont l'eau courante, chaude et froide, et sont voisines. Malheureusement, elles n'ont pas de porte communicante, glissa-t-il d'un ton malicieux.

Le sous-entendu fut accueilli par un nouveau regard glacial. Roland posa les mains à plat sur le comptoir et avança un peu le torse.

— J'ai eu une très longue journée, Jules, dit-il d'un ton menaçant. T'en as même pas idée. Alors, pour le dire franchement, tordre le cou d'un employé d'hôtel facétieux serait le cadet de mes soucis. Tu comprends?

— O-Oui. A-avez-vous des bagages? bredouilla Jules tandis qu'une goutte de sueur lui coulait sur la tempe.

— Venez! jeta Roland à l'inconnue, dont les traits crispés trahissaient la fatigue et les douleurs.

Ils s'engagèrent dans l'escalier. La jeune femme courbaturée peinait à gravir les marches et il la soutint à nouveau. Une fois à l'étage, ce fut lui qui déverrouilla la porte de la chambre 3. Il actionna le commutateur, puis s'écarta pour lui céder le passage.

— Il vous manque quelque chose?

— Non, merci. Ça ira. Je ne sais pas comment vous remercier. Vous êtes mon bon Samaritain.

— Alors, bonne nuit.

Elle força un sourire fatigué et referma la porte. Il attendit le son du loquet de l'autre côté avant de déverrouiller la porte voisine. Il entra, alluma et jeta son manteau sur le fauteuil près de la porte. Il sortit le révolver de sa besace, en ouvrit le barillet et remplaça la cartouche manquante – celle qui lui avait traversé la tête et fait jaillir sa cervelle sur le mur de la maison – avant de déposer l'arme sur la table de chevet. Une vague d'épuisement le submergea, et il se laissa choir sur le lit.

Au-dessus de sa tête, un crucifix trônait au mur. Roland renâcla. Même Jésus ne lui serait d'aucun secours. Il entendit le clapotis de l'eau dans la chambre de sa voisine, qui faisait une toilette bien méritée avant d'aller au lit. *Le passé et la mort te conduiront vers l'avenir*, lui avait annoncé l'archange. Et voilà qu'il avait sur les bras une femme qui, justement, n'avait plus de passé.

Il ferma les yeux, soupira profondément et s'endormit.

17

Roland ouvrit les yeux. Il lui fallut un moment pour se rappeler qu'il était allongé dans une chambre de l'hôtel des Marronniers. Il faisait nuit, mais une chandelle était allumée. Sa lumière dansait sur les murs.

Un homme se tenait au pied de son lit et le toisait d'un regard à la fois dur, pénétrant et méprisant – le regard de celui qui avait vu des horreurs, qui en avait commis des pires encore et que plus grand-chose ne pouvait troubler. Un guerrier, si l'on se fiait à son allure et à son maintien. Des braies à l'ancienne et un large ceinturon en cuir. Planté sur des jambes aussi massives que des troncs, ses épaules musclées étirant le tissu rêche de sa chemise, ses cheveux roux retenus par un cordon de cuir, il faisait tournoyer une épée devant lui avec une aisance remarquable. Le genre d'homme qu'on préférait ne jamais affronter.

Roland avait déjà vu ce colosse au visage taillé au couteau. En enfer. Ce type lui avait tendu la main pour l'aider à se relever et l'avait assuré qu'il ne serait pas seul après que l'archange l'eut marqué comme du bétail.

— La Vérité est en danger, finit par déclarer l'apparition.

Roland fit mine de s'asseoir dans le lit, mais l'autre leva la main et il se retrouva tassé contre son matelas, comme si une chape de plomb avait été déposée sur lui. Il essaya de s'en libérer, mais il devint vite évident que tous ses efforts resteraient vains.

— Où elle se trouve, cette Vérité ? Hein ? rugit-il, enragé et humilié par sa soudaine impuissance. De quoi elle a l'air ? Comment je suis censé retrouver et protéger une chose dont je ne sais rien ? L'éphèbe en robe de bal n'a rien daigné m'expliquer. Vous avez fini de jouer au con ? Les dés sont pipés !

— Bien sûr, ricana le colosse roux avec amertume. Sinon, quel mérite aurais-tu à regagner le salut de ton âme ? Estime-toi heureux de bénéficier d'une seconde chance. Les autres damnés n'ont droit qu'au désespoir éternel – sans compter les souffrances physiques.

Ils restèrent un instant silencieux.

— Le temps presse, reprit l'inconnu. La Bête est déjà éveillée. Tu seras celui qui déterminera l'ampleur du massacre. Regroupe les parts qui sont connues et celles qui ne le sont pas. Tu devras décider si la Vérité appartient à Babylone ou à Sion. Surtout, ne suis pas le chemin vers la Terre Promise, mais celui du traître de Germanie. Souviens-toi de ton créateur !

— Putain, si j'ai envie d'entendre une parabole, j'irai à la messe! cracha Roland, irrité.

— C'est le message qu'on m'a confié pour toi. Je ne fais que le transmettre.

— Qui ça, « on »? Métatron?

— Non. Dieu.

La réponse calma Roland d'un seul coup.

— Oh! fit-il, médusé. Et... Il est, euh... comment?

Le visage de son visiteur se chiffonna d'inconfort alors qu'il cherchait une réponse.

— Omnipotent, omniprésent, omniscient, impatient et pas très aimant, finit-il par dire avec un haussement d'épaules.

— Et toi? Qui es-tu?

L'homme à l'épée s'assombrit et sa mâchoire se serra visiblement, comme s'il refoulait une vague de colère et d'amertume.

— J'ai été ce que tu es. C'était il y a longtemps. Très longtemps. J'ai dû sauver mon âme, moi aussi. Et tu es maintenant ce que j'étais.

— Et... tu as réussi? s'enquit Roland en déglutissant anxieusement tandis que la réponse tardait à venir. Tu l'as trouvé, le salut?

Le regard de l'homme se perdit dans le vague. Il semblait contempler quelque chose de très ancien et douloureux.

— Oui, soupira-t-il. Mais le prix à payer a été à la hauteur de mes péchés. Il en ira de même pour toi.

Roland hocha pensivement la tête. Cela, il s'en doutait bien. Le colosse s'approcha du lit. Lorsqu'il fut à ses côtés, il le toisa avec une froideur à glacer le sang pendant une longue et inconfortable minute.

Sans prévenir, il fit pivoter son épée dans les airs et la rattrapa habilement par la poignée, lame vers le bas. À deux mains, il la lui enfonça jusqu'à la garde dans le ventre.

— Ta quête commence ici et maintenant! tonna-t-il. Memento mori![20]

Tandis qu'un sang vermeil coulait le long des côtes de Roland, l'homme tourna les talons et ouvrit la porte de la chambre. Il allait en franchir le seuil mais en saisit le chambranle à deux *mains.*

— On m'appelait Gondemar, déclara-t-il sans se retourner. Gondemar de Rossal.

Il sortit et referma. Hébété, Roland reporta son attention sur son abdomen. La poignée de l'épée en saillait, mais, même si son sang trempait maintenant le matelas et commençait à goutter sur le plancher, il ne ressentait aucune douleur. Avec détachement, il admira l'arme. Elle était splendide. Son pommeau était rond et plat, sa garde droite s'évasait à chaque extrémité pour rappeler les bras d'une croix pattée, et au centre, sous la lame, l'abréviation O IX était finement ciselée. Une véritable œuvre d'art enfoncée dans son ventre. Il allongea la main et la caressa doucement. Il avait l'impression de retrouver une vieille amie depuis trop longtemps égarée, mais restée fidèle malgré tout. Il sourit et sentit des larmes de joie couler sur ses joues.

Un long hurlement strident fendit le silence. Au même moment, le sang se mit à jaillir en gros bouillons de sa blessure, comme si la sève de sa vie était liée à ce bruit qui semblait monter du fond de l'enfer.

---

20. Souviens-toi que tu mourras!

18

Ussat-les-Bains,
16 mars 1939

Roland ouvrit les yeux. Il était assis dans le lit, la bouche ouverte en un cri silencieux, le cœur battant, une main crispée sur le ventre comme s'il tentait d'empêcher ses tripes d'en sortir, l'autre cherchant le révolver sur la table de chevet. Les brumes du sommeil s'évanouirent dans sa cervelle et il reconnut la chambre de l'hôtel des Marronniers. Il s'était endormi tout habillé par-dessus les draps, la lumière allumée. La sueur collait sa chemise sur son dos et ses cheveux étaient trempés. Tandis que son souffle et son cœur retrouvaient un rythme plus normal, il se passa une main sur le visage, rendu râpeux par une barbe de plusieurs jours.

— Putain de merde, soupira-t-il, encore sonné.

Le réalisme et l'intensité de son cauchemar lui collaient à la peau comme de la crasse. Mieux valait s'y accoutumer, songea-t-il, car il en ferait sans doute encore bien d'autres. Il consulta sa montre-bracelet.

Minuit cinquante-cinq. Il avait encore plusieurs heures devant lui. Il s'assit sur le bord du lit, secoua la tête, retira ses chaussures et déboutonna sa chemise. Il avait l'impression que son corps pesait une tonne. Il était en maillot de corps et s'était levé pour défaire son ceinturon quand un cri strident perça le silence de la nuit.

Il saisit le révolver, franchit en trombe les quelques mètres qui le séparaient de la porte, cafouilla quelques secondes avec la serrure dans son énervement et jaillit dans le couloir. Au fond, la porte de la chambre 6 s'entrebâilla et un homme en pyjama, les cheveux blonds courts, apparut dans l'embrasure en plissant les yeux. Sans doute avait-il été réveillé en sursaut, lui aussi. Roland eut tout juste le temps de cacher l'arme à feu derrière son dos.

— Avez-vous besoin d'aide, monsieur? s'enquit poliment le blondinet avec un accent allemand.

— Non, merci, tout va bien.

— Vous êtes certain?

— Fout le camp, connard.

L'homme écarquilla les yeux et referma la porte. Sur ces entrefaites, Jules surgit en robe de chambre, trousseau de clés à la main, les cheveux en bataille, les yeux bouffis de sommeil et une expression inquiète sur le visage. Cette fois, Roland jugea plus prudent de glisser le révolver à sa ceinture, dans le creux de ses reins, et de rabattre son maillot de corps par-dessus. Jules n'avait pas besoin de savoir qu'il était armé.

— Qu'est-ce qu'elle a, ta copine? s'enquit-il. Elle a vu l'heure? Elle peut pas dormir?

— Ce n'est pas ma copine, rétorqua sèchement Roland. Je ne la connais même pas. Ouvre, imbécile.

L'employé jugea plus prudent de s'exécuter. Une fois la serrure déverrouillée, Roland écarta Jules sans ménagement et entra. Dans le noir, l'inconnue hurla de plus belle. Le cri, gorgé de terreur, lui glaça le sang. Pendant une seconde, il eut l'impression qu'un halo lumineux émanait de la silhouette assise dans le lit. Il cligna des paupières, tâtonna et trouva l'interrupteur.

La jeune inconnue était raide comme une planche, les yeux écarquillés, blême comme une morte, et les joues mouillées de larmes. Clairement en proie à cette terreur viscérale de ceux qui ont de la difficulté à s'extirper d'un mauvais rêve, elle n'avait aucune conscience de la présence de Roland.

— Non... gémit-elle, une expression de terreur lui tordant le visage.

Elle ne portait que ses sous-vêtements et Roland remarqua Jules, debout à l'entrée, qui ne se gênait pas pour lorgner le spectacle. Il lui claqua la porte au nez. La femme hurla de nouveau et leva les mains à son visage. Il se précipita vers elle et lui saisit les poignets pour l'empêcher de se labourer les joues avec ses ongles. Le cri devint râle, puis halètements, et ne cessa que par manque d'air. Elle claquait des dents et grelottait. Toute sa peau était couverte de chair de poule.

— F-F-Froid, chuchota-t-elle en s'enveloppant de ses bras.

Il força un peu pour lui abaisser les bras. Quand il fut certain qu'elle ne se grifferait pas, il tira les couvertures pour la couvrir et ménager sa pudeur. Dessous, elle frissonnait de la tête aux pieds. L'espace d'un instant, Roland eut même l'impression que sa peau prenait une teinte bleutée. Ne sachant que faire, il lui prit une main pour la tapoter maladroitement.

— Ho, murmura-t-il, soucieux de pas la brusquer. Allez, on se réveille.

Peu à peu, la conscience reprit sa place dans ses yeux turquoise et elle constata que Roland était assis sur son lit.

— Qu'est-ce que vous faites dans ma chambre? parvint-elle à bredouiller avec une pointe d'indignation.

— Vous avez fait un cauchemar. Vos cris m'ont réveillé et Jules m'a ouvert, expliqua-t-il. Je craignais qu'il ne vous soit arrivé quelque chose. Ça va mieux?

— O-Oui, je crois, fit-elle avec perplexité en se passant une main nerveuse dans les cheveux. Je... je ne me souviens de rien.

— Avec les mauvais rêves, ça vaut mieux, soupira Roland pour la consoler.

Après avoir convenu de passer la prendre vers sept heures pour le petit-déjeuner, il retourna dans sa chambre. Il allait refermer la porte quand son attention fut attirée par une tache sombre de chaque côté du chambranle. Son ventre se serra. Là où, dans son rêve, Gondemar de Rossal avait posé les mains, la peinture était pelée.

19

Roland n'avait presque pas fermé l'œil. Il s'habilla en regardant la face escarpée et rocheuse du Clot de Carbonnière, sur laquelle donnait sa fenêtre. Une phrase prononcée par Métatron lui revenait sans cesse en tête : *le passé et la mort te conduiront vers l'avenir*. Était-ce cela ? De l'au-delà, Rossal, damné qui avait trouvé la rédemption, allait-il être son guide ? En tout cas, c'en avait tout l'air et, au fond, ça n'avait rien de si surprenant.

Il se présenta à la porte de l'inconnue à l'heure convenue. Il eut à peine le temps de frapper qu'elle ouvrait. Manifestement, elle l'attendait. Il resta bouche-bée en l'apercevant au grand jour pour la première fois. Elle portait les vêtements souillés de la veille et le chemisier de feu madame Gadal. Elle était plus grande qu'il ne l'avait réalisé et, surtout, beaucoup plus jolie. Ses cheveux blonds coupés court à la Greta Garbo lui donnaient un petit air ingénu qui tranchait avec le turquoise avenant de ses grands yeux, qui n'avaient nul besoin de maquillage pour émouvoir. Elle avait enlevé son pansement au front et caché ses sutures avec ses mèches. Son port athlétique rehaussait les jolies proportions de son corps qu'il avait déjà entrevu. N'ayant jamais su parler aux filles, il demeura aphone pendant un instant.

— Euh... Je... Le... euh... petit-déjeuner... bredouilla-t-il, se sentant soudain comme un prétendant timide. Je... Si...euh... vous...

— Je suis prête, coupa-t-elle sans l'ombre d'un sourire. Allons-y.

Un peu bêtement, il resta planté là.

— Vous êtes... euh... différente, dit-il après une hésitation embarrassée.

— Ça doit être l'absence de sang dans mes cheveux et sur mon visage, ironisa-t-elle. Il ne me reste qu'à changer de vêtements et je serai présentable. À défaut de savoir qui je suis, ajouta-t-elle avec amertume.

Elle sortit et referma la porte sans regarder derrière elle. D'un pas déterminé, elle s'engagea dans l'escalier. Il se secoua et il s'élança à sa suite. Dans le hall, ils furent accueillis par Jules, derrière son comptoir.

— Tiens ! Bien le bonjour. Vous avez bien dormi ? minauda ce dernier avec un petit air perfide.

Roland sortit de son portefeuille quelques-uns des billets pris à son père et les tendit à Jules en lui jetant un regard assassin.

— Je règle les deux chambres. Il n'y a aucun pourboire.

Jules accepta les billets sans répliquer.

Trois hommes apparurent dans l'escalier et se présentèrent dans le hall. L'un d'eux était l'Allemand qui avait offert son aide durant la nuit, maintenant vêtu d'un élégant costume gris. Ayant manifestement reconnu Roland, il le salua de la tête.

— *Guten morgen*[21], ajouta-t-il d'un ton courtois. Vous partez ?

— Comme vous voyez.

Il était flanqué de deux hommes vêtus de la même manière, un blond comme lui et l'autre châtain foncé et plus trapu. Le trio traversa la pièce d'un pas leste et sortit. Roland les regarda s'éloigner. Il n'y avait que ces types pour donner une telle impression d'avoir un manche à balai enfoncé profondément dans le cul tellement ils avaient la démarche raide et constipée.

— Venez, dit Roland, un peu trop brusquement à l'inconnue.

Ils quittèrent l'hôtel et marchèrent en silence vers un petit bistro non loin de là, l'une à la recherche de ses souvenirs, l'autre de son salut.

— Merci, dit l'amnésique, en chemin. Je vous rembourserai quand… quand je saurai où est mon argent.

— Ce n'est rien. J'ai beaucoup d'argent et peu de temps pour le dépenser.

Ils entrèrent dans le bistro et se dirigèrent vers une table au fond. Roland suspendit sa besace au dossier de la chaise. Vêtu du proverbial tablier couvrant la bedaine de circonstance, le propriétaire les rejoignit.

---

21. Bonjour.

— Bonjour monsieur-dame ! Qu'est-ce que ce sera ? chantonna-t-il joyeusement.

L'amnésique regarda Roland, déconfite.

— Je… Je ne sais même pas ce que j'aime, fit-elle, les larmes aux yeux.

— Café et croissants pour deux, commanda Roland.

L'homme sembla vouloir faire la conversation, mais un regard de Roland suffit à le faire reculer d'un pas.

— Tout de suite, se contenta-t-il de dire avant de tourner les talons.

L'inconnue baissa les yeux et se mit à jouer avec sa serviette.

— Toujours rien ? demanda-t-il. Même pas de vagues impressions ?

Elle secoua tristement la tête. Les larmes lui montèrent aux yeux, mais elle les retint.

— Non. Ma cervelle est comme une ardoise complètement effacée, répondit-elle dans un soupir accablé. Parfois, on dirait que quelque chose est sur le point d'émerger du brouillard ; j'essaie de le saisir au passage, mais l'instant d'après, tout disparaît. Par exemple, ce matin, quand je vous ai ouvert, j'ai eu l'étrange impression que vous m'étiez familier.

— Vous m'avez vu hier, puis encore cette nuit, quand vous avez fait ce cauchemar. Pour le reste, je vous assure que je nous ne nous connaissions pas avant-hier soir.

Le tenancier revint avec un plateau portant deux assiettes de croissants frais et deux bols de café. Il posa le tout sur la table et prit congé. Roland saisit son bol et avala une grande gorgée. Le café lui brûla un peu la langue, mais lui fit du bien. Puis il laissa l'odeur des croissants lui remplir le nez et il sentit l'eau lui venir à la bouche. Il réalisa qu'il n'avait pas mangé depuis... depuis sa mort, en fait. Trois jours, au moins. Il mordit dans la pâte feuilletée, puis ferma les yeux pour mastiquer avec allégresse. Une fois la première bouchée savourée, le reste disparut en un rien de temps. Il fit signe au patron de lui en apporter deux autres.

— Vous avez... vraiment très faim, remarqua la jeune femme, un peu ébahie. On dirait que vous revenez d'entre les morts.

— Vous ne croyez pas si bien dire, confirma Roland, la bouche pleine.

Elle se remit à grignoter du bout des lèvres, jouant avec ses croissants et les réduisant en miettes plus qu'elle ne les mangeait. Ce fut seulement après son troisième croissant qu'il remarqua que quelque chose clochait. La tête un peu penchée, le regard fixe, l'amnésique tremblait comme une feuille.

— Mademoiselle? fit-il, inquiet.

Pour toute réponse, elle émit un drôle de hoquet. Interdit, il réalisa qu'elle pleurait.

— Mademoiselle? répéta-t-il avec toute la douceur qu'il put réunir. Qu'est-ce qui se passe?

Elle leva vers lui un visage défait par le chagrin et inondé de larmes. Sa lèvre inférieure formait une lippe enfantine. La femme qu'il avait devant lui semblait à des lieues d'Ussat.

— J'ai cru entendre... une... une... musique, bredouilla-t-elle entre les sanglots.

Elle lui adressa un sourire nostalgique et sans joie qui lui fendit presque le cœur.

— Vous savez, ces... ces boîtes à musique? Celles... que... que... l'on remonte pour faire danser la pe... petite ba-ba-ballerine? J'en possédais une, je crois.

— C'est une excellente nouvelle, rétorqua Roland avec un enthousiasme un peu forcé. Vos souvenirs commencent à revenir.

Elle renifla et se moucha dans la serviette de table.

— Elle jouait une... une p-p-ièce de... de Mo-Mozart. *Eine kleine Nachtmusik*[22]. Une image m'est revenue.

L'amnésique lui adressa un regard au désespoir sans fond.

— Celle d'un... d'un b-b-bébé. Mort. Je crois. Il était tout b-b-bleu...

22. Petite musique de nuit.

20

Ils parcoururent le trajet vers le lieu de l'accident dans un silence épais. Ils n'avaient pas reparlé de la scène du bistro. Que l'amnésique ait perdu un enfant laissait Roland passablement indifférent. Il avait plus grave à considérer. Perdue dans ses pensées et toujours ébranlée par ce qui semblait bien être un souvenir remonté à la surface, la jeune femme aux traits tirés regardait défiler le paysage, désespérément à la recherche d'une autre bribe de son passé. Il s'efforçait de conduire lentement pour lui permettre de tout observer, même s'il était impatient de se débarrasser d'elle.

— Vous voyez quelque chose de familier? s'enquit-il. Une maison? Un paysage? Une rue? Une passante? Un chat tigré?

— Rien. De toute façon, il est évident que je ne suis pas du coin.

— Qu'est-ce qui vous fait dire ça?

— Votre docteur Gadal m'aurait reconnue, non? J'ai cru comprendre qu'il pratiquait ici depuis longtemps. Si j'étais de la région, il est probable que je l'aurais consulté au moins une fois. Il m'aurait sans doute reconnue.

Ils atteignirent les lieux de l'accident sans avoir échangé un mot de plus et sans davantage de résultats. Roland gara la Traction Avant sur le bas-côté et ils sortirent. En plein jour, la violence avec laquelle la Delahaye noire avait percuté l'arbre était encore plus criante. La tôle du capot était ratatinée en accordéon, le pare-brise en miettes et une des roues formait un drôle d'angle. La conductrice avait eu de la chance de s'en tirer avec une simple coupure. Le volant aurait tout aussi bien pu lui enfoncer la cage thoracique et lui faire éclater tous les organes, sans compter qu'elle aurait pu être projetée à l'extérieur et s'écraser contre le tronc. Le choc était plus que suffisant pour lui casser le cou.

— Vous avez eu une chance de cocu, remarqua-t-il. On y va?

Les lèvres pincées, elle hocha la tête et, d'un commun accord, ils franchirent les restes de la clôture défoncée. À mesure qu'ils s'approchaient de la carcasse, le pas de l'amnésique se fit plus déterminé. Le choc avait fait sauter la serrure du coffre arrière. Elle s'y précipita.

— Vide, annonça-t-elle, dépitée.

Ils inspectèrent l'habitacle. Les banquettes et le plancher étaient maculés de son sang maintenant séché. Les morceaux de verre du pare-brise s'étaient répandus partout. Une tige de métal, longue et pointue, avait traversé le tableau de bord. Son extrémité était couverte de sang séché. Roland l'examina en émettant un sifflement.

— Quelques centimètres plus bas à gauche, et il vous traversait, observa-t-il avec une moue impressionnée.

Ils ne trouvèrent ni sac à main, ni bagage, ni papier d'identité dans la voiture. Un tremblement naquit sur les lèvres de l'inconnue, qui se propagea à tout son corps. Elle enfouit son visage dans ses mains et se remit à pleurer, les sanglots secouant tristement ses épaules.

— Mais où sont mes affaires? ragea-t-elle en s'essuyant les joues. Vous en connaissez beaucoup, vous, des femmes qui se promènent en voiture en pleine nuit, sans au moins un sac à main?

Elle brandit sa main gauche exempte d'anneau de mariage.

— Je n'ai pas de mari ou de fiancé non plus, on dirait. Pourtant, je dois bien avoir autour de la trentaine. Vous trouvez ça normal?

— Même une vieille fille possède un sac à main, dit-il en regrettant aussitôt sa maladresse. Je veux dire, euh... peut-être que vous aviez pris un coup de trop?

— C'est ça! Je suis une ivrogne, maintenant! cracha-t-elle.

Elle lui tourna le dos et s'éloigna de quelques pas. Il la regarda en commençant à s'impatienter. Il avait quand même des choses plus importantes à faire que de jouer aux bons samaritains. Elle allait devoir retrouver la mémoire sans lui.

Après un détour par une boutique où Roland avait insisté pour remplacer à ses frais les vêtements souillés de sa compagne de fortune par quelque chose de plus présentable, il la raccompagna à l'hôtel. Il tira plusieurs billets de son portefeuille et les lui tendit.

— Je ne peux pas accepter… fit-elle, gênée. Pas après ce que vous venez de payer.

— Jusqu'à ce que les choses se replacent, vous n'avez pas tellement le choix, insista-t-il. Il vous faut un endroit où dormir et quelque chose à manger. Allez, prenez.

— Je ne sais pas comment vous remercier, dit-elle résignée.

— Alors ne le faites pas. Où irez-vous ? Qu'allez-vous faire ? demanda-t-il.

Elle considéra un peu la question.

— Je… Je n'en ai pas la moindre idée, admit-elle enfin. Peut-être vais-je commencer par retourner consulter le docteur Gadal.

— Bonne idée, approuva-t-il, faute de mieux. Il saura probablement quoi faire.

Un silence embarrassé tomba entre eux.

— Bon alors, j'y vais, annonça Roland en désignant la Citroën de la tête.

La porte des Marronniers s'ouvrit à cet instant et l'Allemand sortit de l'hôtel avec ses deux compagnons. Cette fois, il portait un bagage à main en cuir et quittait l'établissement.

— *Auf wiedersehen*[23], les salua-t-il poliment.

23. Au revoir.

Ils lui retournèrent sa salutation. L'Allemand se dirigea d'un pas ferme vers une rutilante voiture noire qui s'éloigna en ronronnant.

— Bonne chance, mademoiselle, dit Roland.

Il l'abandonna et retourna vers la Citroën tandis que l'inconnue rentrait dans l'hôtel. Une petite partie de lui répugnait à l'idée de la laisser derrière, vulnérable et presque sans ressources. Elle avait tout de même été gentille et il avait bien aimé se sentir responsable d'elle, avoir l'impression d'être son protecteur, lui qui n'avait jamais su parler aux femmes.

Il mit le véhicule en marche et prit la route. Où aller ? Vers le Nord ou le Sud ? Toulouse ou Barcelone ? L'océan ou la mer ? Ses pensées dérivèrent à nouveau vers l'amnésique. Ses yeux bleus et ses cheveux à la Greta Garbo. Il aimait bien Garbo et son regard un peu éteint. Elle avait ce charme allemand, froid et distant.

Allemand... Germanique... Allemagne... Germanie... *Ne suis pas le chemin vers la Terre Promise, mais celui du traître de Germanie.*

Il se redressa sur la banquette et se donna une retentissante claque sur le front qui lui fit résonner toute la tête. La voiture louvoya un peu et il s'accrocha au volant à deux mains.

— Putain de Dieu de merde ! tonna-t-il en le serrant de toutes ses forces.

Les pneus crissèrent quand il fit demi-tour vers Ussat-les-Bains.

21

Le soleil était couché et la nuit allait bientôt tomber sur Ussat. Il stoppa la Citroën si brusquement que des graviers volèrent. Sa besace en bandoulière, il en jaillit sous les yeux de quelques dames âgées qui ne firent aucun effort pour cacher leur désapprobation. Pas de vieille Henriette en vue, toutefois. Il franchit la clôture de fer forgé et surgit dans le hall des Marronniers.

— Tu t'ennuyais de ta petite dame? grinça Jules, toujours au poste et aussi amer derrière son comptoir.

— Écarte-toi, crétin.

Roland fit le tour du comptoir et s'empara de la clé de la chambre numéro 6.

— Ho! s'insurgea le commis, bousculé au passage. Tu vas où, là, Sentenac? Tu te crois à la gare? Ou dans la cahute qui te sert de maison?

Clé en main, Roland se dirigea à grands pas pressés vers l'escalier, indifférent aux cris indignés de Jules, dont le courage se limitait à l'intervention verbale et qui était resté bien à l'abri à l'accueil.

— Hé ! Sentenac ! La 6, c'était même pas ta chambre, hein ! Tu étais dans la 4 !

— Je sais !

Roland gravit les marches deux à deux, porté par l'idée qui ne l'avait pas quitté depuis qu'elle l'avait frappé de plein fouet. *Surtout, ne suis pas le chemin vers la Terre Promise, mais celui du traître de Germanie*, lui avait intimé Rossal dans son rêve, la nuit précédente. Certes, les Marronniers devaient bien avoir quelques clients allemands de temps en temps, mais l'Allemagne n'était quand même pas la porte à côté et ce n'était pas comme si les boches passaient par hasard à Ussat-les-Bains. Il n'y en avait pas des masses dans le coin. Surtout avec les bruits qu'on entendait à leur sujet ces jours-ci. Et pourtant, voilà que l'un d'eux – traître ou pas, il ne pouvait pas le savoir – se trouvait en même temps que lui dans le même hôtel. Il devait en avoir le cœur net.

Il surgit à l'étage avec un air de taureau enragé et se dirigea droit vers la porte de la chambre 6, passant devant celles que l'amnésique et lui venaient de quitter. Il fit tourner la clé dans la serrure et ouvrit. Le ménage avait déjà été fait et toute trace du passage de l'Allemand avait disparu. Le lit était fait, les effets de toilette placés, les rideaux écartés, la fenêtre entrouverte pour laisser passer un filet d'air frais. Il entra, referma derrière lui et hésita. Que devait-il faire, maintenant qu'il était là ? Il ne savait même pas ce qu'il cherchait.

— Tu ne trouves pas qu'il serait temps de me l'indiquer, la voie de ta Vérité ? grommela-t-il, essoufflé, les mains sur les hanches, à l'intention de l'archange.

Un petit élancement dans l'épaule gauche lui tint lieu de réponse.

— Bon, tu es à l'écoute. C'est déjà ça.

Il fit un tour complet sur lui-même pour se familiariser avec la chambre. Elle était semblable à celle où il avait dormi et contenait en tout et pour tout un lit, une commode et une table de chevet. Il décida de fouiller d'abord les meubles. Il eut vite fait de sortir chaque tiroir et de les retourner, puis de les jeter pêle-mêle par terre.

— C'est petit ou gros, une Vérité ? maugréa-t-il. Ç'a l'air de quoi ?

Il s'agenouilla devant la commode maintenant privée de tiroirs et fourra le bras dans les ouvertures pour vérifier, à tâtons, que rien n'avait été collé à l'intérieur du meuble. Puis il le déplaça pour jeter un coup d'œil derrière, fracassant au passage le bassin et le pichet qui se trouvaient dessus. Rien et rien. Il en fit autant avec la table de chevet, sans plus de succès. Restait le lit. Il arracha le couvre-lit et les couvertures, dépouilla l'oreiller de sa taie et le tâta. À première vue, il ne semblait contenir que des plumes, mais comme il n'avait aucune idée de ce qu'il cherchait, il ne pouvait rien tenir pour acquis. Il fouilla dans sa besace, en sortit son canif, en déplia la lame et fendit l'oreiller. Il se mit à le secouer et les plumes volèrent partout. Quand l'oreiller fut vide, il le jeta avec rage.

Il considéra le matelas, puis l'empoigna, et le souleva pour l'appuyer contre le mur. Il examina le sommier, mais ne vit rien entre les lamelles de métal un peu rondies par le poids des années et des clients. Cette fois, il ne prit pas la peine de tâter l'enveloppe de grosse toile remplie de ressorts et de bourre. Il y enfonça la lame du canif et la fendit de haut en bas, puis en sortit frénétiquement les morceaux de laine qu'il jeta n'importe où. Quand il ne resta que les ressorts, il dut se rendre à l'évidence : le matelas non plus ne cachait rien.

Frustré, il laissa son regard errer dans la chambre. Il empoigna le tapis étendu aux pieds du lit et le retourna sans plus de résultat. Il saisit les rideaux, les arracha et les inspecta. L'opération souleva bien un épais nuage de poussière, mais rien de plus. Il décrocha un à un les tableaux qui ornaient chacun des murs, mais ne découvrit rien d'autre que des rectangles aux couleurs plus vives que le vieux papier peint délavé à motifs fleuris. En désespoir de cause, il posa la main sur le mur et se mit à en tâter la surface de haut en bas, à la recherche d'une cache quelconque : la chambre ne dissimulait rien.

Brusquement, un coup de tonnerre retentit et secoua toute la pièce. Une pluie de gravats de plâtre s'abattit sur Roland, sorti de sa torpeur, tandis qu'il se projetait sur le côté. Toussant comme un tuberculeux, il ouvrit les yeux et, à travers le flot de poussière qui l'enveloppait, aperçut Jules, un fusil de chasse à double canon à la main. L'un fumait, l'autre pas, nota-t-il avec intérêt.

— Ça suffit, les conneries ! s'écria la voix un peu haut-perchée de Jules. Y en a encore d'où c'est venu.

Maintenant tu te calmes, compris? Debout et mains en l'air, foutu taré!

Roland obtempéra sans quitter l'arme des yeux et parvint à se relever sur des jambes tremblotantes.

— Non mais, t'as vu ce gâchis? s'écria le petit homme, écarlate de colère et d'indignation. T'as perdu l'esprit, pauvre con! Qu'est-ce que je vais dire au patron, hein?

Roland prit acte de l'état de la chambre et se sentit un peu stupide. Jules s'écarta et lui indiqua la porte du bout de son arme.

— On redescend. Les gendarmes se débrouilleront avec toi. Allez, avance!

Sentenac se crispa. Si les autorités se pointaient, elles auraient tôt fait de découvrir les ruines de la maison familiale et, surtout, le cadavre de son père. Il serait arrêté sur-le-champ et, derrière les barreaux, il serait bien en peine de faire quoi que ce soit.

— Je suis désolé, Jules, dit-il avec une sincérité feinte. Je ne sais pas ce qui m'a pris.

Le visage du maigrichon se durcit et une moue de dédain se forma sur ses lèvres. Décidément, songea Roland, il était beaucoup plus courageux quand il se trouvait du bon côté d'un fusil. Il porta la main vers l'échancrure de sa veste, mais fut aussitôt interrompu par Jules, qui agitait nerveusement son arme.

— On ne bouge pas! s'écria l'employé de l'hôtel.

— Je veux seulement prendre mon portefeuille, l'assura calmement Roland après avoir remonté les mains vers le plafond, jugeant inutile de préciser que son arme se trouvait plutôt dans sa besace. J'aimerais rembourser les dégâts. D'accord? Pas de flics.

Jules le toisa un instant avec méfiance, l'œil droit à demi clos. Il hocha sèchement la tête pour signifier son accord.

— Si tu tentes quoi que ce soit, je te défonce le bide. Compris ?

Sans quitter le gringalet des yeux, Roland abaissa lentement la main droite, la glissa sous son manteau et en ressortit son portefeuille en le tenant par le coin, entre le pouce et l'index. Il haussa le sourcil droit pour obtenir la permission de descendre aussi la main gauche. Dès qu'il l'eut obtenue, il sortit plusieurs billets, les montra, puis fit quelques pas pour les tendre à son vis-à-vis.

— Ça suffira ? s'enquit-il.

Jules n'eut d'autre choix que de détourner le regard vers la liasse de francs et d'avancer la main pour les prendre. Roland empoigna le canon du fusil et l'écarta brusquement. D'un même élan, il remonta l'autre poing, refermé sur l'argent, contre le menton de Jules. Les yeux du petit homme se révulsèrent tandis qu'il était soulevé de terre. Il se retrouva assis contre le mur, sonné, un filet de sang s'écoulant de la commissure de ses lèvres. Roland ouvrit le fusil, en retira la cartouche et la fourra dans sa poche, puis appuya l'arme contre le mur avant de toiser le commis.

— Je ne te veux pas de mal, énonça-t-il calmement.

— Ah ouais ? Tu fais bien semblant, marmonna Jules, encore étourdi, en frottant sa mâchoire douloureuse.

Roland lui mit l'argent dans la main.

— Pour la casse, réaffirma-t-il. Tout ce que je veux, c'est un renseignement.

Une lueur de cupidité traversa les yeux du gringalet, qui considéra les billets, puis Roland.

— Hum... Ma mémoire n'est pas très fiable... minauda-t-il avec un sous-entendu évident, la main ouverte.

Avec un rictus de mépris, Roland piocha un billet de plus dans son portefeuille et l'ajouta à ceux qu'il lui avait déjà remis.

— Elle te revient?

— Ça se pourrait...

Roland s'accroupit devant lui et, assis sur ses talons, lui adressa un regard glacial.

— Qui était l'Allemand qui a dormi dans cette chambre la nuit dernière? demanda-t-il. Il m'a parlé cette nuit et m'a salué deux fois ce matin, mais nous ne nous sommes pas présentés.

— Ben, c'était un Allemand...

— Fais de meilleurs efforts, Jules... insista Roland, les mâchoires crispées par l'impatience.

— Il faudrait que je consulte le registre. Ils ont tous des noms imprononçables, les boches. Il est arrivé en soirée, quelques heures avant toi. Il a payé d'avance et il est monté. Il n'avait rien de remarquable. Pareil pour ses deux copains.

— À part lui, il y en a eu d'autres?

— Bah oui, tiens. Les Marronniers sont la destination de choix des Allemands, voyons, ironisa Jules. Ils traversent toute la France pour nous rendre visite.

La violente gifle le surprit. Sa tête alla heurter le mur et il leva les mains pour se protéger de la suivante, qui ne vint pas.

— Tu peux prendre de l'argent ou des baffes. C'est comme tu veux. Mais tu vas me répondre, le menaça Roland.

Il expira longuement par les narines. Jules leva les mains pour l'apaiser.

— Ça va, ça va! Il y en a un autre qui est passé voilà environ deux semaines, je dirais, avoua-t-il en frottant sa joue. Un nazi, celui-là.

— Comment tu le sais? Il était en uniforme?

— Il portait un anneau avec une tête de mort dessus. Ils en ont tous un, à ce qu'il paraît. Moi, ça m'a fichu les jetons. Qui voudrait porter un truc semblable? Ensuite, euh... je ne m'en souviens plus très bien...

D'un geste rageur, Roland fourra un autre billet dans la main de Jules, qui l'empocha avec avidité, un air de défiance sur le visage.

— Il est resté une seule nuit. Il était un peu tantouse, je crois. Très chic, aussi. Bien mis, beau costume, moustache fine. Tu vois le genre? Il avait l'air aussi nerveux qu'un chat à longue queue dans une pièce remplie de berceuses. Il regardait sans cesse par-dessus son épaule, comme s'il s'attendait à tout moment à voir surgir quelqu'un qui ne lui voulait pas que du bien. Une fois dans sa chambre, il n'est pas ressorti, pour autant que je sache. Il a fait du bruit en pleine nuit, par contre. Son voisin de chambre s'en est plaint au matin.

Roland sentit son cœur s'emballer. Rossal avait fait allusion à un *traître de Germanie*, dont il devait suivre le chemin, et voilà qu'un présumé SS était passé incognito à l'hôtel Les Marronniers voilà deux semaines à peine. Peut-être avait-il vu juste après tout?

— Il t'a dit ce qu'il faisait dans le coin?

— Il n'était pas très porté sur la conversation et je ne lui ai rien demandé. Il n'est même pas resté une journée entière et il est reparti comme un voleur. Il avait payé d'avance, lui aussi, et j'ai trouvé la clé sur le comptoir au matin. Il a dû quitter les lieux avant l'aube.

— Dans quelle chambre a-t-il dormi? s'enquit Sentenac en empoignant Jules par le col de sa chemise.

— Hum... j'ai du mal à m'en souvenir...

Un autre billet trouva son chemin vers la main tendue.

— Tiens, ça me revient: la 4.

22

Roland ramassa le fusil puis empoigna Jules par le bras et l'entraîna avec lui en se relevant. Il n'était pas d'humeur à plaisanter. Il approcha son nez à quelques centimètres du visage de l'employé.

— Donne-moi la clé, lui ordonna-t-il, la mâchoire serrée.

Le maigrichon ouvrit la bouche puis sembla se raviser, était-ce bien prudent de tenter d'extirper quelques francs de plus ? Il fouilla dans sa poche de pantalon et en tira un trousseau de clés. Ses mains tremblaient un peu quand il en sélectionna une pour la tendre à Sentenac. Roland la saisit et lâcha l'homme. Tournant les talons, il sortit en coup de vent de la chambre 6. Une fois encore, Jules fut sur le point de lui rappeler qu'il n'avait pas le droit de faire comme chez lui, mais il se retint sagement.

Roland franchit les quelques pas qui séparaient les deux chambres et, en une seconde, se retrouva dans celle qu'il avait quittée le matin-même. Il entra. Jules apparut dans le cadre de la porte.

— Tu ne vas pas encore tout casser, là, hein? s'enquit-il avec circonspection. Parce que, remboursement ou pas, le patron va me tuer s'il trouve son hôtel en ruine.

— T'inquiète pas.

Le damné ferma la porte, alluma la lumière, appuya l'arme à feu contre le mur, se planta au milieu de la pièce. De toute évidence, le ménage avait été fait depuis son départ, car elle était tout à fait en ordre. Les bras croisés, il soupira entre ses lèvres serrées. Dehors, la nuit était tombée. Pour la deuxième fois en quelques minutes, aux abois, il s'apprêtait à fouiller, sur la seule base d'un rêve, une chambre qui avait été occupée par un Allemand.

Cette fois, il devait réfléchir au lieu de tout démolir. Il considéra les éléments dont il disposait. Un SS pouvait certainement être le traître de Germanie. Mais alors, qu'avait volé celui qui avait dormi ici? Des secrets d'État? Les plans d'une arme secrète ou d'une invasion prochaine? Les détails d'un complot pour assassinat? Il secoua la tête, dépité. Dieu ne se mêlait quand même pas des affaires des hommes au point de s'occuper de secrets d'États. Au mieux, il intervenait pour torturer ses créatures. Pour le reste, il les laissait se faire du mal entre elles.

Il se remémora son rêve. Gondemar de Rossal avait une épée dans les mains. Il l'avait fermement admonesté. *Le temps presse. La Bête est déjà éveillée. Tu seras celui qui déterminera l'ampleur du massacre. Regroupe les parts qui sont connues et celles qui ne le sont pas. Tu devras décider si la Vérité appartient à Babylone ou à Sion. Surtout, ne suis pas le chemin vers la Terre Promise, mais celui du traître de Germanie. Souviens-toi de ton Créateur!*

— Bon... soupira-t-il, perplexe. Bon, bon bon... Si j'avais quelque chose à cacher, ce serait où?

Son regard erra sur la chambre: le papier peint, les cadres, les moulures, la commode, la table de nuit... Il allait devoir tout vérifier, comme dans la chambre 6. Il s'arrêta sur le lit un peu défoncé dans lequel il avait passé une très mauvaise nuit entre son cauchemar et celui de sa voisine – le lit dans lequel il avait été poignardé en rêve. *Ta quête commence ici et maintenant!* Il écarquilla les yeux. Était cc si simple?

Roland fonça vers le lit en dégainant à nouveau son canif, arracha le couvre-lit et les couvertures, puis éventra le matelas. Rien. Découragé, il s'assit et les lamelles du vieux sommier grincèrent sous son poids. Il appuya son front dans ses mains et secoua la tête.

— Merde.

Puis il se figea sur place. Sur les lattes du plancher qu'il pouvait apercevoir entre les lamelles de métal, au beau milieu du lit, quelqu'un avait gravé assez maladroitement un symbole qu'il ne connaissait que trop bien.

— Tout bêtement? ricana-t-il.

Il se leva d'un trait, écarta le sommier et se jeta à genoux.

— Hé! J'ai entendu, là! lâcha Jules dans le couloir. Qu'est-ce que tu fabriques, Sentenac?

Sans répondre, Roland inspecta la latte et constata qu'elle n'était pas clouée. Fébrile, il inséra la lame de son canif à une extrémité et s'en servit comme levier. Elle se souleva sans offrir de résistance; il la jeta de côté. Puis il se tétanisa. Dans la cache de fortune aménagée sous le plancher gisait une épée. Fébrile, il y enfouit la main et ramassa l'arme avec révérence. Il en reconnut les moindres détails: le pommeau rond et plat; la garde en croix pattée avec, au centre, les caractères O IX; la patine sur le métal ancien. Aucun doute, c'était celle dont il avait rêvé la nuit précédente, celle que Gondemar de Rossal lui avait enfoncée dans le ventre jusqu'à la garde.

Elle avait appartenu à Gondemar de Rossal. Elle avait tué pour lui et par lui. La lame avait bu le sang de ses adversaires. En la brandissant, il avait trouvé le salut. Roland devait-il voir en elle un espoir? Il ne le savait pas, mais il l'espérait. Sinon, pourquoi Rossal aurait-il pris la peine de lui indiquer où elle se trouvait? La garde et la lame portaient les traces de multiples coups, mais ces blessures lui conféraient une plus grande noblesse. Il s'aperçut que sa main s'était mise à caresser la lame. Il ne put s'empêcher de la prendre par la poignée pour la soupeser et se surprit même à lui faire fendre l'air à quelques reprises. Les sifflements avaient quelque chose de familier qui le fit sourire comme un gamin. Il ne connaissait rien aux armes blanches, mais celle-là lui semblait merveilleusement commode et équilibrée. Elle semblait être devenue une extension de son bras et il pourrait la manier sans trop d'efforts pendant des heures.

Il allait remettre la planche en place quand son attention fut attirée par une autre chose coincée entre deux planches au fond de la cache. Il se pencha, y glissa une main et en extirpa un anneau. Perplexe, il l'examina. Il était en fer et orné d'une tête de mort et de deux tibias. Il se rappela de la description que Jules avait faite de l'Allemand ayant occupé la chambre. Un nazi. Il fit tourner l'objet entre ses doigts. *Le passé et la mort te conduiront vers l'avenir*, insista la résurgence de Métatron dans la tête lourde de Roland. L'épée maintes fois centenaire et maintenant, ce macabre ornement. Il semblait bien qu'il venait de réunir le passé et la mort. Il regarda la face intérieure de l'anneau. Des initiales y étaient gravées.

O.R.

Qui était l'Allemand qui avait laissé l'épée dans la chambre ? Pourquoi avait-il agi ainsi ? À qui la destinait-il ? Il passa l'anneau à son annulaire pour ne pas le perdre. Puis il referma la cache, remit le matelas sur le sommier et quitta la pièce.

23

Il trouva Jules derrière son comptoir, un air inquiet sur sa petite face de furet. Ses yeux cupides glissèrent vers l'épée.

— Je vais prendre la chambre, annonça Roland.

Il sortit de nouveau son portefeuille, en tira plusieurs billets et se dit que, finalement, l'argent de son salopard de père se révélait utile.

— Pour une nuit et un généreux pourboire pour ta compréhension, ajouta-t-il. Évidemment, tu n'as jamais vu cette épée.

Sur le visage de Jules, le combat entre la convoitise et le devoir fut bien visible. La première l'emporta.

— Quelle épée ? demanda-t-il tandis que ses doigts se refermaient sur l'argent. Suis-moi.

Roland ramassa un drap sur une étagère et en enveloppa l'arme antique.

— Tu as de la chance, c'est la saison morte et l'hôtel est vide, chantonna le réceptionniste, très nerveux, en lui tendant une clé. Ta copine est de retour dans la 3.

— Merci.

Sans prévenir, Roland lui asséna un violent coup de poing. Le petit homme fut projeté contre le mur et se retrouva au sol. Le damné passa derrière le comptoir et lui tendit la main pour l'aider à se relever. Déjà, le côté gauche du visage de Cabanac commençait à enfler. Sous peu, il serait bien bleu et son œil se fermerait pour quelques jours.

— C'était quoi, ça ? gémit Jules, au bord des larmes.

— Pour t'aider avec ton patron, expliqua-t-il avec un sourire sauvage. Tu pourras lui dire que le fou qui a ravagé la chambre 6 t'a attaqué et que, n'écoutant que ton courage, tu l'as maîtrisé pour le forcer à tout rembourser. De zéro, tu deviendras un héros. Tu vas peut-être même avoir une augmentation.

Il laissa Jules, la main sur sa joue douloureuse, et gravit l'escalier. Arrivé à l'étage, il considéra la porte 4, puis la 3. Il tendit l'oreille, mais aucun bruit ne parvint de la chambre de l'amnésique. Il faisait encore jour. Elle ne dormait certainement pas. Peut-être était-elle sortie. Ou même partie. Étonnamment, la pensée lui serra le ventre. Il décida d'en avoir le cœur net. Il s'avança et frappa trois coups secs. Après quelques secondes, une voix monta de l'autre côté du battant.

— Oui ? Qui est-ce ? demanda la jeune femme d'un ton méfiant.

— Roland.

— Roland?

Le cliquetis de la serrure fut suivi par le grincement de la poignée qui tournait; la porte s'ouvrit pour révéler l'amnésique stupéfaite.

— Je vous croyais parti, fit-elle.

— Je le croyais aussi, mais j'ai dû revenir.

Elle fronça les sourcils et le toisa.

— Tout ce vacarme, plus tôt, c'était vous, n'est-ce pas?

— Vous avez entendu?

— La France et l'Espagne tout entières ont entendu, rétorqua-t-elle, à mi-chemin entre l'indignation et l'amusement. Je croyais que des clients se battaient. J'étais morte de peur.

— Je suis désolé. Tout va bien?

— Maintenant, oui! ricana-t-elle avec l'ombre d'un sourire.

— Vos souvenirs...

— Toujours inexistants. Vous voulez entrer?

Elle s'écarta et il pénétra dans la chambre. Mal à l'aise, il resta debout jusqu'à ce qu'elle ait refermé. Elle s'assit sur le bord du lit et lui désigna la chaise. Il s'y installa.

— Alors, tout ce bruit? demanda-t-elle.

— Je cherchais quelque chose, répondit-il.

— Quoi?

Il développa l'épée et la lui montra.

— Ça.

— Oh, fit-elle, surprise. Et pour quoi faire?

— Je ne sais pas. Pas encore.

Elle tendit la main.

— Je peux?

Roland hésita un instant, puis se dit qu'il n'avait rien à perdre. Il lui remit l'épée.

— J'ai bien peur qu'elle ne soit pas très bavarde.

— Et que doit-elle vous dire, au juste? s'enquit-elle en faisant tourner l'arme dans ses mains pour l'examiner sous tous les angles.

— Ça, si je le savais... soupira-t-il, dépité.

La jeune femme se raidit tout à coup et l'épée s'immobilisa dans ses mains.

— Quoi? fit Roland.

— Le pommeau est de travers, répondit-elle, l'air perplexe. Je ne connais rien aux épées, encore moins quand elles sont aussi anciennes que celle-ci, mais ça me paraît inhabituel, non?

Elle lui rendit l'arme pour qu'il constate par lui-même. Il la plaça à l'horizontale et ferma un œil pour mieux voir. En effet, le pommeau plat de l'épée aurait dû être dans l'axe de la lame, mais il ne l'était pas tout à fait. Le défaut d'alignement était subtil, mais bien visible. Le bout de la poignée était désaxé d'un ou deux millimètres par rapport au reste de l'arme.

— Putain de Dieu!... lâcha-t-il entre ses dents avant de s'administrer une claque rageuse sur le front.

Le geste alarma l'amnésique.

— Roland! lâcha-t-elle.

— La poignée, expliqua-t-il, indifférent à la marque rouge qui se formait au-dessus de ses sourcils. Je crois qu'elle se dévisse. Tout bêtement. C'est pour ça qu'il tenait tant à ce que je la retrouve.

— Qui cela?

— Personne.

Roland s'immobilisa et posa sur elle un regard brûlant. Implicitement, il venait de l'inclure dans son invraisemblable quête, comme si la chose allait de soi. En avait-il le droit? Il se reprit aussi vite. Si elle pouvait l'aider à sauver son âme, il ne se priverait pas d'elle. Et puis, peut-être qu'elle ne se trouvait pas là par hasard. Peut-être que leurs destins étaient liés.

Il reporta son attention sur la poignée de l'épée, la saisit à deux mains et, de toutes ses forces, essaya d'en faire tourner l'extrémité.

— Tu vas t'ouvrir, saloperie? ragea-t-il, les dents serrées et la mâchoire crispée.

Il insista jusqu'à ce que ses bras soient pris de tremblements, mais l'épée refusa de céder. Il la jeta sur le lit, se leva, passa devant la jeune femme médusée et sortit en trombe, claquant la porte derrière lui. Cinq minutes plus tard, il revenait avec une paire de pinces. Intriguée, elle l'interrogea en levant le sourcil droit.

— Jules a jugé préférable de me les prêter en s'abstenant de poser des questions, expliqua-t-il avec l'air de celui qu'il valait mieux ne pas contrarier.

Il se rassit au bureau, coinça la lame de l'épée entre ses cuisses, emprisonna le pommeau dans les pinces et se remit à forcer. Après de longues secondes, un mouvement presque imperceptible se produisit. Encouragé, il redoubla d'efforts et, dans un grincement de fer, le pommeau tourna un peu plus. Le pire étant fait, il s'appliqua à dévisser lentement.

Il jeta le pommeau sur le lit et examina la poignée. Elle avait été évidée, vraisemblablement pour y sceller quelque chose. Il essaya d'y glisser le doigt, mais même son auriculaire était trop gros. Il retourna l'épée pointe vers le haut et la secoua, sans plus de succès. L'amnésique, plaçant une main sur son avant-bras, suggéra :

— Laissez-moi essayer !

Il lui tendit l'arme, poignée en avant. Elle inséra son petit doigt dans la poignée évidée et y fouillassa, le regard en coin et la langue pointant entre ses lèvres.

— Il y a quelque chose au fond, confirma-t-elle. J'arrive à toucher mais... Attendez, je crois que je l'ai.

Elle retira son auriculaire et un papier finement roulé tomba sur le plancher.

24

Camp de concentration de Sachsenhausen,
Allemagne, le même jour

Cet endroit était un désert ; un *no man's land*. Tous les jours y étaient pareils. Le temps s'y était arrêté et personne n'y était vraiment vivant. Des limbes créés de toutes pièces par le Reich pour tous ceux qu'il considérait comme des *untermenschen*[24]. Chaque minute de désespoir était pareille à la précédente et à la suivante. La journée démarrait ; la journée se déroulait ; la journée se terminait ; le sommeil d'épuisement suivait, puis on recommençait. Chaque instant ne servait qu'à attendre la mort, aussi inéluctable que le lever du soleil. La seule incertitude était de savoir si elle viendrait par la malnutrition, l'épuisement, la maladie, l'accident ou l'assassinat pur et simple, pour l'amusement des responsables du camp.

Zigmund Adler n'était qu'un des morts-vivants. Du lever au coucher du soleil, il fabriquait des briques

24. Sous-hommes.

dans les tranchées, comme tous les autres. Ses journées étaient ponctuées par une succession ininterrompue de pelletées de glaise humide versées dans des moules en bois. De la boue, encore de la boue, toujours de la boue depuis longtemps imprégnée dans les pores de sa peau, sous ses ongles et dans ses cheveux. Elle s'était incrustée dans sa bouche et dans ses narines. Tout n'était que boue. Les nazis étaient insatiables ; ils avaient de grands projets et jamais assez de briques. La boue était le symbole parfait de ce qu'ils étaient en train de faire de l'Allemagne.

La pelle était pratiquement devenue un prolongement des bras maigres et perclus de douleurs d'Adler. Il avait passé l'âge de tels efforts et s'étonnait d'être encore capable de la manier malgré ses muscles toujours plus atrophiés. Mais il y arrivait. Pour le moment. À cinquante et un ans, il avait l'impression d'en avoir le double et tenir debout relevait du miracle. Il n'était plus qu'un paquet de chair et d'os. La mort viendrait et il l'accueillerait à bras ouverts. Son seul souhait aurait été de revoir Esther et leurs deux filles avant de mourir. Les pauvres avaient été embarquées en même temps que lui, mais emmenées ailleurs. Le réseau avait fini par les localiser dans le camp de Lichtenburg. Mortes depuis des semaines déjà. D'épuisement, de faim, de malheur… Allez savoir.

Les deux mille dernières années avaient rendu son peuple réaliste et Adler était tout sauf naïf. Il savait très bien qu'il ne sortirait jamais de Sachsenhausen. Pas plus que les autres. Même pas les pieds devant vers le cimetière, car on ne l'enterrerait pas.

On brûlerait son corps décharné comme un rebut, sans le moindre respect pour les rites juifs. Il n'y pouvait rien et il s'y était résigné depuis longtemps.

Une chose était certaine : personne ne pouvait survivre longtemps dans l'enfer de Himmler. Tous les jours, il voyait des codétenus tirer le cadavre d'un des leurs avec des pinces de boucherie pour qu'ils soient chargés sur le train et emportés pour être brûlés. De futures carcasses traînant une carcasse. Au début, la scène avait révolté Adler. Puis il s'y était habitué. On s'habituait à tout quand l'horreur était notre quotidien. Alors il pelletait et remplissait. Autour de lui, les autres en faisaient autant.

Tout bien considéré, la recette du *Reichführer* était imparable. Il suffisait de maintenir les prisonniers aux limites de l'inanition et de les faire travailler jusqu'à ce qu'ils s'effondrent et n'aient plus la force de se relever, pour ensuite les incinérer. Des dépenses minimales pour un bénéfice maximal. La parfaite combinaison économique, comme seuls pouvaient l'imaginer les penseurs froids et détachés de la *Schutzstaffel*. Et après, ironie des ironies, ils reprochaient aux Juifs leur habileté financière. Malgré lui, Adler fut pris d'un ricanement amer.

— Quelque chose te fait rire, Zigmund ? fit une voix derrière lui.

Il travaillait toujours un peu à l'écart, pour une bonne raison : il avait besoin de discrétion. Perdu dans ses sombres pensées, il n'avait pas entendu le crissement des bottes sur le gravier. C'était la meilleure manière de se faire surprendre par un des gardes qui prenaient un plaisir sadique à maltraiter des prisonniers déjà plus morts que vifs. Heureusement, ce n'était que Hans, resté à trois mètres pour ne pas avoir l'air de lui parler.

— Tu m'as surpris, admit Adler sans tourner la tête tandis que son cœur reprenait ses battements normaux.

Il pelleta à nouveau, s'assurant de garder le rythme.

— C'est ce que je constate, oui, répondit le garde.

Ils ne se parlaient que lorsque c'était absolument nécessaire et ne se regardaient jamais ce faisant. L'image de ces deux hommes côte à côte illustrait cruellement la société que le Troisième Reich rêvait de bâtir. D'un côté, un garde SS, élégant malgré la saleté ambiante dans son uniforme kaki bien ajusté avec son col noir, ses épaulettes, sa ceinture large, ses gants de cuir, sa casquette molle et ses bottes hautes cirées à la perfection. De l'autre, un prisonnier dans sa tenue rayée, sale et déchirée, dans laquelle il grelottait du matin au soir. Pourtant, ils travaillaient pour la même cause. Adler repoussa sur son crâne le béret qui lui tombait continuellement sur les yeux. Il remplit un moule, tapa sa pelle à quelques reprises sur le rebord pour bien la vider, puis tassa le contenu en deux coups secs.

— Comment se porte Sophia? demanda-t-il en enfonçant à nouveau sa pelle dans la boue.

L'utilisation du nom de code évoquant la Sagesse signifiait que l'échange d'information, motif de leur rencontre, débutait maintenant.

— Bien, répondit le garde. Tu connais Sophia. Elle est patiente et persévérante.

Adler jeta un coup d'œil furtif de chaque côté, puis poursuivit son travail avec le moule suivant. Personne ne s'intéressait à lui et c'était tant mieux. Il devait demeurer invisible jusqu'à la dernière seconde. Si l'ennemi finissait par percer son identité, il serait torturé et ne résisterait pas longtemps. On lui arracherait ses moindres secrets. Il n'en doutait pas une seconde.

— Je t'écoute.

— Rahn est mort, tel que prévu, commença le garde. Notre homme a tenu dans ses mains le télégramme qui confirmait la nouvelle. Himmler a conservé les fruits de ses recherches et a ordonné qu'on le «suicide» dans les montagnes près de Söll, en Autriche.

— Un des nôtres?

— Oui.

Pour maintenir les apparences, Hans sortit un paquet de cigarettes de la poche de son uniforme, en tira une, la porta à ses lèvres et l'alluma avec un briquet de métal. Il tira une bouffée, la retint dans ses poumons et la relâcha. La fumée lui réchauffa la poitrine. Malgré l'envie qui le tenaillait, il se retint de l'offrir au prisonnier. Il devait maintenir les apparences et un garde SS ne faisait pas de faveurs aux détenus.

— Il a parlé? demanda Adler.

— Il semble avoir dit tout ce qu'il savait aux nazis, précisa-t-il. Il avait très peur pour son... compagnon.

— Monsieur Perrier représentait un lourd argument, en effet, fit Adler avec une moue.

Avec une mollesse calculée pour économiser ses forces, le prisonnier enfonça sa pelle dans la glaise et remplit un autre moule. Il remonta à nouveau son béret et prit une seconde pour souffler avant de recommencer. Il était déjà à bout de forces et la matinée n'était même pas écoulée.

— Nos gens confirment que Himmler détient l'original du testament de Rossal et qu'il l'a fait traduire en allemand, poursuivit Hans en tirant une bouffée de sa cigarette tout en essayant de ne pas se sentir coupable et en échouant lamentablement. Ses hommes l'ont retrouvé dans l'appartement abandonné de Rahn.

Le frémissement d'excitation qui traversa la carcasse sale et usée de son interlocuteur à la mention du précieux document, qui confirmait leurs anciennes traditions, n'échappa pas au garde.

— Rahn l'a volontairement remis à Himmler, remarqua Adler. Mais pourquoi prendre le temps d'en photographier chaque page et de trouver le moyen de nous le faire parvenir à nous aussi ? C'est comme s'il avait souhaité donner une chance égale à tout le monde. Mais comment était-il même au courant de notre existence ?

— Il a beaucoup fouillé et nous faisons l'objet de quelques légendes. Avec le temps, il aura sans doute fini par être convaincu que nous l'observions. Il a laissé l'enveloppe en présumant que nous la prendrions. Et il a eu raison. Il avait même écrit « S.S. » sur le rabat.

— Ironique, en effet, convint le prisonnier.

— Nos recherches dans les montagnes des environs n'ont rien donné, mais les grottes y sont si nombreuses qu'une chatte y perdrait ses chatons. Nous avons cependant réussi à retrouver Rahn dans un hôtel appelé Les Marronniers, à Ussat-les-Bains, où il a dormi une nuit il y a quinze jours.

— C'est un grand détour pour aller vers l'Autriche.

— C'est le moins qu'on puisse dire. Markus doit fouiller la chambre qu'il occupait. Nous attendons son rapport. Peut-être y verrons-nous plus clair.

— C'est tout?

— Non. Notre source au Vatican nous annonce que, voilà quelques semaines, un personnage important des Archives secrètes a mystérieusement disparu. L'abbé Clementelli.

— Nous le connaissons?

— Non. Il semble qu'il ait simplement fait ses valises un bon matin et qu'il se soit évanoui dans la nature en emportant un document important.

— Lequel?

— C'est là que l'histoire s'arrête. Personne ne parle au Vatican. Ça n'a peut-être aucun lien avec l'affaire qui nous intéresse. Des prêtres catholiques défroquent tous les jours et il leur faut bien quelque chose à monnayer pour démarrer leur nouvelle vie. Mais nous gardons l'œil ouvert.

Emporté par une bouffée de sympathie, Hans se retint de mettre la main sur l'épaule osseuse du prisonnier. Malgré ce qu'il était, cet homme allait mourir dans la plus grande indignité alors que lui-même était libre, bien nourri, bien mis et choyé. C'était trop injuste.

— Nous trouverons, Zigmund, lui dit-il plutôt. Nous ferons tomber le Reich et nous sauverons notre peuple. Les Justes triompheront.

— Que l'Éternel t'entende, mon frère. Mais quoi que nous fassions, il y aura des morts. La question est de savoir combien. Les autres patriarches sont-ils au courant de tout ce que tu viens de me dire?

Le garde détourna le regard avec embarras.

— Celui qui reste, oui, admit-il d'une voix éteinte.

— C'est à ce point? demanda Adler, atterré.

— À part Weinsteiner, tu es le seul patriarche encore vivant. Tous les autres sont déjà passés par les fours.

Adler sentit les larmes couler sur ses joues, mais il ne cessa pas de pelleter.

— Maintenant, va. S'il fallait que notre bon commandant Kock surprenne un prisonnier juif et un garde SS en train de discuter, ou même que la rumeur en parvienne à ses oreilles, tout pourrait s'effondrer. Et puis, j'ai des briques à fabriquer. *Tzeth'a Leshalom VeShuvh'a Leshalom*[25].

Karl se remit en marche à pas lents. En passant près d'Adler, il laissa discrètement tomber sa cigarette à moitié consumée à ses pieds.

— Pour ce soir, murmura-t-il.

Adler ne regarda pas le garde s'éloigner, les mains gantées croisées dans le dos, l'air de rien. Malgré les pertes, les souffrances et les deuils, sa vie avait encore un sens, car l'Éternel, dans son infinie sagesse, la lui conservait. Il avait donc la responsabilité d'en faire bon usage. Cela signifiait fabriquer des briques de l'aube au crépuscule jusqu'au bout de ses forces, bien sûr. Mais surtout, il devait diriger la Maison de Salomon et de David, et veiller sur le secret qu'elle protégeait depuis deux millénaires.

Il jeta un coup d'œil aux alentours. Quand il fut certain que personne ne l'observait, il se pencha et

25. Va en paix et reviens en paix.

ramassa la cigarette de Hans. D'un geste digne d'un prestidigitateur, il l'éteignit et la fourra dans une poche. Puis il enfonça sa pelle dans la glaise avec une énergie renouvelée. Il fabriquerait des briques jusqu'à la fin et il emporterait ses secrets avec lui, en espérant que les Sages survivent.

25

Ussat-les-Bains,
le même jour

Roland regardait la petite feuille roulée sur elle-même avec la crainte superstitieuse qu'aurait suscitée une relique sacrée ou un maléfice chez un croyant. Il était conscient qu'elle avait été placée là par celui qui l'avait aidé à se relever en enfer et qui l'avait plus tard visité en songe. Étrangement, il se sentait moins seul depuis qu'il avait l'impression que Gondemar de Rossal, mort depuis des siècles, le guidait d'outre-tombe.

— C'est ce que vous cherchiez? demanda Anna.

— On dirait.

Il inspira et récupéra le papier sur le plancher de la chambre. Avec d'infinies précautions, il le déroula et en prit connaissance. Il fut amèrement déçu. Le papier était ligné, donc récent; une simple page arrachée à la hâte d'un calepin. Elle était couverte d'une petite écriture en pattes de mouche à la mine de plomb, tout bêtement. De toute évidence,

Gondemar de Rossal n'était pas l'auteur de ce document. Quelqu'un d'autre l'avait mis dans son épée.

— Qu'est-ce que ça dit? s'enquit l'amnésique.

— Je n'en ai aucune idée, admit Roland, contrarié.

— Je peux voir? demanda-t-elle en tendant la main.

Roland lui passa le papier.

— C'est de l'allemand, décréta-t-elle sans hésiter.

— Comment vous le savez? rétorqua-t-il. Vos souvenirs sont revenus?

Elle le toisa, prise au dépourvu par la question. Sa bouche s'entrouvrit de surprise, se referma et s'ouvrit encore alors qu'elle réalisait les répercussions de ce qui venait de se passer. Puis elle fronça les sourcils et regarda de côté, comme si elle cherchait une explication dans le coin de la pièce.

— Non. Je… je le sais, mais… je ne sais pas comment, déclara-t-elle d'une voix blanche.

— Vous êtes peut-être allemande, insista Roland, oubliant momentanément le papier et sa quête.

— Vous croyez?

— Vous lisez l'allemand en tout cas.

— Peut-être que j'ai simplement suivi des cours d'allemand. Ou que mon mari ou mon père est allemand. Et si je suis allemande, alors où est mon accent?

Roland haussa les sourcils pour convenir de la validité de ses arguments. Après quelques secondes de réflexion, la jeune femme reporta son regard sur le papier et, sans attendre, traduisit instantanément, avec une parfaite aisance, n'hésitant qu'à quelques reprises, à la recherche du mot juste.

— En tout cas, il n'était pas sain d'esprit, ce monsieur, remarqua-t-elle avec une moue dédaigneuse, quand elle eut terminé.

Fébrile, Roland fouilla toutes ses poches et finit par y trouver un petit bout de crayon. Il parcourut la chambre des yeux, fonça vers le mur en quelques enjambées, trouva le joint de deux laizes de papier peint aux couleurs délavées, le décolla avec son ongle puis en arracha un gros morceau. Sous le regard stupéfait de l'amnésique, il s'installa au bureau.

— Vous aimez vraiment détruire les chambres d'hôtel, vous, nota-t-elle.

— Répétez-moi ce que ça dit, lui rétorqua-t-il d'un ton urgent en posant son crayon sur le revers du motif fleuri.

Elle s'exécuta et il nota la traduction avec grand soin, la faisait répéter au besoin et la questionnant de temps à autre.

Étranger, si tu as l'infortune de trouver ce message, c'est que tu cherches la Vérité. Peut-être y perdras-tu ton âme; peut-être la trouveras-tu. Mais tu ne seras plus jamais le même. Tous ceux qui l'ont connue en ont à jamais été changés.

Une vieille légende des environs dit qu'à la fin de sept cents ans de sommeil, le laurier reverdira. Le temps approche. Ce sera en 1944. Mais il ne le pourra que dans la Lumière. Rien ne pousse dans l'ombre; tout s'y corrompt.

Tu n'es peut-être pas seul. Le Temple dans le Temple te viendra en aide. S'il le juge bon. Sinon, il sera ton pire ennemi! S'il existe toujours. Je crois que oui. Les SS te trouveront. Rien ne leur échappe. Ils voient tout. Ils ont des tentacules partout. Ils peuvent tout. Ils décident de la vie et de la mort de millions de gens.

Le Graal n'a rien de saint. La Vérité est immonde. Elle change tout. Elle efface tout. Elle justifie le Mal. Elle est larvée au cœur du mensonge. Même Rossal ne la connaissait pas. À toi de décider si elle se retrouvera à Sion ou à Babylone. Ils la veulent tous.

J'ai eu peur. Je savais qu'ils s'en prendraient à moi et aux miens, qu'ils voudraient me faire parler, qu'ils en voudraient plus. La Bête est insatiable. Elle n'en avait pas encore assez. Je l'ai prise de court, mais je n'ai pu faire mieux que de profaner la tombe de Saint-Amans, dans l'ombre de l'antique croix. Reprends la quête là où j'ai abandonné et puisses-tu avoir plus de courage que moi.

Que Dieu ait pitié de ton âme. La mienne est sans doute déjà damnée pour avoir nourri la Bête.

SS-Obersturmführer Totenkopf
3 mars 1939

— Vous êtes sûre que c'est bien ce qui est écrit? s'enquit Roland.

— Autant qu'on peut l'être quand on traduit une langue qu'on ignorait connaître voilà cinq minutes, grinça la femme.

Le morceau de papier peint en main, il relut la traduction aussi calmement que possible. Après deux fois, il le reposa sur le bureau sans savoir qu'en faire. L'auteur n'avait sans doute pas eu toute sa tête quand il avait écrit ces mots. Son langage décousu trahissait sa panique et sa nervosité. Ses phrases saccadées semblaient avoir été écrites à mesure que venaient les idées, sans souci de forme. Cet homme avait été terrorisé et s'était senti observé. Roland le sentait.

Ce qui était clair, c'était que le dénommé Totenkopf avait cherché la Vérité, mais que la peur avait eu le dessus. « Elle était immonde et justifiait le Mal », affirmait-il. « Même Rossal ne la connaissait pas. » Roland était convaincu du contraire. D'autres mots, employés par l'archange ou le damné, sautaient aussi aux yeux. Sion et Babylone, la Bête, la Lumière, l'ombre, la damnation. Dans l'univers où il se trouvait désormais, les coïncidences n'existaient plus et la seule présence de ce papier validait l'ensemble.

Le reste n'était que baragouin et délire d'un esprit enfiévré. Roland comprenait que le laurier qui reverdit était une allégorie, mais à quel propos ? Que devait-il faire d'ici 1944 ? Qu'était ce Temple dans un Temple ? Pourquoi le prévenir contre les SS alors que le signataire détenait le grade d'*Obersturmführer* ? Qui était ce Saint-Amans et où se trouvait sa tombe ? Devait-il la profaner à son tour ? Et il y avait cette mention du Graal, que l'auteur semblait associer à la Vérité. Qu'était-il sensé comprendre ? Que le Graal n'était pas qu'une légende ?

Roland voulait bien reprendre l'enquête là où l'autre l'avait laissée tomber. Il en avait même l'obligation. Mais par où commencer quand il ne disposait que de questions sans réponse ? Et pourquoi diable cet homme avait-il pris la peine d'évider la poignée d'une épée ancienne pour y mettre une note, puis d'aménager une cache dans le plancher d'une chambre d'hôtel pour l'y déposer? Il y avait mille façons plus simples de transmettre un message.

— Putain de Dieu! maugréa-t-il en se frottant le visage.

— Si vous continuez, je vais finir par croire que Dieu n'est qu'un vulgaire maquereau, ironisa l'amnésique d'un ton pincé.

Elle étira le cou pour jeter un coup d'œil pardessus son épaule.

— Vous y comprenez quelque chose?

— Pas vraiment. Un peu. Je ne sais pas.

— Qu'allez-vous faire maintenant?

— Ce que je vais faire? Aller voir la personne la plus susceptible de me renseigner, répondit-il, l'air mauvais. Et, s'il faut lui arracher les informations comme on arrache une dent, je le ferai.

Roland jeta un coup d'œil par la fenêtre, puis à sa montre. La nuit était tombée et il était épuisé.

— Mais demain. Pour le moment, je vais dormir. Il est tard et j'ai bien peur que nous ayons une longue journée devant nous.

— Nous?

— À moins que vous ayez mieux à faire.

Elle haussa les épaules et Sentenac lui retourna un hochement de la tête, puis sortit avec l'épée sous le bras et les papiers dans sa poche.

26

Ussat-les-Bains,
17 mars 1939

Quand, tôt le lendemain, Roland arriva à l'accueil en compagnie de l'amnésique, Jules était affairé à essuyer le comptoir. Il leva les yeux en les entendant arriver et se renfrogna, échaudé par ses récentes relations avec Sentenac qui, certes, l'avaient un peu enrichi, mais lui avaient aussi valu quelques baffes et des ennuis avec le patron. Il les regarda s'approcher avec circonspection.

— Ton Allemand qui a dormi dans la chambre 4 voilà quinze jours, l'efféminé, raffiné, bien mis, moustachu et nerveux, là. Il s'appelait comment? demanda sèchement Roland.

— Est-ce que je sais, moi? protesta Jules. J'ai l'air de pouvoir retenir le nom de tous les clients de l'hôtel?

Avant que Jules n'ait pu réagir, la main de Roland franchit la distance qui les séparait pour empoigner le devant de la chemise du réceptionniste et le tirer vers lui. Jules se retrouva à moitié juché sur le comptoir.

— J'ai pas le temps pour tes fanfaronnades. Trouve-le, gronda Roland tandis que son visage prenait une inquiétante teinte cramoisie. Tout de suite.

— Comme tu le sais, ma mémoire n'est pas très fiable... rétorqua Jules, le sous-entendu évident malgré sa position précaire.

De l'autre main, Roland appliqua une retentissante gifle à Cabanac, ce qui lui fit tourner la tête, avant de le repousser contre le mur, sous le regard stupéfait de l'amnésique.

— Je tape encore ou ta mémoire est plus fiable?

— B-bon, b-bon, te fâche pas, bredouilla l'employé. Je vais voir. D'accord? On se calme!

Tenant sa joue qui, décidément, était une cible de prédilection, Jules se précipita à l'extrémité du comptoir, où se trouvait le registre de l'hôtel. Il le feuilleta avec empressement. Roland vint se planter à nouveau devant lui.

— Tu vois? J'ai le livre, indiqua Cabanac. Ce sera pas long.

Pendant que Jules s'affairait sous le regard brûlant de Roland, la femme de ménage traversa le hall d'un pas traînant. La soixantaine lourde et usée, le dos courbé par un travail dur, un foulard laissant échapper des mèches grises de sa tête, une robe grise défraîchie et de gros souliers noirs aux pieds, elle leur jeta un regard légèrement intrigué. Elle parut décider que ce qui se passait ne la concernait pas et poursuivit son chemin en direction de l'escalier, un seau dans une main et un balai à franges dans l'autre.

De plus en plus nerveux, Jules repéra enfin la page qu'il cherchait et se mit à parcourir les lignes remplies de noms. Son index finit par s'arrêter au bas et tapota l'endroit d'un geste fébrile. Les mots déboulèrent littéralement hors de sa bouche.

— Voilà ! s'écria-t-il. Je l'ai. Il s'appelait Rahn. Otto Rahn.

— Le patron? fit une voix graveleuse sur leur gauche.

Roland, la jeune femme et Jules tournèrent la tête à l'unisson. La femme de chambre s'était arrêtée, un pied sur la première marche. Elle adressait un regard intrigué au réceptionniste.

— Comment ça, le patron? fit celui-ci.

— Ben oui. Le boche, là, rétorqua-t-elle comme s'il s'agissait d'une évidence, avec un accent chantant et coloré.

— Le boche... répéta Jules avec une expression vide.

Elle secoua la tête et leva les yeux au ciel. Visiblement, ce n'était pas l'amour entre ces deux-là. Mais qui aimait Jules Cabanac?

— Mais oui. Enfin, je veux dire l'ancien patron, rétorqua la bonne femme. Avant ton époque. T'as bien dit Rahn?

— Euh... oui...

— Ben voilà ! s'écria-t-elle sans chercher à cacher son exaspération. C'est lui !

Elle déposa son matériel au pied de l'escalier et s'approcha du comptoir en boitillant un peu, comme quelqu'un qui a mal aux reins depuis longtemps.

— Sentenac, je me vois dans l'obligation de te présenter Louise Bourrue, soupira Jules, excédé. Elle fait les chambres aux Marronniers depuis... au moins cent ans.

Roland remarqua au passage que la matrone au balai portait bien son nom. En d'autres circonstances, il s'en serait amusé, mais l'heure n'était pas à la légèreté. La femme de ménage, elle, nota la joue rougie et un peu enflée de son collègue. Ses petits yeux de commère s'éclairèrent aussitôt d'une lumière malicieuse.

— Ben dis donc, t'as une rage de dents, mon petit Julot? demanda-t-elle avec un sourire réjoui qui dévoila une dentition privée d'une incisive supérieure. T'as la joue toute rougie. On dirait que quelqu'un t'a mis une baffe. Ta paupière, là... Elle est comme un peu fermée.

— Vous disiez? l'interrompit Roland.

La mégère le toisa une seconde, surprise par son ton impatient, mais trop heureuse d'être le centre de l'attention, pour une fois; elle s'exécuta.

— Ben figurez-vous que le boche, là, Rahn, il a déjà été proprio de l'hôtel, expliqua-t-elle, sur le ton de la confidence. Ça fait une paye, hein? Mais je me souviens bien de lui. Il était pas méchant, mais c'était un drôle de type, quand même. Il était pas net, si vous voulez mon avis. Il avait un petit quelque chose de fuyant. Vous voyez ce que je veux dire?

Elle plissa le nez pour bien montrer sa méfiance. D'un signe pressé de la main, Roland l'invita à poursuivre. Elle leva les yeux au ciel pendant qu'elle regroupait ses souvenirs.

— C'était il y a quelques années. Je dirais... pffffff... oh... 1932. Ouais. Le boche a été patron des

Marronniers pendant quelques mois seulement. Quatre ou cinq, pas plus. D'ailleurs, personne a jamais trop compris ce qu'il faisait là. Il ne s'intéressait pas du tout à l'hôtel, et puis, il n'avait même pas l'air d'avoir les moyens de se le payer. Y avait un bruit qui courait que c'était quelqu'un d'autre qui l'avait acheté pour lui, mais bon, ce genre de choses, on les sait jamais vraiment, hein? Il avait un contrat de plusieurs années, à ce qu'on dit, mais l'affaire a mal tourné. Il s'est retrouvé enseveli sous les dettes et il est parti en peine nuit, comme un voleur, sans payer son dû. Les Marronniers ont été remis en vente peu après. Et pis voilà.

De toute évidence, Louise prenait un malin plaisir à déverser dans des oreilles accueillantes les cancans accumulés au fil de ses années de service.

— S'il a fui ses dettes, comment a-t-il pu revenir sept ans plus tard et louer une chambre sans être inquiété? s'étonna Roland.

— Si je l'avais vu, je l'aurais certainement reconnu, fit Louise. Mais moi, je suis dans les chambres, pas à la réception.

La pique fit se raidir Jules.

— Je ne travaillais pas ici en 1932, moi. C'est la première fois que j'entends parler de cette histoire.

Roland fit signe à la vieille, dont le babillage reprit de plus belle.

— C'est le boche qui m'a engagée. Pareil pour le cuisinier, son assistante, l'homme à tout faire et la pétasse trop maquillée qui jouait à l'hôtesse.

La manière dont elle s'approcha un peu, en fermant à moitié un œil, annonçait la partie la plus croustillante de ses commérages.

— Le barman, alors là, par contre, c'est une autre histoire, murmura-t-elle avec un air conspirateur. Le boche l'avait emmené avec lui. Habdu, qu'il s'appelait, je crois. Ou quelque chose comme ça. Oh ! Si vous l'aviez vu ! Un Sénégalais bâti comme un Hercule et noir comme de la suie ! Tout le monde savait qu'ils étaient de la jaquette, tous les deux. Ils partageaient beaucoup plus qu'une passion pour les promenades en montagne...

Pour appuyer sa révélation, elle forma un cercle avec le pouce et l'index de sa main droite et y inséra son index gauche pour amorcer un mouvement de va-et-vient qui la fit ricaner.

— Le boche était quand même pas le plus viril des hommes, ajouta-t-elle. C'était une petite tafiole, coquet comme tout, même quand il partait explorer. Depuis le temps, ce fou de Hitler a dû l'envoyer dans un de ses camps, là. Y paraît qu'il aime pas beaucoup les pedzouilles, le *Führer*.

Roland se retint de lui apprendre que son boche avait plutôt été membre des redoutables SS.

— Il explorait ? la relança-t-il plutôt.

— Ah ça, pour explorer, il explorait ! Il passait son temps dans les montagnes. Avec les autres fêlés, là, il a fouillé les environs d'Ussat-les-Bains, de Lordat, de Montségur, de Niaux, de Vicdessos, de Bédeilhac, d'Ornalac et de Lombrives.

— Les « autres » ? Donc, il y avait plusieurs, euh... fêlés ?

— Ben oui, parbleu ! Parfois jusqu'à une dizaine. Surtout des boches avec des sales têtes, qui nous regardaient de travers, et quelques gars du coin qui s'intéressaient aux vieilles histoires et qui leur servaient de guides. Je crois qu'ils ont retourné chaque caillou et regardé derrière chaque arbuste. Ils photographiaient tous les dessins qu'ils trouvaient sur les parois, ils notaient ce que les vieux leur racontaient, ils dessinaient des cartes. Rahn a fini par taper sur les nerfs à tout le monde. Il s'est même fait taper dessus une fois ou deux. Ils sont tous repartis peu après la pédale.

— Et ils cherchaient quoi, au juste?

La vieille éclata d'un rire un peu inquiétant qui trahissait à la fois un esprit espiègle et un début d'emphysème. Il s'acheva en une quinte de toux grasse qui la fit se plier en deux. Quand elle releva la tête, elle était essoufflée et elle avait les yeux mouillés, mais elle était manifestement réjouie.

— Mais le Graal, mon bon monsieur! s'exclama-t-elle d'un ton théâtral. Le Saint Graal!

27

8, Prinz-Albrecht-Strasse, Berlin,
le même jour

Pour une rarissime fois, le *SS-Reichführer* Heinrich Himmler, qui était en représentation quasi-perpétuelle, se laissa aller. Il s'autorisait rarement une telle chose, mais Wagner avait sur sa personne un effet unique. Confortablement assis dans son fauteuil, les coudes appuyés sur les accotoirs, les mains jointes en triangle devant son visage sévère, les yeux fermés, ses lunettes déposées sur le bureau, il se laissait emporter par *Parsifal*. L'œuvre était d'une rare force ; elle avait quelque chose d'apocalyptique. La puissance et l'harmonie des chœurs, si chers au compositeur national, lui donnait l'impression de vibrer tout entier et de s'élever au-dessus de la vile condition humaine. Les sons semblaient tournoyer dans son bureau et le remplir tout entier. Le ruban magnétique était une remarquable innovation, songea-t-il. Une autre réalisation qui devait être attribuée au génie du Reich.

Pour tout Allemand digne de ce nom, *Parsifal* était bien plus qu'un opéra. Quand on le comprenait vraiment, quand on en avait décodé les images et les références, on y découvrait un véritable condensé de l'identité germanique. Il était la lumière dans sa quête d'absolu ; une carte du trajet à suivre pour retrouver sa grandeur et sa légitimité. Écouter *Parsifal*, c'était un peu voir la route de l'avenir. Et le crédit en revenait à feu Otto Rahn.

Himmler eut un pincement au cœur tandis que le visage de l'*Obersturmführer* si singulier lui traversait l'esprit. Envers et contre tous, le pauvre garçon avait vu juste. Il avait touché l'essence des vieux contes du Graal, que tous les prétendus « savants » écartaient du revers de la main en les qualifiant de simples légendes. Il avait su lire derrière leur apparente piété et décoder leur langage symbolique. Il avait percé la vraie nature du Graal et compris qu'il était autre chose que la relique sacrée dont l'Église faisait des gorges chaudes.

En définitive, Rahn avait probablement retrouvé, cachées au cœur des vieux récits, rien de moins que les racines de la civilisation allemande. Ce faisant, il avait fourni au Troisième Reich les assises de sa restauration glorieuse. L'Église avait eu beau détruire tout ce qui déviait de son dogme et tenter d'effacer toute dérive, elle avait eu beau lancer des croisades et brûler les hérétiques, elle ne pourrait rien contre l'ancienne Vérité quand le *Führer* la brandirait enfin à la face du monde. L'institution maudite s'effondrerait comme le vulgaire château de cartes qu'elle avait toujours été. Elle retournerait pourrir dans les caniveaux hébreux d'où elle était sortie. Et le champ serait enfin libre pour l'antique religion nordique, qui avait précédé toutes les autres.

La voix de baryton du sombre roi Amfortas, gardien du Graal, se lamentait de son immortalité, véritable malédiction. Le *Reichführer* sentit la gravité du moment lui serrer les tripes. Lui aussi avait la fâcheuse impression d'être en suspens.

Nein! – Nicht mehr! – Ha!
Schon fühl' ich den Tod mich umnachten,
und noch einmal sollt' ich ins Leben zurück?
Wahnsinnige!
Wer will mich zwingen zu leben,
könnt ihr doch Tod mir nur geben?[26]

Himmler soupira. Malgré ses défauts et ses excentricités, Rahn avait été un collaborateur précieux. Il ne regrettait pas de lui avoir accordé sa confiance même si, tout bien considéré, elle avait été cruellement trompée. À lui seul, le médiéviste avait fait avancer la cause allemande plus que tous les savants de l'*Ahnenerbe*, les propagandistes de la *Schutzstaffel* et les mystiques de la *Thule Gesellschaft* réunis. Il lui avait fourni la preuve que le Graal existait. Et si cette légende se révélait véridique, il n'y avait aucune raison pour que la seconde ne le soit pas aussi.

---

26. Non! Jamais plus! Ah!
Déjà je sens sur moi l'ombre de la mort
Et je reviendrais encore à la vie?
Insensés!
Qui voudrait me contraindre à vivre?
Puisque vous ne pouvez me donner que la mort?

Une pointe de regret lui titilla la conscience, mais il la chassa comme un moustique agaçant. Il n'avait pas à se sentir coupable. Rahn avait été l'artisan de son propre malheur. Si son comportement immoral n'avait pas donné prise à la désapprobation de la *Schutzstaffel*, il aurait peut-être été en mesure de le protéger. Peut-être. Car le secret qu'il avait découvert était bien trop grand et trop grave. Un homme mort ne parle pas.

Dans le haut-parleur, la voix d'Amfortas résonna tandis qu'il exhibait aux chevaliers sa blessure perpétuelle au côté, qui lui rappelait à chaque instant le péché qui le privait du réconfort de la mort.

Hier bin ich, – die offne Wunde hier!
Das mich vergiftet, hier fliesst mein Blut.
Heraus die Waffen! Taucht eure Schwerte.
Tief – tief, bis ans Heft!
Auf! Ihr Helden.
Tötet den Sünder mit seiner Qual.
Von selbst dann leuchtet euch wohl der Gral![27]

Le moment de l'ultime souffrance précédait toujours la résurrection, songea le *Reichführer*. Qu'il s'agisse d'un messie ou d'une nation, il fallait passer par l'athanor et être sublimé. Puis Parsifal, Sainte

27. Me voici – la blessure béante, la voici!
Le poison: mon sang, voici qu'il coule.
Haut les armes! Trempez vos glaives.
Bien, bien avant, jusqu'à la garde!
Héros! Héros debout.
Détruisez le pécheur et son tourment.
De lui-même le Graal alors luira pour vous!

Lance à la main, surgit pour empêcher les chevaliers du Graal de donner au vieux roi la mort qu'il implorait de leur part.

Nur eine Waffe taugt:
die Wunde schliesst
der Speer nur, der sie schlug.[28]

Himmler n'était pas sentimental, mais il ne put empêcher ses yeux de se mouiller tandis que cette scène déchirante résonnait. Wagner avait vraiment mis en forme la parfaite allégorie de la destinée allemande, s'émerveilla-t-il. La vraie purification ne pouvait venir que par l'arme qui avait causé la blessure originelle. Et c'était lui, le *SS-Reichführer* Heinrich Himmler, qui aurait le privilège d'enfoncer dans la gorge de la religion chrétienne la lance qui l'avait engendrée. Le Graal d'Otto Rahn serait l'arme de la victoire. Ultima Thulé renaîtrait de ces cendres.

Des coups discrets à la porte montèrent, mettant fin à ses réflexions et à son plaisir. Il essuya ses yeux humides avec ses mains et chaussa à la hâte ses lunettes rondes. Personne ne devait voir le *Reichführer* ému. Il étira le bras pour arrêter la musique et, à son grand regret, les bobines du magnétophone s'immobilisèrent. Le silence qui tomba lui sembla rempli de tristesse.

— Entrez ! lança-t-il.

---

28. Une seule arme est propice :
La blessure ne peut être fermée
Que par la lance qui l'a faite.

Son chef d'état-major apparut dans l'embrasure. L'*Obergrupenfüher* Karl Wolff, général des *Waffen-SS*, était grand et mince. Sa parfaite élégance, son port aristocratique et son air racé avaient toujours secrètement fait l'envie de son supérieur. L'homme était surtout profondément politique et, malgré la discrétion qu'il cultivait soigneusement, on savait qu'il se voyait comme son héritier. Heureusement, il était loin d'être le seul et Himmler s'assurait de garder bien vive la compétition entre les prétendants. Cela lui assurait une loyauté parfaite, quoique fragile. Tant qu'il lui donnerait de l'importance, il pourrait se fier à Wolff.

— *Reichführer*, dit le nouveau venu en saluant respectueusement de la tête, une fois la porte refermée.

— Qu'est-ce que c'est?

Wolff franchit la distance qui le séparait de son supérieur, ses talons claquant avec autorité sur le plancher ciré. Il se planta de l'autre côté du bureau de travail, droit comme un manche.

— J'ai les nouvelles que vous avez demandées, annonça-t-il. Le télégramme est arrivé voilà cinq minutes.

— Je vous écoute.

— Nos hommes ont fouillé la chambre occupée par *Herr* Rahn à l'hôtel des Marronniers, mais ils n'ont rien trouvé. Hössler est formel: feu l'*Obersturmführer* n'y a rien laissé. Par contre, la fréquentation de l'établissement leur a semblé inhabituelle en ce temps de l'année. Par mesure de précaution, je lui ai ordonné de continuer à surveiller les lieux pendant quelques jours. On ne sait jamais. Les Sages ont le don d'apparaître sous des formes auxquelles on s'attend rarement.

— Des nouvelles du prêtre ?

— Le rendez-vous est fixé. Hartmann est averti de l'endroit et de l'heure. Il ne reste qu'à espérer que notre homme s'y présentera. Il est... nerveux.

— Il sera là, affirma Himmler avec assurance. Il a peur, mais ce genre d'individus est encore plus cupide que lâche, surtout quand il dispose d'une justification morale à ses gestes. Et celui-là a le sentiment d'avoir été trahi. Il dissimulera l'appât du gain sous son désir de vengeance.

— Sans doute, *Reichführer*.

— Vous pouvez disposer, Wolff.

— *Heil Hitler !* s'exclama ce dernier en claquant des talons, le bras tendu dans un parfait salut nazi.

Il repartit d'un pas martial. Himmler étendit le bras vers le magnétophone, relança la musique et ferma les yeux. Parsifal élevait le Graal devant l'assemblée agenouillée dans la grande salle de Montsalvat. Des voix célestes chantaient doucement.

Höchsten Heiles Wunder !
Erlösung dem Erlöser ![29]

Bientôt, ce serait lui qu'on louerait.

---

29. Du Suprême Salut miracle !
Rédemption au Rédempteur !

28

Ussat-les-Bains,
le même jour

Dans le hall d'entrée des Marronniers, tout le monde demeura muet de stupeur et d'incrédulité pendant de longues secondes. Satisfaite de son effet, Louise Bourrue s'esclaffa de nouveau d'un rire espiègle.

— Mais oui ! Le Saint Calice ! La sainte coupe qui a servi à recueillir le sang de Notre Seigneur Jésus-Christ, confirma la femme de chambre en se signant et en levant le regard vers les cieux en une parodie de piété. Sire Lancelot, sire Perceval et tout le tralala. Tout le monde sait qu'il est là, quelque part, le Graal, à attendre qu'un Juste le retrouve ! Mais moi, je me dis que, depuis le temps, la coupe, là, elle doit être bien cassée, hein ? Ça fait des siècles que l'histoire court et elle doit être bien fatiguée ! Quand j'étais encore toute petite, ma mère m'asseyait sur ses genoux pour me raconter les légendes du Graal caché par les anciens cathares dans une grotte. Elle-même les avait entendues de sa propre mère, qui les tenait de la sienne.

Roland ne pouvait nier que la Vérité existât. Le seul fait qu'il soit en vie, après un séjour en enfer, en était le témoignage éloquent. Mais que l'objet de la quête qu'il menait pour le salut de son âme ne fasse qu'un avec le Graal de la légende, il ne savait qu'en penser. Pour dire vrai, il s'en fichait. Il ne souhaitait qu'une chose : la retrouver et en finir. Le plus tôt serait le mieux, même si cela signifiait mourir de nouveau. Mais les choses ne s'annonçaient pas si simples. *Tu retourneras parmi les vivants et tu protégeras la Vérité jusqu'au moment de sa révélation*, avait annoncé l'archange. Comment était-il sensé protéger une chose dont il ne connaissait ni la nature, ni l'emplacement ?

— Et ils l'ont trouvé ? s'enquit-il.

La femme de ménage renâcla avec dédain.

— Trouvé ? Pfff ! Hé ! Y faudrait d'abord qu'il existe, le Graal ! Mais ça n'empêche pas les chasseurs de trésors de le chercher ! Il ne se passe pas un été sans que des abrutis venus de partout aillent se perdre dans les montagnes ou se cassent une jambe dans une grotte pour retrouver le trésor des cathares ! Ils croient dur comme fer que le Graal leur procurera la prospérité, des pouvoirs magiques et même la vie éternelle. Et quoi encore ? La guérison des furoncles qu'ils ont sur le cul, aussi ? Ha !

Elle s'esclaffa d'un rire aussi gras que sa blague.

— Le boche, là, il était comme les autres. Juste un peu plus convaincu et persévérant. Il travaillait même à un livre, le soir dans sa chambre.

— Merci, madame, dit Roland. Vous avez été très utile.

— Avec plaisir, mon bon monsieur, rétorqua la bonne femme, tout sourire.

Elle fit demi-tour et il la regarda retourner à son matériel et gravir l'escalier de son pas lourd.

Tandis que l'amnésique et Jules attendaient sans oser dire quoi que ce soit, Sentenac fit le point. Plus il en apprenait, plus Otto Rahn semblait se trouver au cœur de l'écheveau qu'il devait démêler. Le SS défroqué était lié aux Marronniers depuis 1932. Il avait non seulement été propriétaire de l'établissement, mais s'en était servi comme base pour des expéditions dans les montagnes de la région, où il avait cherché rien de moins que le Graal en compagnie d'autres Allemands qui ne pouvaient être que des nazis. Il y était revenu voilà quinze jours pour, selon toute vraisemblance, déposer l'épée de Gondemar de Rossal dans la cache secrètement aménagée dans le plancher de sa chambre.

Que Rahn ait possédé l'arme antique prouvait sans l'ombre d'un doute que les recherches menées depuis 1932 avaient connu un certain succès. Mais où l'avait-il retrouvée? Pourquoi la cacher là? Pour s'en servir comme écrin pour un message – au demeurant, incompréhensible – rédigé par un inconnu? Et surtout, que devait faire Roland Sentenac avec tout ce qu'il venait d'apprendre? Ces questions restaient sans réponse.

— Tu as bien dit que ton Allemand portait un anneau à tête de mort, demanda-t-il à Jules.

— Ce n'était pas «mon» Allemand, mais oui, il en portait un, répondit ce dernier.

Roland ferma le poing et l'avança vers le petit homme qui, craignant d'être à nouveau frappé, eut un mouvement de recul. Il indiqua plutôt l'anneau à tête de mort passé à son auriculaire.

— Comme celui-ci?

— Oui, confirma Jules avec un rictus. Pareil. C'est sinistre. Ça me fout les jetons, moi. Qui voudrait porter un truc comme ça?

Roland jeta un coup d'œil sur les initiales gravées à l'intérieur de la bague. O.R. Otto Rahn. En abandonnant volontairement avec l'épée le symbole de son appartenance à la *Schutzstaffel*, l'Allemand semblait avoir voulu confirmer le fait qu'il désertait le navire nazi. Restait à savoir qui avait bien pu écrire la note laissée dans la poignée de l'épée et pour quelle raison. La réponse, inattendue, lui vint de la bouche de l'amnésique et simplifia considérablement les choses.

— Totenkopf, dit-elle d'une voix blanche, en désignant le bijou.

Il se tourna vers elle et la trouva en pleine concentration, les sourcils froncés et le regard un peu surpris.

— Quoi?

— En allemand, *totenkopf* veut dire «tête de mort», l'informa-t-elle. *SS-Obersturmführer Totenkopf.* «Chef d'assaut principal». Je parie que c'était le grade de votre Rahn. J'aurais dû y penser plus tôt.

Il haussa les sourcils et inclina la tête pour lui signifier son admiration tout en assimilant l'élément nouveau. La boucle était bouclée. Rahn était le signataire du message, tout bêtement. Cela confirmait qu'il était au centre de toute cette affaire. Il avait peut-être découvert le Graal, ou à tout le moins, en avait retrouvé la trace. Le regard de Roland se posa sur l'anneau à son auriculaire. Toute l'histoire semblait placée sous le patronage de la tête de mort, ce qui n'était pas de très bon augure.

Avait-il trouvé le traître de Germanie dont Rossal lui avait enjoint de suivre le chemin? C'était exactement ce qu'il entendait faire. De toute façon, s'il ne voulait pas retourner brûler en enfer avec son père, avait-il le choix? Il préférait de loin n'être pas tout à fait mort plutôt que damné.

La question était d'identifier ledit chemin et, sur ce point, il n'était pas plus avancé. Le souvenir de l'Allemand courtois lui revint en tête. Voilà deux nuits, puis le matin précédent, il l'avait croisé, la troisième fois accompagné de deux copies de lui-même. À la lumière de ce qu'il savait maintenant, la présence de trois boches dans l'hôtel prenait soudain un tout autre sens. Ça faisait beaucoup d'Allemands en peu de temps. Il n'était pas assez stupide pour y voir un simple hasard.

— Et les trois types de l'autre nuit? demanda-t-il à Jules. Les deux blonds et le brun avec le dos raide? Qu'est-ce qu'ils faisaient ici?

— Eux? Voyage d'affaires, rétorqua le réceptionniste sans hésiter. Ils se spécialisaient dans le chauffage qu'ils ont dit.

Se sentant soudain souillé, Roland retira le bijou de son auriculaire et le glissa dans la poche de son pantalon.

— Ils portaient un anneau semblable?

— J'ai pas remarqué.

Roland laissa échapper un soupir qui tenait du grondement de taureau contrarié. La conclusion s'imposait d'elle-même : d'autres que lui étaient sur la piste de... De quoi, au juste ? Il ne le savait même pas. Le Graal, semblait-il. Autre chose crevait désormais les yeux : puisqu'il n'était plus le seul impliqué, il était plus que probable qu'il était surveillé. Il devrait donc être aux aguets. Il ne permettrait à personne de se mettre en travers de sa route vers le salut. Il avait tué avant et il tuerait encore, sans le moindre remords. L'archange avait été clair : *ta nature sera un fardeau et ton ignorance, un boulet. Tu devras mettre le Mal au service du Bien.*

Il révisa mentalement la note pour voir comment l'amarrer à ce qu'il venait d'apprendre. Il interpella à nouveau Jules.

— Lorsque Rahn était ici, en 1932, y avait-il aussi, par hasard, un dénommé Saint-Amans ? lui demanda-t-il. Ou peut-être un peu avant ou après.

L'employé d'hôtel le toisa avec une expression incrédule, mais ne bougea pas. Roland insista en lui désignant le registre de la tête, mais Jules ne broncha toujours pas.

— Dis donc, t'es vraiment pas sorti souvent de chez-toi, Sentenac, finit par lâcher Cabanac.

Interdit, Roland l'interrogea du regard.

— Saint-Amans n'est pas une personne ! C'est un endroit ! lâcha Jules.

29

De toute évidence, Roland n'avait pas laissé le Mal en enfer. Il sentit gronder en lui la rage qui l'avait toujours habité, prête à jaillir telle la lave d'un volcan. Il en avait plus qu'assez de toujours se sentir à la traîne. Dieu n'était-il pas omnipotent, omniprésent, omniscient et tout-puissant ? Ou était-il seulement emmerdant ? Pourquoi tout ce cirque, cette chasse au trésor ? Pourquoi ne pouvait-on pas tout simplement lui dire en quoi consistait la foutue Vérité et où elle se trouvait ? Il irait la chercher, il ferait ce qu'il fallait pour la protéger et tout le monde serait content. Il mènerait une longue vie tranquille en essayant de ne plus pécher, il irait au paradis ou, au pire, au purgatoire. Au moins, il saurait à quoi s'en tenir. Mais non ! Pour sauver son âme – et probablement, aussi, pour l'amusement pervers du maudit archange – il devait faire l'animal savant ! Décidément, Dieu n'était qu'un tyran cruel et son petit personnel ne valait pas mieux.

Il se concentra sur Jules sans prêter attention à la brûlure dans son épaule et à l'élancement vengeur qui venait de lui traverser la tête.

— Qu'est-ce que tu racontes? gronda-t-il.

— Tu connais pas la chapelle Saint-Amans?

— Si je la connaissais, est-ce que je serais en train de te poser la question? Explique.

Roland ne put s'empêcher de ressentir une certaine honte. Il avait vécu en reclus sans jamais sortir d'Ussat et il avait l'air de l'ignare qu'il était.

— C'est une ancienne chapelle à Estantens, dans le coin de Muret, expliqua Jules. Elle existe depuis au moins, euh... depuis toujours. Quand j'étais petit, mon père m'y traînait en pèlerinage tous les ans.

Je n'ai pu faire mieux que de profaner la tombe de Saint-Amans, dans l'ombre de l'antique croix, avait dit Rahn. Une antique croix dans une ancienne chapelle. À première vue, c'était plausible. Il tourna la tête vers la jeune femme. Une fois encore, il se dit qu'elle n'avait pas croisé sa route par hasard. C'était grâce à elle qu'il avait pu comprendre le message et identifier Rahn. Il ne devait pas se séparer d'elle et, il devait l'admettre, il n'en avait plus tellement envie. Et puis, il semblait assez évident qu'elle ne se trouvait pas là par hasard. À sa façon, l'archange lui venait en aide. Leurs regards se croisèrent et la question fut posée sans qu'un seul mot soit prononcé. Elle lui répondit par un haussement d'épaules résigné et triste.

— Si vous acceptez les passagères amnésiques..., dit-elle avec une grimace embarrassée. De toute façon, je n'ai nulle part où aller.

Il se tourna vers Jules.

— Attends-nous ici, lui ordonna-t-il sur un ton qui ne souffrait aucune répartie en brandissant un index menaçant. Tu ne bouges pas d'un poil. Compris?

Jules acquiesça en se mettant presque au garde-à-vous. De la tête, Roland invita la jeune femme à le suivre et, ensemble, ils s'engagèrent dans l'escalier. Une fois à l'étage, l'amnésique ramassa ses rares affaires et Roland récupéra sa besace. Après avoir vérifié que l'épée et le révolver de son père s'y trouvaient toujours, il avisa sa compagne d'infortune qui l'attendait dans le couloir.

— Si nous devons voyager ensemble, ce serait bien que vous ayez un prénom, lui suggéra-t-il, un peu gêné. En attendant que le vrai vous revienne, je veux dire.

Une expression de surprise passa sur le visage de la jeune femme. De toute évidence, elle n'avait pas considéré la question. Elle écarta une mèche blonde tombée sur sa joue et un éclair malicieux traversa ses yeux bleus. Roland remarqua que sa blessure semblait bien refermée. Pour la première fois depuis qu'il l'avait trouvée, inconsciente, dans sa voiture accidentée, le visage de l'étrangère s'éclaira d'un pâle sourire qui la transfigurait. Osant à peine imaginer l'effet qu'aurait sur elle un vrai sourire, il en fut émerveillé, mais trop timide pour le lui rendre. Il resta donc de glace même si, à l'intérieur, il avait l'étrange impression que quelque chose fondait.

— Anna! lâcha-t-elle soudain.

Elle sembla faire tourner le prénom dans sa bouche comme elle l'aurait fait pour goûter un vin.

— Oui. Anna. Ça me va. J'aime bien, confirma-t-elle.

Elle fit une pause et cela suffit pour chasser son espièglerie naissante. En un instant, la nuit l'enveloppa à nouveau. Ses épaules se voûtèrent un peu, sa tête se baissa distinctement, la vague expression de tristesse reprit sa place sur son visage et elle redevint la femme taciturne et fermée qu'il avait ramassée en sang. La métamorphose était frappante et plus qu'un peu troublante.

Roland s'écarta pour lui céder le passage.

— Alors après vous, Anna.

Cette fois, elle grimaça plus qu'elle ne sourit. Sans échanger d'autres mots, ils redescendirent à la réception, où Jules, obéissant à l'injonction reçue, les attendait. Ils le retrouvèrent au comptoir. Le maigrichon tendit une feuille de papier à Roland.

— Ta chapelle, elle est loin d'ici? s'enquit celui-ci.

— Je te l'ai dit: à Estantens.

— Et c'est loin d'ici? insista Roland.

— Ben, euh... environ quatre-vingts kilomètres, rétorqua Jules, manifestement surpris d'avoir à le préciser.

— Tu connais le chemin?

— Ouais. Bien sûr. Attends, je vais te l'écrire.

Trop heureux de lui indiquer le trajet vers une destination qui l'éloignerait des Marronniers, le petit homme prit un crayon et un papier.

— Ce ne sera pas nécessaire, l'interrompit Roland.

— Bon, je vais te l'expliquer, rétorqua l'autre, toujours aussi serviable. C'est pas difficile. Alors, tu sors d'Ussat jusqu'à l'intersection. Tu vas voir le panneau qui indique Toulouse. Tu tournes là, vers le Nord, et...

— Tu viens avec nous, coupa Roland.

— Moi? Mais, mais, mais… Je peux pas. J'ai du boulot. Je…

Roland soupira et sortit son portefeuille.

— Combien pour retenir tes services de guide? demanda-t-il d'un ton excédé.

La lueur de cupidité maintenant très familière se ralluma dans les petits yeux de fouine de Jules, qui avança la main et alla pêcher quelques billets dans le portefeuille avec le pouce et l'index. L'air satisfait, il les plia en deux et les fourra dans la poche de son pantalon avant que leur ancien propriétaire ne change d'idée.

— Ça devrait suffire, chantonna-t-il, toute peur disparue. Heureusement, c'est la saison morte. Il n'y a à peu près jamais de clients en ce temps de l'année. Les boches et vous deux êtes les seuls depuis la fin février.

— Tes journées valent cher, dis donc, grinça Roland en constatant la somme dont on venait de l'amputer.

Il mit quelques billets supplémentaires sur le comptoir.

— Pour la chambre.

— La maison vous remercie. J'espère que vous avez apprécié votre visite, badina Cabanac.

Il ramassa les billets et les mit dans la caisse avant de rédiger une note qu'il laissa près de la clochette qui servait aux clients à l'appeler quand il s'éloignait de l'accueil.

— Il nous faut à manger aussi, ajouta Roland, dont le ventre était désespérément vide. Et à boire.

Il tendit encore quelques francs et Jules disparut cinq minutes pour revenir avec un panier d'osier contenant deux miches, un fromage d'Ariège, un saucisson à l'ail, du boudin noir, une bouteille de piquette, des verres et des assiettes. Le ventre de Roland manifesta bruyamment son approbation et celui d'Anna lui répondit. Ils passèrent leurs manteaux. Peu après, l'improbable trio sortait de l'hôtel en direction de la voiture.

— À bonne vitesse, nous serons à Estantens avant la fin de l'après-midi, remarqua Jules. Tu pourras me ramener avant la nuit.

En apercevant le véhicule devant l'hôtel, il haussa les sourcils.

— C'est pas la Citroën de ton père, ça? demanda-t-il. Au fait, comment il va, Marcel? Il est en mauvais état, à ce qu'on dit.

Roland se raidit. Il n'avait pas envisagé qu'on puisse reconnaître la voiture et encore moins qu'il aurait à parler de son père. Il cherchait une réponse à formuler quand un rire strident l'en empêcha. Tous les trois sursautèrent. Roland aperçut la vieille Henriette, de nouveau accroupie devant la clôture basse, légèrement en retrait de l'entrée des Marronniers.

La mendiante était toujours ramassée en un petit tas de hardes sales, de chairs flasques et d'os friables dont émergeait une tête au visage ridé et à la chevelure hirsute. En plein jour, elle était encore plus antique et repoussante, sans compter qu'elle ne sentait pas meilleur. Elle venait de crier et semblait trouver leur réaction très drôle.

— Qu'est-ce qu'elle veut, encore, celle-là ? grommela Jules, l'air mauvais, en serrant les poings. Elle fait fuir les clients.

Il fit quelques pas déterminés vers la mendiante, qui le regarda s'approcher avec arrogance.

— Tiens, si c'est-y pas le petit Jules ! caqueta-t-elle dans son patois ariégeois en découvrant des gencives édentées depuis des décennies.

— Tu vas foutre le camp, vieille folle ?

— Ou quoi ? Tu vas tabasser une dame âgée ? Macarel ! Que t'es mignon quand t'essaies d'être un homme ! Continue comme ça et tu vas peut-être finir par séduire autre chose que ta main droite, mirgue !

Henriette fut secouée d'un rire grinçant. Furieux et humilié, Jules combla la distance qui les séparait et allait lui administrer un coup de pied quand on l'empoigna par le col de son manteau.

— Pas de ça, l'avertit sévèrement Roland avant de saisir solidement le bras du petit homme pour le forcer à faire demi-tour. Allez, on y va.

La mendiante riait aux éclats, la tête renversée en arrière, produisant un bruit aigu semblable au grincement de gonds de porte mal huilés. Tout le tas de guenilles en était secoué. Roland repêcha un peu de monnaie dans la poche de son pantalon et la mit dans la main décharnée de Henriette.

— Bouducon ! Regardez-moi tous ces centimes ! railla-t-elle en caricaturant la surprise. Avec ça, je pourrais m'acheter une maison ! Avec la fortune sur laquelle ton père a posé son cul, tu peux pas faire mieux ?

Il soutint un peu le regard de la vieille, se raidit et décida qu'elle ne valait pas sa colère. Il allait tourner les talons en direction de la Citroën quand le monde se brouilla autour de lui.

— *Agenouille-toi devant le roi mort qui n'en fut pas un*, fit la voix de la mendiante, qui semblait venir de très loin.

— Roland? demanda celle d'Anna.

Il secoua la tête et tout redevint normal. Henriette lui adressait toujours un sourire narquois et, près de lui, l'amnésique fronçait les sourcils.

— Je… Ce n'est rien. Un étourdissement, bredouilla-t-il. Allons-y.

Il fit demi-tour et ses compagnons lui emboitèrent le pas. En atteignant la voiture, il ne put se retenir de regarder en direction de la mendiante. L'espace d'un instant, il lui sembla voir une lueur rouge dans ses yeux.

30

Sur la route d'Estantens,
le même jour

Ils roulaient depuis une quarantaine de minutes et, pour la première fois depuis le début de ce cauchemar éveillé, Roland s'autorisait une parcelle d'optimisme. Son sentiment que la piste était tracée d'avance se faisait plus certain. À l'évidence, les coïncidences qui la jalonnaient n'en étaient pas. La séquence parlait d'elle-même : un SS repenti chercheur de Graal trouvait l'épée de Gondemar de Rossal et revenait la cacher dans une chambre des Marronniers après en avoir évidé la poignée pour y placer un message ; Roland se retrouvait à occuper précisément cette chambre ; Rossal lui apparaissait en rêve pour lui indiquer la cachette ; une amnésique trouvée par hasard dans une voiture accidentée placée sur sa route se révélait capable de lire l'allemand et lui traduisait le message ; et l'employé de l'hôtel était en mesure d'identifier l'endroit mentionné dans ledit message.

Roland avait la désagréable impression de n'être qu'un pion dans une partie d'échecs cosmiques entre Dieu et le diable. Au fait, existait-il aussi, celui-là, ou n'était-il que l'expression du divin caractère de cochon? En tout cas, il était significatif que la seule créature céleste qu'il avait aperçue en enfer n'ait pas été un démon, comme on pouvait s'y attendre, mais bien un archange.

Tenant le volant d'une main, il mordit dans un sandwich improvisé qu'Anna, assise à sa droite, avait préparé avec un bout de baguette rempli de saucisson à l'ail et de fromage. C'était son deuxième. Il avait très peu mangé depuis sa résurrection – il fallait bien appeler la chose par son nom.

L'amnésique mangeait avec un peu plus d'appétit que précédemment. La pâleur de son visage ne s'en trouvait toutefois pas affectée, ni son regard toujours un peu perdu. Elle avait beau ne se souvenir de rien, elle traînait une profonde tristesse et quelque chose disait à Roland qu'elle en serait marquée à jamais si la mémoire lui revenait. Mais à chacun ses problèmes. Lui avait son âme à sauver.

Ils roulaient à bonne vitesse. Les montagnes de la vallée de l'Ariège lui semblaient différentes. En chemin, des panneaux routiers avaient indiqué la direction de Montségur, de Rennes-le-Château et de Toulouse. Ils avaient passé Tarascon, Montgailhard, Foix, Cazaux et Montégut-Plantaurel sans qu'une seule parole soit prononcée dans l'habitacle, ce qui convenait parfaitement au conducteur.

— Tout droit jusqu'à Beaumont, marmonna Jules, la bouche pleine, depuis la banquette arrière, où il mastiquait tranquillement avec un air bovin. Nous serons à Estantens dans une heure environ.

Roland hocha la tête pour signifier qu'il avait entendu, et mordit à nouveau dans son sandwich. L'amnésique sembla saisir l'occasion du silence rompu pour poser la question qui la turlupinait.

— Que croyez-vous trouver dans cette chapelle? demanda-t-elle, sans détourner le regard du paysage qui défilait par la vitre de sa portière.

— Je n'en ai pas la moindre idée.

Elle marqua une pause, puis laissa échapper un renâclement un peu abasourdi qui se termina en rire amer.

— Nous sommes tous deux à la dérive, alors, grinça-t-elle. Je ne sais même pas ce que je fais dans cette voiture.

— Considérez que je vous conduis jusqu'à Estantens.

— Il est vrai que, de là, je pourrais me rendre à Toulouse.

Roland tourna sèchement la tête vers son interlocutrice.

— Comment savez-vous que Toulouse est près de là? s'enquit-il.

— Je... Ça m'est juste venu, comme ça, répondit Anna, avec la même expression interloquée que lorsqu'elle avait constaté qu'elle comprenait la langue allemande.

— On dirait que vos souvenirs reviennent lentement, renchérit Roland en essayant d'être encourageant. C'est bon signe. Que vous ayez songé à Toulouse indique peut-être que vous avez un lien avec la ville.

— On verra bien. Et vous, Roland? Vous avez l'air d'un homme en mission. Vous êtes... sombre.

— Sentenac a toujours été ténébreux, interjeta Jules avec un demi-sourire méchant depuis la banquette arrière. Il est pas très sociable. Pourtant, il a une si belle personnalité.

Roland se tourna à moitié sur son siège et, à défaut d'un index, pointa un sandwich menaçant vers le petit homme qui, par réflexe plutôt que par nécessité, eut un mouvement de recul pour ne pas être heurté par un coup de saucisson.

— Ta gueule, Jules! dit Roland en postillonnant des miettes de pain. Je te paye pour servir de guide. Si tu ouvres encore la bouche pour quoique ce soit d'autre, je te jette de la voiture. Sans freiner. Et je recule pour te rouler dessus. Plusieurs fois. T'as compris, là? Plus un mot. Plus un son. Rien. Si j'entends encore ta petite voix détestable, tu vas avaler tes dents.

— Bon, bon... Ça va.

Tout à coup, les yeux de l'employé s'arrondirent. Roland présuma d'abord qu'il avait eu l'effet terrifiant escompté, puis réalisa que l'autre ne le regardait pas, lui, mais bien la route qu'il avait quittée des yeux depuis trop longtemps déjà.

— Attention! s'écria Jules, une soudaine terreur le rendant indifférent à l'injonction au silence dont il faisait l'objet.

Roland se retourna, laissa tomber son sandwich et agrippa le volant à deux mains jusqu'à ce que ses jointures blanchissent. Quelqu'un était planté au beau milieu de la route, à quelques mètres devant la voiture.

Ussat-les-Bains

Les mains derrière le dos, le corps raide, l'homme était campé devant la vieille Henriette. Le soleil derrière lui découpant sa silhouette, il la dévisageait fixement. Avec sa plus belle voix plaintive, elle avait sollicité une aumône, mais sans succès. Il n'avait pas bougé d'un poil. Pour tout dire, la mendiante commençait à se sentir un peu craintive. Elle avait été malmenée à quelques reprises au cours de sa vie ; c'était un des risques du métier. Elle ne croyait pas que celui-là la bousculerait en plein jour, mais il dégageait quand même quelque chose qui lui déplaisait. Il la toisait comme si elle n'était qu'un déchet.

— Hé oh ! Tu me caches le soleil, madur[30] ! s'impatienta-t-elle en agitant la main. Comment veux-tu qu'une pauvre vieille gagne honnêtement sa vie si personne ne la voit ? Donne-moi quelque chose ou fas cagat ![31]

L'homme ne bougea pas.

— Tu connais le noiraud qui était là voilà cinq minutes ? demanda l'homme d'une voix calme.

— Roland Sentenac, cracha la vieille avec une grimace dédaigneuse, comme si le nom avait mauvais goût. Il ne m'a donné que quelques piécettes, le ratchou[32]. Même pas assez pour acheter un peu de vin.

30. Idiot.
31. Va-t'en.
32. Radin.

Pour appuyer ses dires, elle étendit le bras et ouvrit la main, où la monnaie remise par Roland se trouvait encore. Elle espérait que son interlocuteur en ajouterait, mais fut à nouveau déçue.

— A-t-il dit où il allait?

Le visage de la mendiante se plissa encore plus que de coutume tandis que sa cervelle macérée dans l'alcool peinait à retracer l'information pourtant récente.

— Estantens, finit-elle par dire, les sourcils froncés par la concentration.

— Tu en es sûre?

— Ouais. Le petit Julot l'a dit en sortant. Il voulait être de retour en soirée.

Certaine de voir cette fois l'information dûment récompensée et anticipant déjà l'achat imminent d'une bouteille qui calmerait sa soif pour un temps, la vieille Henriette, la main toujours tendue, adressa son plus beau sourire édenté à son interlocuteur. Ce dernier la dévisagea un moment et, malgré le contre-jour, elle eut l'impression qu'il souriait. Il glissa la main dans sa veste. Ce qui en ressortit n'était pas un portefeuille, mais un étrange pistolet au canon trop long. Interdite, la vieille n'entendit qu'un bref sifflement. *Pfft.* La balle enfonça son sternum et lui traversa le cœur. Elle n'aurait plus jamais soif, ni faim ou froid.

31

Tout se passa très vite. Droit comme un chêne, l'archange en longue robe blanche était planté au beau milieu du chemin, appuyé sur sa crosse. Roland eut tout juste le temps de braquer violemment à droite pour ne pas percuter le type de plein fouet. Pendant un bref instant, la Citroën resta en équilibre sur deux roues, menaçant de capoter, puis retomba sur la chaussée. Anna hurla. Sur la banquette arrière, Jules gémissait comme une fillette.

La voiture dérapa pendant encore quelques secondes. Roland finit par l'immobiliser de travers sur le bas-côté. Haletant et en sueur comme s'il venait de courir des kilomètres, il resta figé, serrant le volant dont il semblait incapable de s'arracher. Dans l'habitacle régnait le genre de silence épais que seul le souffle froid de la mort sur la nuque pouvait engendrer. À sa droite, l'amnésique sembla relâcher un souffle qu'elle avait longuement retenu. Roland appuya son front contre le volant.

— Saloperie de petite femmelette céleste de mes deux, aboya-t-il d'une voix tremblante de rage et d'indignation.

Une bouffée de haine viscérale monta en lui. Il se redressa et abattit violemment les paumes sur le volant. À ses côtés, Anna sursauta, apeurée.

— Je te jure que la prochaine fois que nous nous croiserons, je te fourrerai ta crosse dans le tchoul[33] et que je te ferai pivoter dessus jusqu'à ce qu'elle ressorte par ta petite bouche en cul de poule, ragea-t-il à mi-voix, le regard en feu.

L'élancement qui lui traversa la tête, comme toujours après une insulte prononcée ou pensée, ne fit que raffermir sa résolution. Il serra un peu plus fort les dents et attendit que la douleur se résorbe tandis que la sensation de brûlure se répandait sur la marque de son épaule. Quand il se sentit un peu mieux, il leva les yeux et, stupéfait, vit un gros sanglier qui achevait de traverser lentement la route. Était-ce vraiment ce qu'il avait évité? *Un archange ou un cochon, c'est pareil,* songea-t-il. Il en fut quitte pour un nouvel élancement qu'il endura avec la même détermination à ne pas donner satisfaction à Métatron.

— Sale bête, ronchonna Jules. J'espère que tu finiras en jambon. Je te boufferai avec un coup de picrate.

Roland secoua sa torpeur, mit la Citroën en marche arrière et recula sur quelques mètres. Un

33. Cul.

bruit inquiétant monta de l'avant. Il ferma les yeux et soupira, au comble de l'irritation. Il coupa le moteur et sortit inspecter le véhicule. Anxieux de délier des jambes ramollies par la peur, les autres le rejoignirent. Tous ne purent que constater les dégâts.

— T'as crevé, observa bêtement Jules en désignant le pneu avant droit à plat.

— Sans blague? ironisa Roland, en lui décochant un regard torve. Et qu'est-ce qui te fait croire ça?

Sachant ce qui était bon pour lui, Jules ne répondit rien. Il fit plutôt grand cas d'observer les environs.

— Pailhes se trouve à quelques kilomètres d'ici, annonça-t-il. On est à peu près à mi-chemin d'Estantens.

À grands pas frustrés, Roland se dirigea vers l'arrière de la voiture et détacha la roue de secours. Puis il ouvrit le coffre et récupéra la clé en croix et le cric au fond. Il rapporta le tout et s'attela à la tâche. Les écrous rouillés résistèrent avec conviction et il lui fallut plus d'une heure d'efforts et d'entêtement avant que la nouvelle roue soit installée. Pendant qu'il s'acharnait, plusieurs automobiles passèrent, mais personne ne s'arrêta pour proposer de l'aide. Une seule, une grosse Daimler DB18 noire ralentit un peu, avant d'accélérer et de disparaître. Les bonnes manières se perdaient, déplora Roland, pleinement conscient que lui-même n'en avait jamais eu.

Il installa le pneu crevé derrière le coffre, puis remit les outils en place. Il s'essuya le front avec la manche de son manteau et revint vers l'avant. Il trouva Anna et Jules assis au bord du chemin en train de boire tranquillement un verre de piquette.

— Il reste quelques gouttes pour le pauvre con qui s'est tapé tout le travail? demanda-t-il, excédé, en jetant un regard torve à Jules.

Avec un sourire craintif, Anna lui servit un verre et le lui tendit. Il le vida d'un trait. Il se laissa bercer un instant par la sensation de l'alcool qui descendait vers son estomac et réalisa qu'il buvait pour la première fois depuis qu'il s'était fait sauter la cervelle. Le vin prit aussitôt un goût amer. Il empoigna la bouteille et se servit un autre verre qu'il vida aussi sec.

— On repart, annonça-t-il.

Il remonta dans la voiture, claqua la portière et fit démarrer le moteur.

— Ho! Tu vas pas nous laisser, là! s'indigna Jules.

Anna et lui ramassèrent les provisions à la hâte et se précipitèrent vers la Citroën, qui se mit en marche, avant même que les deux portières droites ne se soient refermées. Un quart d'heure plus tard, comme si Dieu souhaitait compliquer encore plus la tâche de celui qu'il éprouvait, la pluie se mit à tomber, drue et froide, tambourinant sur la carrosserie et faisant peiner les petits essuie-glaces. Il avait toujours détesté la saison des giboulées, mais celle-ci lui inspirait une exécration toute particulière. Le ciel lourd apporta avec lui une nuit hâtive ponctuée d'éclairs aveuglants et de roulements de tonnerre qui faisaient trembler les vitres de l'habitacle.

Il dut ralentir la vitesse à presque rien. La lumière des phares n'éclairait que faiblement le mur d'eau qui se dressait devant la Traction Avant. La pluie ne donna aucun signe de vouloir se calmer et la route se fit de plus en plus boueuse et glissante. À plus d'une reprise, la voiture dérapa et il eut fort à faire pour la garder en main.

À pas de tortue, ils atteignirent néanmoins Estantens. La pluie était si dense que Roland faillit manquer l'embranchement qui menait à destination.

— Là ! s'exclama Jules à la dernière seconde. Prends à gauche !

Roland freina doucement pour ne pas déraper, puis se mit en marche arrière jusqu'à la route qu'il venait de dépasser. Il s'engagea lentement sur le chemin passablement étroit et isolé qui serpentait dans les champs. Le parcours fut jalonné de quelques bâtiments de ferme sur la droite dont il aperçut les masses sombres au passage et qui semblaient constituer l'ensemble du petit hameau. Il finit par atteindre un cul-de-sac.

— Nous sommes arrivés, précisa Jules. C'est la vieille chapelle Saint-Amans.

Roland immobilisa la Citroën au sommet du promontoire qu'il avait atteint et coupa le moteur tout en laissant les phares allumés. Le bruit de la pluie sur la tôle augmenta. Par le pare-brise ruisselant d'eau, il entrevit le bâtiment que Jules venait de désigner. Un violent éclair déchira les nuages et l'illumina brièvement, lui permettant de voir un peu mieux la structure basse et massive.

— C'est là que vous voulez aller? demanda Anna, avec une expression peu rassurée.

— Oui. Enfin, je l'espère.

Il saisit sa besace et ouvrit la portière d'un geste résolu.

— Restez ici. C'est mon affaire, pas la vôtre.

Tendu, il sortit, claqua la portière et remonta le col de son manteau. En quelques instants, ses cheveux courts furent trempés et la pluie s'infiltra dans son dos, le faisant frissonner. Il se rendit récupérer dans le coffre de la voiture la lampe de poche qui s'y trouvait toujours, l'alluma et constata avec satisfaction que la pile était encore bonne.

Il revint se planter dans la lumière des phares et considéra la chapelle avec circonspection. Il n'y connaissait pas grand-chose, mais même lui pouvait voir qu'elle était ancienne. La structure de pierre et de brique était basse et ses murs, percés par quelques petites fenêtres, semblaient très épais. Sa façade était surmontée d'un bizarre clocher court terminé par trois croix et percé de deux ouvertures en ogive où des cloches avaient jadis été suspendues. La toiture en tuiles ruisselait d'eau. Dans la nuit, la construction avait quelque chose d'écrasant et de sinistre, mais, pour qui avait fait un tour en enfer et entendu des hurlements de souffrance éternelle et vu des corps brûler dans des bains de feu, elle ne représentait rien de si terrible. Que pouvait-il craindre de pire ? Cet endroit était-il celui auquel Otto Rahn avait fait allusion ? Il serait bientôt fixé.

Un éclair fendit le ciel. Aveuglé, il cligna des yeux.

— C'est une église de style roman, fit la voix d'Anna à sa droite. Elle date probablement du début des années douze cents.

Le bruit de la pluie avait couvert l'arrivée de l'amnésique. Il tourna la tête et la trouva en compagnie de Jules. Il l'interrogea du regard. Elle lui répondit par un haussement d'épaules, ses cheveux blonds déjà plaqués sur son crâne.

— Je le sais, c'est tout.

— Par beau temps, la vue sur la vallée de la Garonne est imprenable, intervint Jules, indifférent à la situation. On voit jusqu'aux Pyrénées.

— Merci pour le commentaire touristique, gronda Roland.

Il se mit en marche vers l'église, franchit la haie et s'arrêta à quelques mètres du bâtiment. Bizarrement, la façade ne comportait aucune entrée. Il fit quelques pas et en repéra une sur le côté. Il s'y rendit, Anna et Jules sur ses pas. Il éclaira la porte en bois massif avec sa torche. Elle était renforcée de ferrures et faisait deux fois sa taille. Elle était surtout fermée par un cadenas ancien, mais encore solide. Il le testa et le trouva bien verrouillé.

— Tu... veux entrer? demanda Jules.

— Tu croyais que j'étais venu admirer la vue? rétorqua-t-il sèchement.

Sous le regard horrifié du petit homme, Roland sortit le révolver de sa besace, arma le chien, et le pointa vers le cadenas. L'amnésique et Jules s'empressèrent de se coller contre le mur pour ne pas être heurtés par d'éventuels éclats de métal. Roland attendit le prochain coup de tonnerre, qui ne tarda pas. Il fit feu deux fois à bout-portant et le cadenas vola en morceaux. Il rangea son arme, saisit la poignée en fer et actionna la clenche. Brandissant sa lampe, il entra.

L'air humide et froid de la chapelle sembla pénétrer jusqu'au creux de ses os. Il éclaira la pièce à la ronde. Les rares fenêtres révélaient des murs de presque un mètre d'épaisseur, tel qu'il l'avait anticipé. À gauche de la porte se dressait un bénitier en pierre grossièrement sculpté. Le lieu de culte ne contenait aucun banc. À une des extrémités se trouvait un autel de pierre et de brique. Pour le reste, l'endroit était désespérément vide.

32

Estantens,
le même jour

Roland sentit le découragement l'envahir. Il venait de gaspiller un temps précieux qui ne lui appartenait même pas. Dépité, il secoua la tête. Rahn avait-il voulu dire autre chose – avait-il même voulu dire quoi que ce soit? Peut-être devrait-il plutôt essayer de le retrouver? Mais par où commencer?

Ses yeux dérivèrent au hasard et s'arrêtèrent sur le visage d'Anna. Il y découvrit une expression qui le surprit. La mine sombre et un peu éperdue qu'était celle de l'inconnue jusque-là avait laissé place à un air de grande concentration et de quelque chose qui ressemblait à de l'excitation. Comme si elle avait senti le regard qui pesait sur elle, elle se tourna vers Roland.

— Montrez-moi la note que vous avez trouvée dans l'épée, lui demanda-t-elle, d'un ton où perçait une certaine fébrilité.

— Dans l'épée? Quelle note? intervint Jules, étonné. Personne ne m'a parlé d'une note.

— Ta gueule, Jules, rétorqua mécaniquement Roland à l'employé, qui se mit à ronchonner son mécontentement.

Sentenac fouilla dans son portefeuille et en tira le message d'Otto Rahn et le morceau de papier peint sur lequel était notée la traduction. Il tendit les deux à Anna et l'éclaira.

— *Je n'ai pu faire mieux que de profaner la tombe de Saint-Amans, dans l'ombre de l'antique croix*, cita celle-ci.

— Profaner une tombe? Euh... Vous êtes sérieux, là? fit Jules. Et puis d'abord, il n'y a pas de tombe ici. Alors, hein, pour ce qui est de profaner...

Personne ne l'écouta se plaindre. Après un temps de réflexion au cours duquel elle examina à la ronde l'intérieur de l'ancienne chapelle, Anna désigna le mur, tout près d'eux.

— À moins que quelque chose ne m'échappe, voilà la seule croix qui se trouve ici, déclara-t-elle avec un air de fin limier en pleine résolution d'une énigme.

Roland aperçut, suspendu assez haut sur le mur derrière l'autel, un grand crucifix devant lequel il était passé sans le remarquer. La croix en frêne soutenait un Christ en bois à la peinture défraîchie et aux traits en bonne partie effacés par le temps.

— Maintenant, quelqu'un voit-il une tombe quelque part? demanda l'amnésique tandis que ses yeux cherchaient partout. Rahn affirme en avoir profané une.

— Puisque je vous dis qu'il n'y en a pas, de tombe, protesta Jules dont le visage prit une teinte cireuse dans la pénombre. Vous avez qu'à regarder!

Anna prenait instinctivement la situation en main. De toute évidence, se dit Roland, cette femme était habituée à exercer une certaine autorité. Son ton assuré, son port plus droit, sa gestuelle affirmée, l'intensité de son regard, tout cela était nouveau chez elle. Elle était presque transfigurée, et il n'allait surtout pas l'interrompre. Il n'avait rien à perdre. Une fois de plus, il s'interrogea sur le hasard de moins en moins probable qui l'avait placée sur sa route dans un tas de tôle froissée.

Ils se séparèrent et firent un tour méthodique de la pièce. Au bout de quelques minutes, ils étaient de retour au même endroit, bredouilles. Pas de plaque, de dalle ou de monument, ni même la plus petite inscription indiquant la présence d'une dépouille. S'il y avait une sépulture dans cet édifice, elle était parfaitement cachée.

— Je vous l'avais dit! Bon, on peut y aller, maintenant? Il n'y a rien ici et je dois travailler, moi, demain matin. J'aimerais bien aller au lit à une heure raisonnable et avec la pluie, on n'est pas arrivés à Ussat, hein?

— Ta gueule, Jules.

Boudeur, le petit homme partit s'adosser au mur, près de la porte, les bras croisés sur la poitrine.

— *Ta gueule, Jules. Ta gueule, Jules...* Tout le monde me dit de fermer ma gueule... T'étais bien content quand je t'ai appris que cette chapelle existait.

— Ta gueule, j'ai dit.

Roland fouilla désespérément dans sa cervelle fatiguée. L'admonestation de Métatron en enfer... Les indications de Gondemar de Rossal... Le message d'Otto Rahn, le traître de Germanie annoncé par Rossal... Les mots prononcés par la mendiante, pour peu qu'il n'ait pas halluciné. De toute évidence, il existait une piste, sinon, il n'aurait trouvé ni l'épée, ni la note. Il avait dû bifurquer de chemin quelque part.

— *Agenouille-toi devant le roi mort qui n'en fut pas un*, grommela-t-il pour lui-même avec dépit.

Il réprima une furieuse envie de fracasser sa lampe contre le mur et de repartir – vers l'enfer, sans doute.

— Pardon? fit l'amnésique, près de lui.

Roland la dévisagea sans comprendre.

— Vous venez de marmonner quelque-chose, à l'instant, expliqua-t-elle. Vous avez parlé d'un mort.

— *Agenouille-toi devant le roi mort qui n'en fut pas un*, répéta-t-il. C'est la mendiante qui... euh, enfin, j'ai peut-être rêvé, mais il m'a semblé que... qu'elle... euh...

Anna ne l'écoutait plus. Son regard dardait avec intensité dans toutes les directions, à la recherche de quelque chose.

— Le roi mort... le roi mort... répétait-elle en agitant nerveusement les doigts de la main droite.

Il ne lui fallut que quelques secondes pour s'arrêter sur la croix. Ses yeux s'écarquillèrent et elle claqua des doigts. Un sourire victorieux illumina son visage.

— Évidemment! *Iesus Nazarenus, Rex Iudæorum!* s'exclama-t-elle.

— Hein? fit Roland avec un air bovin.

— Le *Titulus*[34]*!* Au sommet du crucifix. C'est le petit écriteau où il est inscrit l'anagramme I.N.R.I.

---

34. Titre.

Iesus Nazarenus, Rex Iudæorum. C'est du latin. Ça veut dire «Jésus le Nazaréen, roi des Juifs.»

Elle se tut et l'excitation la quitta aussi soudainement que l'air fuit d'un ballon crevé. Elle tourna vers lui des yeux humides, puis les baissa avec pudeur.

— Ne me demandez pas comment je sais tout ça, dit-elle d'une voix incertaine, les lèvres tremblantes. Ç'a surgi tout d'un coup, de je ne sais où. Mais je sais.

Roland se demanda comment on pouvait se sentir quand on avait des connaissances, mais pas de souvenirs personnels. N'avoir aucune identité, aucun sentiment sur la personne que l'on est devait être terrible.

— Vous vouliez un roi mort, eh bien le voilà ! cracha-t-elle avec amertume. Aux yeux de Ponce Pilate, qui l'a condamné à la crucifixion, Jésus de Nazareth n'était qu'un usurpateur, un vulgaire agitateur qui se prétendait roi des Juifs. D'où la présence du *titulus* destiné à le ridiculiser que le procurateur de Judée avait fait ajouter au sommet de la croix. Jésus fut un roi qui n'en fut jamais un. Voilà ce que je savais. Avant.

Roland balaya le crucifix sur toute sa longueur avec la lumière de la lampe. Le christ de bois fixé dessus faisait un peu moins d'un mètre de haut, estima-t-il. Il ne semblait avoir absolument rien de spécial sinon le fait qu'il ait traversé plusieurs siècles en un seul morceau. Sans doute n'avait-il même jamais quitté son mur.

— *Totenkopf.* «Tête de mort», expliqua Anna, derrière lui. Rahn voulait sans doute attirer l'attention sur la tête de ce mort-là. Sinon, pourquoi aurait-il pris la peine de signer son message de cette façon.

— Parce que... eh bien, euh... sa bague... de... de SS... il y avait une tête de mort dessus et..., euh... je pensais que... qu'il l'avait laissée là pour...

Découragé, il renonça à poursuivre une explication qui lui semblait soudain bien faible. Il reporta son attention sur le corpus.

— Il indiquait la marche à suivre, déclara Anna avec assurance.

— Alors nous devrions y jeter un coup d'œil.

Les connaissances de cette femme étaient nombreuses et riches. Tapies quelque part au fond de sa mémoire endommagée, elles semblaient ramenées à la surface par des objets et des déclics aléatoires. Roland hocha la tête et étudia la situation. Évidemment, comme rien n'était jamais facile, il ne se trouvait pas d'échelle dans la chapelle et aucune prise ne permettait de grimper au mur. Il avisa Jules.

— Approche, lui intima-t-il.

— Pour quoi faire? demanda le petit homme avec méfiance.

— De l'escalade. Allez.

Cabanac s'approcha en traînant les savates et Roland lui confia la lampe de poche.

— Je vais te faire la courte échelle, expliqua-t-il. Monte et va examiner de plus près la tête du petit Jésus.

— Je cherche quoi?

— Aucune idée.

— Ah bon...

Le damné entrelaça les doigts et se pencha. Jules mit le pied dans l'étrier ainsi créé et, sans effort, Roland le poussa vers le haut jusqu'à ce que l'employé d'hôtel se retrouve face à face avec le visage agonisant de son Sauveur, que des mains habiles avaient créé voilà des siècles.

— Tu vois quelque chose? s'enquit Roland, à bout de patience.

— Ben, euh... peut-être, oui, répondit le petit homme qui semblait s'être pris au jeu. Je crois que ce machin n'a pas été sculpté tout d'un bloc. Il y a un joint entre le cou et la tête, qui n'est pas visible d'en bas. Je me demande si... Tiens-moi bien.

En équilibre précaire, Cabanac empoigna à deux mains la tête du Christ et lui appliqua une pression pour la faire pencher vers l'avant, puis vers l'arrière, sans résultat. Il essaya ensuite de la faire pivoter. Elle commença par résister, puis un léger déclic retentit, répercuté par l'écho dans la chapelle déserte. La tête du Christ fit un quart de tour sur la droite.

— Hé ben..., fit Jules, étonné.

Roland le fit redescendre et Anna lui répondit par un haussement de sourcils impuissant. Ensemble, ils attendirent la suite, mais rien ne se produisit. Le mouvement de la tête n'avait eu aucun effet particulier.

— S'il y a un mécanisme, il est cassé, observa Roland avec une moue dépitée.

Ils demeurèrent silencieux, ni l'un, ni l'autre n'ayant de proposition à offrir. *Agenouille-toi devant le roi mort qui n'en fut pas un*, redit la vieille Henriette dans sa tête.

— Putain de merde ! s'écria tout à coup le damné, les yeux ronds. Agenouille-toi. Et si… ?

Sans réfléchir, il se laissa tomber à genoux sur la dalle qui se trouvait directement devant la croix. Ses rotules heurtèrent douloureusement la pierre qui s'enfonça un peu sous le choc. Le sol se déroba sous lui.

33

Les paupières closes, mains croisées sur le ventre, ses cheveux roux étalés sur l'oreiller, l'homme semblait dormir paisiblement, indifférent aux tourments du monde. Il était étendu sur le dos, sur ce qui ressemblait à une dalle de granit surélevée. Il reposait en plein centre d'une petite pièce carrée aux murs de pierres de taille parfaitement ajustées sur lesquels étaient accrochées quelques torches. Roland reconnut Gondemar de Rossal.

Il observa l'endroit. Il ne se rappelait pas y être entré. Les murs ne laissaient passer aucun bruit; un silence épais et oppressant régnait dans la pièce. Il ne pouvait s'agir que d'une crypte. Sur la pointe des pieds, il s'approcha de Rossal. Il ne voulait surtout pas le réveiller. Après tous les combats que ce dernier avait menés pour préserver la Vérité et sauver son âme, il avait bien droit au repos éternel. Une fois près du lit, Roland se pencha sur le visage dur où dansait la lumière des flammes. Chaque souffrance, chaque deuil étaient profondément inscrits dans les rides, les cicatrices, le froncement permanent des sourcils, les lèvres serrées et la rigidité des mâchoires. Rossal reposait, certes, mais il n'était pas serein. Roland s'attarda aux mains posées sur le ventre du guerrier. La droite était massive et puissante. Elle avait manié plus que sa part d'armes. La gauche, par contre, était flétrie, sa chair jaunie et séchée, comme si on l'avait aspergée d'acide.

— Le Teuton était beaucoup plus intelligent que toi.

Le cœur de Roland fit deux tours. Dans le silence épais, la voix graveleuse et profonde se répercuta sur les parois. Rossal avait parlé sans ouvrir les yeux. Il ne semblait même pas respirer. Seules ses lèvres avaient bougé.

— Tu n'as pas le temps de te prélasser ainsi, renchérit Gondemar, aussi immobile qu'une statue, sur le ton de celui qui se fait violence pour rester patient. Le petit Germain n'avait pas les génitoires assez solides pour aller jusqu'au bout et, de toute façon, elles appartenaient à un autre homme. Désormais, tout repose sur tes épaules uniquement, même si tes couilles ne sont pas non plus de première qualité.

Roland encaissa le reproche avec amertume. Rossal n'avait pas tort. Il ne s'était jamais distingué par sa noblesse et son courage. Il méritait le mépris. Il n'était qu'un Sentenac.

— Heureusement, poursuivit le gisant avec le même dédain, les simplets de ton espèce ont la tête aussi dure que leur cervelle est lente. Dans son infinie sagesse, Dieu a veillé à ce que le peu dont ils disposent soit bien protégé. Tu pourras donc poursuivre ta quête.

Avant que Roland ne puisse s'enquérir de la marche à suivre, Rossal se redressa brusquement et l'empoigna par le manteau pour l'attirer à lui. Il ouvrit les paupières et Roland crut mourir d'horreur. À la place des yeux, le mort n'avait que deux trous noirs et infiniment profonds dans lesquels il eut peur de tomber pour l'éternité.

— Réveille-toi, bougre de reste d'huile de reins ! tonna Rossal d'une voix remplie de haine et de condescendance qui lui glaça le sang. Ouvre ! Le Teuton y est arrivé, lui ! La Bête est déjà éveillée et, toi, tu te prélasses comme un matou bien gras ? Réveille-toi, te dis-je ! Pardieu, mon maître d'armes m'aurait fait manger mon vit tout cru pour moins que ça !

Il ponctuait chaque nouvelle insulte en secouant Roland comme un fétu de paille.

— Le massacre ne peut plus être évité, mais chaque instant perdu augmente son ampleur ! Avance, morbleu ! Babylone ou Sion. À toi de décider. Mais, par les tétins de la Vierge Marie, je te tannerai la peau du cul et je m'en ferai des gants si tu ne te lèves pas tout de suite, misérable fiente !

Roland essaya de se libérer de l'emprise du guerrier. En vain. La force du mort n'était pas humaine. Une lumière aveuglante jaillit des orbites vides et il se sentit projeté vers le haut.

Ce fut la lumière qui le ramena à lui. Même les paupières closes, il en était aveuglé. Puis vinrent les voix.

— Ho ! Hé ! Sentenac ! Tu m'entends ? T'es mort ?

Étrangement, la voix de Jules semblait provenir de quelque part au-dessus de lui. Le petit imbécile était-il encore suspendu au crucifix? Roland essaya de lui répondre, mais sa bouche refusa de lui obéir. À peine parvint-il à émettre un soupir rauque.

— Ça te ferait trop plaisir... parvint-il à articuler.

— Vous vous êtes fait mal, Roland?

La voix d'Anna était remplie d'anxiété. La lumière insistante l'empêchait d'ouvrir les yeux et lui donnait mal à la tête.

— Sentenac? insista la voix de Jules, de là-haut. T'es en un morceau?

— Ta gueule, Jules, maugréa finalement Roland en revenant à lui.

— Le revoilà déplaisant, grinça ce dernier. Rassurez-vous, mademoiselle, Sentenac est bien vivant.

— Au moins, il bouge, chuchota Anna à l'intention de Jules. Il faut trouver une échelle, une corde, quelque chose pour l'aider à sortir de là.

La lumière fut dirigée de côté et Roland entrouvrit les paupières. Jules et Anna le regardaient à travers une ouverture carrée au plafond. Il secoua la tête pour s'éclaircir les idées. Il roula sur le côté droit et réussit à s'asseoir en grimaçant. Son dos lui faisait mal, mais il semblait n'avoir rien de cassé.

Où se trouvait-il exactement? Il se souvenait de s'être agenouillé devant le crucifix après que Jules eut fait pivoter la tête du corpus. Après cela, c'était le trou noir, puis les admonestations rageuses et menaçantes de Gondemar de Rossal. Décidément, cet homme semblait avoir élu domicile dans ses songes, où il lui passait des messages flous. Il savait pourtant mieux que personne combien la piste était difficile à suivre. Ne pouvait-il faire mieux? C'était à croire que tout le monde se liguait pour le faire enrager et lui compliquer la tâche.

Il jeta un coup d'œil autour de lui, mais il faisait aussi noir que dans le cul du diable. Il fit un effort pour se remettre debout. Le sol tangua sous ses pieds et, pendant quelques secondes, il eut la tête légère. Quand tout se fut stabilisé, il fixa l'ouverture. Il rajusta la sangle de sa besace sur son épaule.

— Lance-moi la lampe, ordonna-t-il.

— Attrape.

Jules allongea le bras dans l'ouverture et laissa tomber l'objet demandé, que Roland saisit au vol. Il fit courir le faisceau en pivotant lentement sur lui-même. La petite chambre, dont l'air ambiant était parfaitement sec, avait été creusée à même la pierre et la terre. Elle était soutenue aux quatre coins et au plafond par une maçonnerie grossière et des poutres qui semblaient sur le point de se rompre. Rien à voir avec la crypte solide de son rêve. Il repéra une échelle par terre, le long d'un mur. Elle était très vieille et plusieurs de ses échelons étaient vermoulus, mais elle lui permettrait probablement de sortir de cet endroit s'il y allait doucement.

Le faisceau lumineux s'arrêta sur une structure rectangulaire massive en pierre qui avait des allures d'autel. Roland s'en approcha. Sur la plate-forme se dessinait la silhouette d'une forme humaine allongée sur le dos.

34

L'ouvrage avait été magistralement exécuté. L'effigie en pierre était plus que réaliste. Elle représentait Gondemar de Rossal. L'homme qu'il avait rencontré en enfer et dans ses rêves avait bel et bien existé. Il avait été de chair et de sang. Ce gisant en était la preuve. Une bouffée d'émotion monta en Roland. Par-delà les siècles, le guerrier et lui partageaient une même destinée.

Rossal semblait reposer paisiblement. Il était drapé dans une cape aux plis parfaitement reproduits. L'œuvre était magnifique. Sentenac s'attarda ensuite sur le visage, si réussi qu'il crut presque que le guerrier endormi depuis des siècles allait se redresser pour l'admonester encore. Il était beaucoup plus âgé que dans ses rêves, sans doute tel qu'il était au moment de son trépas. Ses joues étaient creusées et ses cheveux, rares. Un vieillard.

— On se retrouve, murmura Roland en souriant un peu, comme il l'aurait fait à un vieil ami.

Ainsi sculpté dans la pierre, Rossal l'avait attendu pendant des siècles, lui et personne d'autre, sous la chapelle Saint-Amans. Il ne saurait jamais si l'intervention d'Otto Rahn avait été prédestinée ou si elle avait constitué un accident de parcours, mais il était au bon endroit. Il avait une vraie chance de sauver son âme.

— Qu'est-ce que c'est? s'enquit Anna, du ton urgent et un peu excité de celle qui ne voulait rien manquer.

L'intervention de l'amnésique arracha Roland à sa contemplation. En se fiant à l'expérience récente, elle risquait fort de lui apporter une aide inattendue. Il ramassa l'échelle et la poussa vers l'ouverture par laquelle il était tombé. Environ trois mètres plus haut, Jules étira le bras pour la saisir et l'appuya contre le rebord du trou.

— C'est solide, ce truc? s'inquiéta-t-il.

— Je ne sais pas. Sois galant et teste-la, rétorqua Roland. Tu verras bien. Comme ça, si un cou se brise, ce sera le tien, pas celui de la dame.

— Tu sais, Sentenac, je te préfère inconscient, grinça Jules.

— L'inverse est vrai aussi, le menaça Roland.

En maugréant, Jules se mit à genoux sur le plancher de la chapelle, posa un pied sur le premier échelon et en testa prudemment la résistance. Plus ou moins rassuré, il se mit à descendre en répétant l'opération à chaque pas. Arrivé en bas, il soupira de soulagement. Roland l'écarta brusquement.

— À vous, maintenant, ma petite dame, lança-t-il à l'intention d'Anna.

Sans hésitation, celle-ci s'engagea sur les échelons. Roland réalisa que, de leur position, Jules et lui avaient une vue impeccable sous sa jupe et que le spectacle des cuisses et des fesses fermes n'était vraiment pas à dédaigner. Il se tourna vers Jules qui, lui, se rinçait l'œil sans le moindre scrupule et il mit fin à son plaisir par une violente bourrade sur l'épaule.

— Aïe ! lâcha le petit homme en portant la main à l'endroit douloureux.

— Cochon ! chuchota Roland. Regarde ailleurs.

— De quoi tu te mêles ?

— Tu veux une autre baffe ? gronda Sentenac en levant la main droite, prêt à passer de la parole aux actes.

Jules recula d'un pas pour éviter de se faire dévisser à nouveau la tête. À cet instant, un petit cri aigu retentit. Roland leva les yeux en tendant instinctivement les bras. Anna avait glissé sur un barreau particulièrement vermoulu, mais s'était retenue à deux mains à un autre.

— Ça va aller ? demanda-t-il.

— Oui, répondit-elle avec détermination, en reprenant sa descente. Plus de peur que de mal.

Elle fut bientôt avec les deux hommes au fond de la crypte. Elle scruta l'endroit avec une curiosité évidente.

— Oh ! lâcha-t-elle, visiblement surprise.

— Bon, qu'est-ce qu'on fait ici ? s'enquit Jules, moins impressionné que les deux autres et pressé de repartir.

Roland éclaira le gisant à quelques pas d'eux.

— On ouvre ça, lâcha-t-il d'une voix neutre.

En apercevant le tombeau, Jules blêmit.

— Putain… T'es pas sérieux, là…

— Si.

— Si tu crois que je vais profaner une tombe pour te faire plaisir, t'es encore plus fêlé que je le croyais, Sentenac. Ouvre-le toi-même, ton tombeau ! Et ensuite, on retourne à Ussat avant que les flics se pointent. J'ai accepté de te conduire jusqu'ici, pas de déranger des morts !

L'amnésique s'était approchée du gisant et en caressait la surface en le considérant avec un regard admiratif.

— Qui c'est ? demanda Jules en toisant à son tour l'effigie de pierre.

— Gondemar de Rossal.

— Tu le connais ?

— On peut dire ça, oui. C'est presque un copain.

Anna lui décocha un regard intrigué, mais ne dit rien. Elle se mit à tourner lentement autour du tombeau en s'attardant particulièrement au joint entre la silhouette du gisant et la dalle sculptée qui le fermait. Elle semblait bien décidée à percer cette nouvelle énigme.

— Il doit y avoir un mécanisme quelque part, dit Roland. Rahn l'a ouvert tout seul.

Ouvre ! Le Teuton y est arrivé, lui ! lui avait intimé le guerrier d'un autre temps. Une fois de plus, à sa façon, Gondemar lui avait indiqué la marche à suivre.

— Jules, aide-moi.

— Non. Pas question.

— Plus vite on aura fini, plus vite on repartira.

Cabanac soupesa l'argument, qui était logique, et soupira, résigné. Il s'approcha du gisant.

— C'est vrai que si la petite lopette y est arrivée... reconnut-il avec un haussement de sourcils contrarié. Doit y avoir un truc, parce qu'il était pas équipé pour aller à la guerre, le précieux. C'est moi qui vous le dis !

Les deux hommes se mirent en position. Roland appuya l'épaule droite contre la pierre tandis que Jules trouvait une prise à deux mains sur le bras de l'effigie de Rossal.

— Prêt ?

— Mouais... ronchonna Jules.

— À trois. Un... deux... trois !

Ils appliquèrent simultanément toute la force dont ils étaient capables. Rien ne se passa. Ils répétèrent la tentative à quelques reprises, sans plus de succès.

— Tirez au lieu de pousser, suggéra Anna. Peut-être que ça s'ouvre de l'autre côté.

Ils trouvèrent des prises, plantèrent les talons dans la terre battue et tirèrent. Le lourd couvercle de pierre n'offrit pratiquement aucune résistance.

35

Pris au dépourvu, les deux hommes perdirent l'équilibre. Roland fit quelques pas maladroits vers l'arrière et, au prix de plusieurs moulinets avec les bras, parvint à se maintenir sur ses pieds. Moins alerte, Jules se retrouva sur le derrière. Embarrassé, il se releva aussi vite que s'il avait rebondi sur le sol. Il revint vers eux de fort mauvaise humeur en frottant son fond de culottes.

Roland repéra vite l'ingénieux système de petits rouleaux de pierre aménagé dans les côtés, qui avait permis au couvercle de glisser avec tant de facilité, un peu comme un roulement à billes, songea-t-il.

— Pas surprenant que la petite pédale soit arrivée à l'ouvrir, observa-t-il. Un enfant aurait pu le faire.

Anna et lui se tenaient à côté du tombeau maintenant ouvert dans une attitude proche du recueillement et observaient le corps momifié d'un homme. Le regard posé sur celui qu'on avait allongé dans ce dernier repos voilà des siècles, le damné sentit la compassion, la sympathie, la pitié et le respect se confondre en lui. Le mélange de sentiments qu'il éprouvait pour cet homme qu'il n'avait connu qu'en songe – si les quelques échanges en forme de paraboles avaient même été autre chose que les fruits de son imagination ou la façon qu'avait trouvée l'archange pour le guider – le prit totalement au dépourvu.

Dans la mort, Gondemar de Rossal conservait une part de sa dignité, et en imposait encore. Quelques touffes de cheveux blancs s'accrochaient toujours au crâne parsemé de taches sombres. Son visage avait gardé les marques imprimées par la vie qu'il avait menée. Les lèvres desséchées étaient retroussées en un rictus sinistre qui dévoilait des dents jaunies, lui conférant un air un peu cruel et sauvage. L'amertume se lisait encore aux commissures des lèvres qui descendaient vers le bas. Le front était parcouru de plis causés par les froncements trop fréquents de l'homme soucieux, sévère et colérique.

Sa peau parcheminée avait pris une teinte brunâtre et semblait avoir la texture du cuir. Rossal avait été déposé dans le tombeau, enveloppé dans un drap blanc dont il ne restait que quelques lambeaux crasseux. Sa jambe droite était repliée sur la gauche de façon à former le chiffre quatre. Ses vêtements de tissus grossiers n'étaient plus que des fragments fragiles et décolorés. Des morceaux de cuir étaient encore collés à ses pieds, reliquats de bottes qui avaient sans doute beaucoup marché.

Tout cela n'était rien en comparaison du regard accusateur que lançaient les orbites vides et sombres.

Roland se rappela les reproches que celui qui gisait là lui avait formulés, et il en eut un frisson. Ces yeux devaient en avoir transpercé plus d'un. Assurément, Gondemar de Rossal avait été le genre d'homme qu'on préférait ne pas indisposer.

Roland laissa son regard errer sur le cadavre desséché.

— Maintenant quoi? chuchota-t-il.

Une pulsion irrésistible s'empara de lui. Il avait besoin de voir de ses propres yeux ce qu'il savait déjà, d'avoir la preuve matérielle et tangible qu'il n'était pas le seul, qu'un autre que lui avait suivi le même chemin et souffert les mêmes tourments. Il balaya les quelques morceaux de tissu qui recouvraient encore l'épaule gauche du mort. Brûlée dans la chair devenue cuir, la croix était toujours bien visible.

Roland ferma les yeux et baissa la tête avec révérence. Gondemar de Rossal avait bel et bien été damné et, selon ses propres dires, il avait trouvé le repos. Cette dépouille était l'incarnation de ses propres espoirs. S'il se montrait à la hauteur de cet homme, peut-être arriverait-il à éviter les flammes éternelles de l'enfer, lui aussi. Il devait s'accrocher à cette espérance. C'était la seule qu'il avait.

Jules interrompit brusquement ses méditations.

— Il n'y a rien d'autre, là-dedans? s'enquit-il en étirant le cou pour regarder dans le tombeau avec une cupidité évidente, indifférent à la présence du cadavre.

— Ne touche à rien, sinon je te casse le bras sur ma cuisse. T'as compris?

— Ouais, ouais… Compris ! grommela le petit homme.

La moue de bravache qu'il retourna à Roland ne l'empêcha pas de reculer prudemment de deux pas.

— Roland, regardez ! intervint Anna, soudain en alerte.

— Quoi ?

— Là, sous ses mains, précisa l'amnésique.

Les mains en question, brunâtres et desséchées, étaient jointes sur la poitrine du guerrier, les doigts entrelacés – la droite saine, la gauche racornie, comme dans son rêve, nota-t-il. Elles avaient sans doute été posées sur la poignée de Memento, placée sur sa poitrine, jusqu'à ce qu'Otto Rahn perturbe la sépulture.

Il se pencha et examina les mains de Rossal. Quelque chose en dépassait. Oubliant son dégoût, il les souleva. Dessous se trouvait une enveloppe marquée du sceau de la *Schutzstaffel*.

36

Roland attrapa les deux poignets du mort et lui souleva légèrement les bras, avec tous les égards dus à leur propriétaire qui, il en était convaincu, ne s'offusquerait pas trop du fait que son dernier repos soit dérangé par son successeur. Avec un calme surprenant, Anna glissa le pouce et l'index sous les mains desséchées que Roland soutenait toujours, saisit le coin de l'enveloppe avec ses ongles et tira le tout vers elle sans jamais toucher le cadavre. Il redéposa les membres de Gondemar de Rossal sur sa poitrine et se retourna vers l'amnésique qui avait déjà décacheté leur nouvelle trouvaille.

L'enveloppe était en banal format lettre et ne portait ni timbre, ni adresse. Anna en sortit une feuille de taille ordinaire pliée en trois. Roland s'approcha pour en voir le contenu. Quelqu'un avait couvert le recto de lignes écrites à la mine. Dans son portefeuille, il repêcha la note originale de Rahn et les compara. Les mêmes pattes de mouche serrées et nerveuses y figuraient.

— C'est la même écriture, lui confirma-t-elle.

— En allemand aussi ?

— Oui.

— Qu'est-ce que ça dit ?

— Vous ne préférez pas remonter avant ?

La jeune femme jeta un coup d'œil inquiet vers l'échelle et l'ouverture au plafond.

— Autant voir maintenant que de redescendre ensuite, rétorqua-t-il.

Il déplia le morceau de papier peint, sortit le bout de crayon de sa poche et s'installa sur le bord du tombeau, dont l'occupant devait soudain trouver qu'il était plutôt fréquenté.

— Allez-y, lâcha-t-il, prêt à noter.

Anna hocha la tête et se concentra sur le message d'Otto Rahn. Roland l'observa à la dérobée. Il devait lui faire confiance mais, même si elle lui était fort utile, voire indispensable, il ne savait toujours pas qui elle était. Après une courte réflexion, elle traduisit la note sans trop d'hésitations.

Qui que tu sois, si tu lis ceci, c'est que, comme moi, le sort t'a condamné à découvrir des choses qu'il vaut mieux ignorer.

Pendant des années, j'ai cherché en vain le Saint Graal. J'ai publié des livres qui affirmaient qu'il n'était pas chrétien, mais bien une relique de l'antique religion nordique autour de laquelle le Troisième Reich rêve d'unifier l'Europe et, éventuellement le monde. C'était ce que

Himmler voulait entendre. Il faut bien manger. Puis, un jour, tout a changé, comme si une force invisible me guidait vers le trésor que je n'avais jamais trouvé. Dans une grotte des Pyrénées aménagée en une sorte de temple vers le douzième siècle, j'ai découvert un testament laissé par le sieur Gondemar de Rossal, qui gît ici. Si j'avais su que ce document me coûterait l'amour, ma vie et, probablement, mon âme, je l'aurais brûlé sans même le lire. Mais, comme toi, je n'ai été qu'un instrument, un pion sur l'échiquier, et la partie était jouée par infiniment plus puissant que moi.

Roland se figea. Rahn faisait allusion à une intervention du sort, à une force invisible qui l'avait guidé et à des enjeux qui le dépassaient. Ses préoccupations métaphysiques étaient palpables. Son désarroi de même. Avait-il été damné, lui aussi? Dans ce cas, retrouver le tombeau de Gondemar avait-il suffi à sauver son âme? Il réalisa qu'il avait cessé de noter et que son regard s'était perdu dans le vague, ce qui lui attira un air perplexe d'Anna. D'un signe impatient de la main, il l'invita à poursuivre sa traduction.

Si ce qu'il y raconte est vrai – et je n'ai aucune raison de croire que ce ne soit pas le cas – alors les deux derniers millénaires n'ont été qu'une vaste supercherie. Le testament est maintenant entre les mains du SS-Reichführer Heinrich Himmler et deviendra assurément l'assise à sa folle entreprise d'unification de l'Europe et, éventuellement, du monde autour d'une foi païenne commune. Je regrette d'autant plus amèrement cette situation que c'est moi qui le lui ai remis. En cela, de deux maux, j'ai choisi le moindre. Les menaces et les violences qui sont venues de toutes parts, l'enlèvement d'une personne qui m'est chère et le chantage qui s'en est suivi, mon expulsion de la Schutzstaffel, déguisée en démission, et la promesse prochaine de ce qui aura sans doute toutes les apparences d'un suicide, tout cela, ajouté aux quelques indices dont je dispose grâce à mes recherches, me laisse soupçonner qu'il existe quelque chose de bien pire que ce que savait Rossal.

Certaines factions convoitent ce secret depuis des millénaires. Elles sont puissantes, désespérées et sans scrupules. Une banale légende locale – ou une force occulte – m'ayant permis de découvrir le tombeau du sieur de Rossal, j'ai rassemblé le peu de courage que je possède pour tenter de soustraire à ces gens l'indice découvert dans l'épée. Méfie-toi du Reich, de Babylone ou de Sion. Les trois sont affamés et, peu importe qui s'empare de l'abomination que je soupçonne, le monde ne sera plus jamais pareil. À toi d'identifier à ton tour le moindre mal.

Savoir ce qui ne doit pas être su est un fardeau qui s'est révélé bien trop lourd pour mes frêles épaules. J'en paie déjà le prix et je le paierai encore plus chèrement sous peu. Ils vont bientôt me retrouver et me faire disparaître. Je suis déjà mort. Puisses-tu mener la quête à son terme. Que le dieu auquel tu crois soit avec toi. Tu auras besoin de son aide. VIRTUS JUNXIT MORS NON SEPARABIT.

SS-Obersturmführer Otto Rahn

2 mars 1939

— C'est tout? s'étonna Roland.

— C'est suffisant, vous ne trouvez pas? répliqua Anna.

— Euh, Roland? fit Jules, derrière eux.

— Ta gueule, Jules. Si t'as envie de pisser, retiens-toi ou fais un nœud dedans.

Le visage chiffonné par l'effort que la concentration avait toujours exigé de lui, Roland relut la traduction du message de Rahn en se frottant le menton. Il remarqua à peine sa barbe de plusieurs jours, lui qui s'était toujours rasé le matin. Puis il compara le contenu des deux notes du SS.

— Hum... Encore le Saint Graal, fit-il, songeur. Nous savons par la femme de chambre des Marronniers que Rahn était sur sa piste depuis plusieurs années. Il est venu dans cette crypte autour du 2 mars dernier et il a ouvert le tombeau. L'épée devait se trouver sur la poitrine du mort. Soit il a découvert que la poignée creuse se dévissait, soit il l'a lui-même modifiée pour transmettre son message. En l'utilisant, il fournissait en quelque sorte la preuve matérielle de ce qu'il avançait. Il est retourné aux Marronniers et il a caché l'épée sous le plancher de la chambre numéro 4.

— Au fait, comment avez-vous su que l'épée était sous le plancher, dans la chambre? s'enquit Anna.

— J'en ai rêvé, admit-il. Je sais, c'est difficile à croire.

— Roland? insista Jules. Je ne veux pas interrompre votre scintillante conversation, mais il faudrait penser à remonter.

— Remonte si tu veux, mais laisse-moi la lampe.

— Justement…

— Ta gueule.

Roland reporta son attention sur le message. Sion et Babylone y revenaient. Les allusions étaient les mêmes que dans l'autre message si ce n'est que, cette fois, il citait aussi le Reich. Rossal aussi en avait parlé. L'archange avait fait allusion à la Bête et à Sion. La Bête et le Reich étaient-ils une seule et même chose?

Il y avait aussi des éléments nouveaux. D'une part, Rossal avait, semblait-il, été dépositaire d'un secret si grave que Rahn en avait été terrifié. Il ne révélait pas sa nature, mais précisait que les nazis le connaissaient et qu'ils pourraient s'appuyer sur lui pour conquérir l'Europe. À cela, il ne pouvait rien changer. Par contre, l'*Obersturmführer* affirmait l'existence d'un autre secret, une chose qu'il qualifiait d'« immonde » et d'« abomination ».

Anna écarta distraitement une mèche de cheveux blonds qui lui tombait sur la joue. Tout à coup, ses yeux bleus s'agrandirent et sa bouche forma un « O ». Elle se mit à relire furieusement la lettre.

— *J'ai rassemblé le peu de courage que je possède pour tenter de soustraire à ces gens l'indice que j'ai découvert dans l'épée!* s'exclama-t-elle en agitant le papier dans les airs. Il y avait donc quelque chose dans l'épée. C'est évident. Et si cette chose a été remplacée par son propre message…

— C'est qu'il l'a mise ailleurs, compléta Roland.

37

Du regard, Roland fit une nouvelle fois le tour de la crypte. Hormis le tombeau de pierre, elle était désespérément vide.

— On ne va quand même pas démonter la pièce pierre par pierre.

Un sourire énigmatique éclaira le visage de l'amnésique.

— Ce ne sera pas nécessaire. *Virtus junxit mors non separabit.* « Ce que la vertu a uni, la mort ne le séparera pas ».

— Le latin aussi... Y a-t-il une langue que vous ne parlez pas ?

— Quelques-unes, j'imagine. Mais le message paraît assez clair, non ? La mort qui ne sépare pas les choses...

Son regard descendit jusqu'au tombeau et Roland comprit ce à quoi elle faisait allusion.

— Putain de Vierge Marie, soupira-t-il, excédé.

— Roland! lui reprocha Jules.

— Ta gueule, Jules.

— Non, ça ira.

— Bien. Éclaire-moi, plutôt.

— Ben, justement...

Roland se pencha sur le cadavre et commença par inspecter chaque recoin du corps en espérant que cela suffirait, sans se faire d'illusions. L'amnésique en fit autant, mais en vain. Il ne semblait rien y avoir d'autre que des chairs racornies et desséchées, des cheveux çà et là et des lambeaux de tissus pourris.

— Vous savez ce qu'il vous reste à faire, déclara Anna avec une moue malaisée.

— Mouais...

La fin justifiant les moyens, Sentenac inspira profondément et retint son souffle. Puis il glissa les mains sous le cadavre et le souleva. Droit comme une planche, le guerrier de jadis ne pesait presque rien, mais sa légèreté compensait amplement la répulsion et la nausée qu'il engendrait chez celui qui le portait.

— Vous voyez quelque chose? s'enquit Roland en essayait de ne pas respirer la poussière qui dansait autour du mort.

— Non. Désolée.

Il remit doucement Gondemar de Rossal au fond de son tombeau de pierre puis se détourna pour relâcher son souffle et inspirer quelques grandes bouffées d'air. Il ne put se retenir de se racler la gorge et de cracher par terre, le goût de la mort lui emplissant la bouche.

— Il reste un endroit où nous n'avons pas regardé, annonça l'amnésique.

— Vous m'en direz tant... Et je parie qu'il est désagréable. Lequel?

— Totenkopf...

Il la dévisagea, hébété. Il ne voulait surtout pas comprendre ce qu'elle venait d'insinuer.

— «Tête de mort», précisa-t-elle. Il a pris la peine de signer comme ça le message laissé dans l'épée. La tête du mort...

— Non...

— C'est comme vous voulez, dit-elle en haussant les épaules. Mais si vous tenez à trouver ce que vous cherchez, il serait préférable de ne laisser aucune piste inexplorée.

— Je déteste votre logique.

— Je l'imagine bien. Néanmoins...

— Bon, bon...

Il soupira avec irritation, puis approcha les mains du visage de celui qui, voilà des siècles, avait parcouru le même chemin de croix que lui et qui, étrangement, était devenu quelque chose comme un mentor onirique.

— Désolé, chuchota-t-il.

Il fourra les doigts de la main droite entre les dents de Gondemar de Rossal et écarta ses mâchoires. Un craquement monta et la mandibule se disloqua. Il grimaça et ravala avec difficulté un haut-le-cœur tandis qu'il fouillait plus profondément la bouche. Il sentit quelque chose et referma les doigts dessus.

Il en sortit un vieux parchemin roulé aussi serré qu'une cigarette. De toute évidence, il avait passé des siècles dans le manche de l'épée avant que Rahn ne l'en retire pour y mettre son propre message.

Roland déroula avec précaution le document friable qui se fendit en plus d'un endroit. L'encre avait passablement pâli, mais demeurait lisible. Les mots, par contre, n'étaient que charabia. Une fois encore, il dut s'avouer vaincu.

— Vous savez ce que ça dit? demanda-t-il, excédé, en le tendant à Anna.

Alors que l'amnésique posait les yeux sur le document, la lumière vacilla et les ténèbres enveloppèrent la crypte. Un petit cri aigu monta dans le noir.

Par réflexe, Roland ouvrit grand les yeux, mais les ténèbres étaient si épaisses qu'il ne voyait même pas ses mains. Tous les sens aux aguets, il resta figé, à l'affût du moindre bruit suspect. Il n'entendit rien, sauf la voix désagréable de Jules.

— Depuis un bon moment que j'essaie de te dire que la pile de ta foutue lampe se meurt. Mais non! Tu n'en as que pour ton macchabée et ses petits papiers!

— Jules?

— Quoi?

— T'as des allumettes?

— Ben oui.

— Alors qu'est-ce que t'attends, imbécile? tonna Roland.

Deux ou trois secondes plus tard, le craquement d'une allumette monta. Une lumière faible et vacillante remplit la crypte. La mine contrite de Jules s'assombrit sous le regard écrasant de Roland, qui se désintéressa cependant de lui aussi vite. L'amnésique semblait terrifiée. Même dans la pénombre, il était évident que son visage avait blanchi de quelques tons. Roland la lâcha pour la toiser avec un mélange d'inquiétude et de méfiance. Il osa lui mettre la main sur l'épaule et elle se laissa faire.

— Ça va? lui demanda-t-il en serrant un peu.

— O-Oui... J'ai été surprise, c'est tout, expliqua-t-elle d'une voix encore mal assurée.

Elle ravala sa salive avec difficulté. Un frisson la parcourut malgré son manteau et la façon dont elle s'enveloppa de ses bras lui donna un air de petite fille fragile. Après une pause, elle entreprit de s'expliquer sans qu'il ait à poser de question.

— Le noir... dit-elle d'une voix frêle en frémissant. Quand le noir est tombé, je... j'ai soudain eu peur. Ça m'a rappelé quelque chose. Quelque chose de très déplaisant.

— Quoi?

Son visage se chiffonna sous l'effort de concentration qu'elle consentait, mais elle finit par hocher lentement la tête.

— Je ne sais plus, admit-elle d'une voix éteinte en haussant les épaules avec résignation. C'était juste une image. Quelque chose qui m'a semblé familier. La mort. Je sais que la mort était là.

Un nouveau frisson la parcourut. Roland ressentit une grande compassion pour elle et eut envie de la prendre dans ses bras. Il résista et se contenta d'échanger avec elle un regard compréhensif. Lui aussi avait vu la mort.

— Ouille! fit Jules.

Les ténèbres retombèrent momentanément tandis que le petit homme craquait une nouvelle allumette. Une fois de plus, Anna couina de peur. Quand la lumière se fit à nouveau, Cabanac suçait son index brûlé.

— Merde. Je vais avoir une cloque, râla-t-il.

Indifférente aux malheurs de leur compagnon, Anna adressa un sourire nerveux à Roland.

— Ça vous est revenu ? s'enquit ce dernier.

— Non.

Après un effort pour secouer sa torpeur, elle reporta son attention sur le message de Gondemar de Rossal et tendit la main pour le saisir. Roland le lui remit. Elle l'examina un peu en fronçant les sourcils, une moue sceptique faisant saillir sa lèvre inférieure, toute trace de la femme effrayée effacée par l'autre, celle qui décortiquait un texte avec une froide compétence.

— C'est en vieille langue d'Oc, déclara-t-elle avec étonnement.

Roland n'était pas vraiment surpris qu'elle connaisse aussi cette langue. On aurait dit que la pauvre femme avait été mise sur son chemin pour décoder tout ce qui se dévoilait à lui. Compte tenu de la façon dont toute sa quête semblait être préparée d'avance, cela n'avait rien de si délirant.

— C'est beaucoup moins facile que l'allemand, mais il me semble tout comprendre.

Il reprit le bout de papier peint, sur lequel l'espace commençait à se faire rare, et attendit, bout de crayon en main.

— Je vous écoute.

L'amnésique fronça les sourcils. Il lui fallut beaucoup plus de temps que pour les messages d'Otto Rahn.

— Ho ! On va finir par manquer d'allumettes, avertit Jules.

— Tu en as encore combien?

— Une douzaine.

— On fera avec.

— Je crois que ça y est, annonça Anna. C'est un peu... nébuleux.

Elle prit encore un moment et s'exécuta.

Dans le Temple de Jacques, à Montsaunès, le portier te tirera la langue quand tu franchiras le seuil du Sanctum Sanctorum. À la demie de treize et de trois, sous la garde de l'archange, du démon et de la Dame en noir, tu trouveras la Vérité.

Gondemar de Rossal
Cancellarius Maximus

38

L'*archange*. Ce seul mot suffit à faire frémir Roland d'appréhension. Mais devait-il s'en étonner? Après tout, Rossal avait connu Métatron, lui aussi. Puis la frustration s'empara de lui. Dans toute cette histoire, se trouvait-il quelqu'un capable d'écrire autrement qu'en paraboles? Devait-il obligatoirement participer à une chasse au trésor?

— Maintenant, nous connaissons le message que Rossal voulait transmettre avant que Rahn ne s'en mêle, dit Anna.

Elle s'approcha un peu plus, et ils relurent le texte qu'il venait de noter.

Les ténèbres tombèrent à nouveau.

— Voilà, voilà, ça vient, s'empressa de dire Jules, avant qu'on n'ait le temps de lui faire le moindre reproche.

Une allumette craqua et la lumière revint. Ils reprirent leur lecture.

— Le temple de Jacques... Le portier qui fait la grimace... Le Sanctum Sanctorum... Treize et trois... l'archange, le démon et la Dame noire... Vous comprenez quelque chose à ce charabia, vous? s'enquit Roland, irrité.

— Non, admit Anna, manifestement à contrecœur.

— Moi si, intervint Jules.

Incrédules, les deux autres se retournèrent vers lui.

— Toi?... fit Roland.

— Je sais où se trouve Montsaunès, précisa Jules.

— C'est loin d'ici?

— En voiture, peut-être quarante-cinq minutes vers le Sud.

— Très bien. On y va, déclara Roland, d'un ton résolu.

— Là, tout de suite? rétorqua l'employé. T'avais dit qu'on reviendrait à l'hôtel ce soir. Faut que j'y retourne, moi. J'ai un boulot. Pas comme toi. Déjà que je suis parti sans prévenir... Le patron ne sera pas content.

— Je n'ai rien dit de tel, rétorqua Roland. Tu as simplement présumé que je te ramènerais et je ne t'ai pas contredit. Et je te rappelle que je te paie pour être ici. Avant que tu le demandes: non, je n'ajouterai pas un centime.

Roland rassembla tous les papiers et les rangea dans son portefeuille, qu'il remit ensuite dans la poche de son manteau. Du menton, il désigna l'échelle.

— Montez et attendez-moi là-haut. Je vous rejoins. J'ai quelque chose à faire avant. Jules, laisse-moi quelques allumettes.

Le réceptionniste de l'hôtel s'empressa d'obtempérer et lui en déposa trois dans la main. Roland le remercia d'un hochement de la tête et en craqua une. Ses compagnons s'engagèrent sur la vieille échelle. Jules passa à regret le premier à la suite d'un regard d'avertissement le prévenant en silence qu'un nouveau coup d'œil sous la jupe était proscrit.

Quand il fut seul, Roland considéra le cadavre de Gondemar de Rossal. Courageux jusque dans la mort, cet homme avait gardé pendant des siècles un message destiné à son successeur – sa dernière mission dans une vie qu'il avait sans doute été pressé de quitter. Peut-être même l'avait-il endurée plus longtemps qu'il ne l'aurait souhaité pour venir en aide à un homme qui ne viendrait que bien plus tard. Avait-il su qu'un autre viendrait après lui, ou l'avait-il seulement soupçonné? En avait-il reçu la révélation? De la bouche de Métatron?

— Merci, murmura Roland.

La main sur sa besace, il considéra en sortir l'épée pour la remettre à sa place, sur la poitrine du mort, mais y renonça. Peut-être l'arme avait-elle encore un rôle à jouer, autre que de préserver le message de Rossal. Il fit le tour du tombeau, appuya son épaule contre le gisant de pierre et, en poussant un peu, actionna le mécanisme de roulement. La lourde dalle sculptée à l'effigie de son occupant s'ébranla sans difficulté et retomba en place avec un choc sourd.

Roland enflamma la seconde allumette avec ce qu'il restait de la première et jeta un ultime regard au gisant. Peut-être trouverait-il le salut, lui aussi? Il se dirigea vers l'échelle et y grimpa. Quelques échelons plus tard, il émergeait dans la chapelle Saint-Amans, où Anna et Jules l'attendaient, tel que convenu, allumette en main. Il tira l'échelle par l'ouverture et l'appuya contre le mur du chœur, devant le grand crucifix.

— Va lui remettre la tête en place, ordonna Roland en craquant une des allumettes restantes.

Le petit homme obtempéra et gravit les échelons pour empoigner à deux mains la tête du Sauveur. Il essaya de la faire pivoter dans l'autre sens sans y arriver. Une nouvelle tentative, plus énergique et accompagnée de grognements, ne fut pas plus fructueuse.

— Ça marche pas, dit-il en dévisageant Roland, au pied de l'échelle. Je fais quoi?

— Descends, imbécile! gronda ce dernier.

Jules obtempéra. Roland grimpa à son tour, empoigna solidement la tête du Christ en bois et tenta de la faire pivoter. Constatant qu'elle résistait, il augmenta la pression. Un craquement sec retentit et la tête lui resta dans les mains.

— Saloperie...

— Tu viens de décapiter le petit Jésus, railla Jules, en bas.

— Ta gueule.

Roland redescendit et, faute de mieux, déposa la tête du Sauveur sur l'autel. Son regard glissa vers le plancher où l'entrée de la crypte demeurait ouverte. Tant pis. Le pauvre Rossal n'avait pas fini de voir défiler les visiteurs.

— On y va, dit-il en prenant la direction de la porte. Il lui tardait d'atteindre Montsaunès. Une fois là-bas, peut-être que toute cette histoire toucherait à sa fin.

Anna et Jules lui emboîtèrent le pas. Ils sortirent de l'église et furent surpris de découvrir que, pendant qu'ils exploraient la crypte secrète, la nuit était tombée. La pluie s'était arrêtée et les nuages étaient passés. À la lumière de la lune, Roland consulta sa montre. Vingt-deux heures passées. Ils n'avaient pas fait trois pas qu'une puissante lumière s'alluma devant eux et les aveugla.

À une dizaine de mètres, Roland distingua une voiture aux phares allumés. À mi-chemin entre le véhicule et eux se tenaient trois silhouettes. Chacune pointait un pistolet dans leur direction.

39

Par réflexe, Roland fourra la main dans sa besace et la referma sur la crosse du vieux révolver de son père. Il s'arrêta aussi vite en prenant conscience qu'il n'avait aucune chance de toucher les trois inconnus avant d'être lui-même abattu. La vraie vie – même la deuxième – n'était pas un western et il n'avait rien d'un tireur d'élite. En fait, il était seulement habile à appuyer sur la détente quand le canon était enfoncé dans sa bouche.

— Ne faites plus un geste, je vous prie, monsieur Sentenac, lui intima une voix dont le ton civilisé détonnait avec la situation.

— On se connaît? rétorqua-t-il en entendant prononcer son nom.

— Un peu.

Interdit, Roland plissa les paupières et tenta de mieux voir, mais en vain. Les phares l'aveuglaient et seule une silhouette se dessinait en contrejour. Le bras tendu, l'individu pointait son arme vers Roland d'une main ferme. De toute évidence, lui était habitué à en tenir une et il était préférable de le prendre au sérieux. À ses côtés, Jules et Anna semblaient avoir tiré la même conclusion, car ils avaient déjà levé les mains.

— Je suppose que votre main dans ce sac tient une arme. Jetez-la vers moi, ordonna l'individu avec le même calme désarmant. Doucement. Au moindre geste brusque, je tire. Est-ce bien compris?

Conscient qu'un retour parmi les damnés mettrait fin à ses chances de sauver son âme, il fit ce qu'on lui ordonnait. Avec une lenteur presque théâtrale, il sortit le vieux révolver en le tenant par la crosse entre le pouce et l'index pour éviter tout malentendu. Il le brandit devant lui pour bien le montrer et le lança un mètre plus loin. L'arme atterrit entre lui et celui qui le tenait en joue.

— Très bien, approuva ce dernier avec la même courtoisie déplacée. Maintenant, veuillez me lancer votre sac.

Une fois encore, Roland se contenta d'obéir. La vieille besace de cuir de son père rejoignit le révolver.

— Levez les mains comme vos compagnons, je vous prie, ajouta l'inconnu, presque comme une suggestion.

Tandis que Roland obtempérait, il remarqua que chacun des trois hommes visait l'un d'entre eux. Une cible par tireur. En une seconde, ils pouvaient abattre tout le groupe. Ces trois-là étaient manifestement habitués à travailler ensemble. Des tueurs. Sur l'ordre silencieux du meneur, l'un des hommes se détacha du trio et, armé d'une lampe torche, disparut dans la chapelle.

— Qui êtes-vous? demanda Roland.

— Cela n'a aucune importance. Mais si vous y tenez, je m'appelle Hartmann, répondit son interlocuteur.

Les minutes s'écoulèrent dans un silence tendu jusqu'à ce que celui qui s'était détaché du trio ressorte de la chapelle et rejoigne ses compagnons.

— Il y a une crypte sous la chapelle, déclara-t-il à son chef. Elle abrite un tombeau.

Roland déplora de ne pas avoir réussi à refermer la trappe.

— Rossal?

— Le style et l'époque y correspondent, confirma l'autre. Il faudrait l'ouvrir pour en être sûrs, mais à première vue, je dirais... oui.

En entendant prononcer le nom de son prédécesseur, Roland comprit que ces hommes couraient après la même chose que lui : la Vérité qu'il devait protéger coûte que coûte. Sans doute le suivaient-ils depuis un bon moment.

— Donnez-moi ce que vous avez trouvé, lui ordonna celui qui le tenait en joue.

Ne sachant que faire d'autre, Roland décida de gagner du temps, en espérant qu'une occasion de sortir de ce merdier se matérialise.

— J'ignore de quoi vous parlez.

— Monsieur Sentenac... soupira le dénommé Hartmann avec une pointe d'exaspération. Ne me faites pas perdre un temps que je n'ai pas. Faites plutôt ce que je vous demande et je vous donne ma parole qu'il ne vous arrivera rien, à vous et à vos compagnons.

— Je me demande bien pourquoi votre parole ne me rassure pas. Tiens, c'est peut-être parce que je ne vous connais pas et que vous pointez un pistolet sur moi, ironisa Roland.

Au cœur du halo lumineux, les trois inconnus avaient l'air d'ombres chinoises, et Roland avait l'impression de regarder une pantomime. De la tête, Hartmann désigna à celui qui se tenait à sa gauche la besace et le révolver dans l'herbe. L'homme les ramassa. Il rejoignit ses compagnons, s'accroupit et renversa le sac sur le sol. Les phares de la voiture l'éclairant, il se pencha et découvrit l'épée qui pointait. Il l'inspecta soigneusement en la retournant dans tous les sens.

— L'époque correspond à celle de la chapelle, confirma-t-il avec l'assurance d'un expert. Le mode de fabrication aussi.

Il s'arrêta soudain à examiner la poignée. Roland eut l'impression que son cœur tombait lourdement dans son estomac quand, même à moitié aveuglé, il vit le type la dévisser sous l'œil de son supérieur. Celui-ci hocha la tête, manifestement satisfait.

— Laissez-moi vous rafraîchir la mémoire, monsieur Sentenac. Vous suivez une piste découverte par feu Otto Rahn, déclara Hartmann toujours dans son halo lumineux qui lui donnait un air de messie malfaisant. L'*Obersturmführer* était un homme clairvoyant et persévérant. Ses efforts ont fini par être récompensés. En toute logique, je dirais qu'il vous a laissé des indices menant vers le tombeau qui se trouve sous cette église. Vous avez réussi à l'ouvrir et à récupérer cette épée.

Roland ne le détrompa pas. De toute façon, il avait saisi l'essentiel. Même s'il ne pouvait distinguer que sa silhouette, il eut l'impression que l'autre souriait.

— Or, il s'avère que sa poignée est creuse. Je parierais ma main droite qu'elle contenait quelque chose et que cette chose est précisément ce que je souhaite que vous me remettiez.

— Soyez prudent, grommela Roland. Vous pourriez perdre votre pari, et la vie avec une seule main vous paraîtrait embêtante.

— Vous n'êtes pas en position de faire des menaces, monsieur Sentenac.

— On ne sait jamais. Parfois, les choses changent vite.

Hartmann s'avança lentement et, sans jamais cesser de tenir Roland en joue, tendit sa main libre, en se gardant prudemment hors de sa portée pour esquiver tout mouvement rapide. Roland nota la forme particulière de son Luger P08. En un instant, il comprit qu'il était muni d'un silencieux.

— Allez. Soyez raisonnable et donnez-moi ce que contenait l'épée, ordonna-t-il. Nous n'avons ni le temps, ni l'envie de jouer, et je vous certifie que l'affaire a une importance qui vous dépasse.

Tout dépend de la valeur qu'on accorde à son âme, songea le damné avec amertume. L'homme fit un pas de plus et, ce faisant, émergea partiellement du faisceau de lumière. Sidéré, le damné reconnut l'homme.

— Vous… fit-il.

— *Guten Abend*[35], roucoula Hartmann, amusé, en lui adressant une salutation polie, comme il l'avait fait à l'hôtel. Peut-être puis-je vous inciter à collaborer?

Puis, le visage de Hartmann se durcit. Froidement, il déplaça son arme de quelques centimètres.

— Vous me donnez ce que je vous demande ou j'abats un de vos compagnons.

— Allez-y, railla Roland.

— Puisque vous le demandez.

Il appuya sur la détente. Le canon cracha un petit jet de feu et un chuintement fendit la nuit. Le bruit feutré fut suivi d'un grognement guttural et un choc sourd. Puis vint le hurlement d'Anna.

---

35. Bonsoir.

40

Le sang tournant en glace, Roland pivota lentement sur lui-même. Hartmann ne l'en empêcha pas. Il désirait que le spectacle fasse son effet.

Jules était étendu sur le dos un mètre plus loin, les bras en croix et un petit trou rond au milieu du front. Il avait le regard fixe et la bouche entrouverte, une expression d'étonnement figée sur le visage. Déjà, sous sa tête, dans l'herbe, une flaque de sang se formait, noire comme du goudron dans la nuit. À la lumière des phares, la scène avait quelque chose d'encore plus sinistre.

Un petit couinement monta sur sa gauche et Roland tendit les bras juste à temps pour attraper Anna qui venait de s'évanouir. Il la déposa en douceur dans l'herbe mouillée. C'était mieux ainsi, se dit-il. Troublé, il déglutit avec peine en considérant le cadavre. Jules, bien qu'irritant, cupide, opportuniste, hypocrite et détestable, n'avait rien fait pour mériter un tel sort. En même temps, une partie de lui était soulagée que le tireur ait choisi le petit homme plutôt qu'Anna. Il se retourna pour faire à nouveau face à l'Allemand.

— C'est un peu extrême, comme démonstration, non ?

— Vous ne sembliez pas me prendre au sérieux, rétorqua Hartmann. J'imagine que, maintenant, j'ai toute votre attention. Et puis, il nous coûtait cher.

Interdit, Roland le regarda sans comprendre. L'Allemand parut s'amuser de son effet.

— Vous n'avez pas été très discret en fouillant les chambres de l'hôtel. Je prévoyais de les examiner moi-même, mais vous m'avez devancé. J'ai dû m'adapter. J'ignore ce que vous avez découvert dans la chambre 4, mais il était évident que vous suiviez une piste.

Il fit une pause et désigna le cadavre de Jules.

— Grâce à une coquette somme, feu monsieur Cabanac nous a indiqué que vous vous intéressiez à cette chapelle. Dommage pour lui. Il ne l'emportera pas au paradis – en présumant que l'endroit existe. La vieille folle qui mendiait devant l'hôtel nous a confirmé que votre destination était Estantens.

En tout cas, l'enfer, lui, est réel, songea amèrement Roland en espérant qu'il validerait un jour l'existence de sa contrepartie. L'expression de Hartmann se durcit de nouveau. Il tendit la main ouverte et, pour la première fois, son geste trahit la fébrilité qu'il avait cachée jusque-là.

— Finissons-en, monsieur Sentenac. À moins que vous n'ayez besoin d'une seconde démonstration.

Son regard glissa froidement sur Anna, qui avait repris conscience et était en train de s'asseoir. Roland s'arrêta à son tour sur la pauvre femme. Il ne voulait pas avoir sa mort sur la conscience qui semblait naître en lui. Mais si tout était aussi prédestiné dans sa quête qu'il le croyait, peut-être que la mort d'Anna était ordonnée d'avance ? Peut-être était-elle nécessaire pour qu'il puisse progresser ? L'idée de sauver son âme au prix de la vie de cette femme lui causa un malaise. Les scrupules rendaient tout beaucoup plus compliqué. À l'inverse, peut-être devait-il céder les papiers à ces Allemands ? Comment savoir ?

Le silencieux que Hartmann pointa d'un geste méthodique vers Anna l'incita à se décider. Ne l'avait-on pas prévenu qu'il n'était pas le seul à chercher la Vérité et qu'il devrait choisir avec qui collaborer ? *Tu devras décider si la Vérité appartient à Babylone ou à Sion. Surtout, ne suis pas le chemin vers la Terre Promise, mais celui du traître de Germanie*, l'avait averti Rossal. *Méfie-toi du Reich, de Babylone ou de Sion*, avait écrit Rahn. *Les trois sont affamés et peu importe qui s'empare de l'abomination que je soupçonne, le monde ne sera plus jamais pareil. À toi d'identifier à ton tour le moindre mal.*

Peut-être avait-il besoin de l'aide de ces boches après tout ? Peut-être étaient-ils ce moindre mal ? En tout cas, tout semblait pointer dans cette direction. Tout à coup, une idée lui vint qui, à défaut d'offrir des garanties, lui donna l'espoir de vivre encore un peu. Il eut envie de se prendre la tête à deux mains et de hurler.

— Si vous tenez tant à ce que vous me demandez, pourquoi vous ne me tuez pas? Ce serait plus facile. Vous n'aurez qu'à fouiller mon corps, nargua-t-il celui qui les menaçait. Vous avez la gâchette facile, après tout.

— Vrai. Par contre, comment m'assurer que ce que vous me remettrez constitue la totalité de ce que vous détenez? rétorqua l'Allemand, sans hésiter. Rien ne prouve que je n'aurai plus besoin de vous par la suite.

— Je vois. Vous êtes un homme prévoyant, railla Roland.

— C'est une des caractéristiques les plus admirables de la race aryenne, rétorqua Hartmann.

— Ces temps-ci, on entend un peu parler de l'efficacité avec laquelle vous exterminez des innocents dans vos camps.

— Il faut ce qu'il faut.

Conscient qu'il ne pouvait plus tergiverser, Roland se résigna à jouer son va-tout. Il saurait bien assez vite s'il avait pris la bonne décision.

— D'accord, lâcha-t-il.

Il porta la main à la poche intérieure de son manteau. Aussitôt, les deux autres hommes braquèrent leurs armes sur lui.

— *Halt!*[36] s'écria celui qui était entré dans la chapelle.

— Ho, les boches, si vous les voulez, les fichus papiers, va bien falloir que je les prenne, rétorqua Roland, de mauvaise humeur plutôt qu'effrayé. Ils sont dans mon portefeuille et il ne sortira pas tout seul de ma poche, putain de merde!

---

36. Halte!

— Faites ! acquiesça Hartmann, en faisant signe à ses compagnons d'abaisser leurs pistolets. Mais doucement, monsieur Sentenac. Au moindre geste suspect...

— Oui, oui, je sais.

Il enfouit la main dans son manteau et en sortit son portefeuille. Il l'ouvrit pour y repêcher les deux notes d'Otto Rahn, celle de Gondemar de Rossal et le bout de papier peint sur lequel il avait noté les traductions. Il les présenta à Hartmann, qui tendit la main pour les prendre.

— Voilà.

Roland nota au passage que l'Allemand portait au doigt un anneau orné d'une tête de mort, comme celui de Rahn, qui se trouvait toujours dans sa poche. *Les SS te trouveront*, avait averti Otto Rahn. *Rien ne leur échappe. Ils voient tout. Ils ont des tentacules partout. Ils peuvent tout.*

— Vous êtes des SS, déclara-t-il, ahuri.

Hartmann se contenta de lui retourner un demi-sourire énigmatique qu'il ne sut pas comment interpréter. L'Allemand recula de quelques pas pour profiter des phares de la voiture et examina les documents tandis que ses deux hommes surveillaient toujours Roland et Anna. Hartmann donnait l'impression d'avoir découvert le Saint Graal tant son visage s'était illuminé d'une joie qui frisait la béatitude.

— C'était donc vrai. Rahn avait retrouvé la trace de la deuxième part, murmura-t-il en secouant lentement la tête avec émerveillement.

Il revint vers Roland.

— Croyez-vous à la destinée, monsieur Sentenac ? s'enquit-il.

— Je suis mal placé pour la nier, grinça Roland.

— J'y crois, moi aussi. J'ai la conviction que chaque individu suit sa destinée et qu'il en va de même pour les nations et les races.

Il agita les papiers avec fébrilité.

— Ce que Gondemar de Rossal appelait «la Vérité» permettra au Troisième Reich de rayer une fois pour toutes la chrétienté de la carte, déclara-t-il.

Roland se garda de trahir sa surprise en entendant cet homme mentionner la Vérité. L'Allemand retourna à la voiture, ouvrit la portière avant du côté passager et ramassa un porte-documents rigide au fini métallique sur la banquette. Il entra une combinaison sur les fermoirs à molette et ouvrit le couvercle dans un claquement sec. Il déposa les documents de Rossal et de Rahn et referma la mallette.

— Il ne restera qu'à débarrasser le monde de l'infection juive. Les descendants des Anciens Aryens pourront reprendre possession de la terre qu'ils dominaient voilà des dizaines de milliers d'années et leur capitale, la glorieuse Ultima Thulé, renaîtra de ses cendres. La religion première retrouvera sa place légitime et l'humanité suivra à nouveau sa destinée.

— Dirigée par les Allemands, interjeta Roland, pris au dépourvu par ce délire.

— Les Aryens, monsieur Sentenac, corrigea Hartmann d'un ton professoral. Les Aryens dont nous sommes les descendants. Le monde nous appartient de plein droit. Bientôt, nous entreprendrons sa reconquête. Il ne nous manque que quelques éléments, comme celui que vous cherchiez ici, pour que nous soyons prêts.

Rahn avait écrit que les SS détenaient déjà un document que lui-même avait découvert. Les paroles de Hartmann confirmaient ses dires. Roland songea que l'Allemand semblait en savoir bien plus que lui sur ce qu'il cherchait. Il se garda de le souligner. En temps et lieu, il l'apprendrait.

— Quelle était votre destination ce soir? demanda l'Allemand.

Roland évalua rapidement ses options. Qu'arriverait-il s'il gardait cette information pour lui? Jules ne pouvait plus parler, mais Anna, si.

— Montsaunès, admit-il.

— Merci, monsieur Sentenac.

Hartmann le toisa un moment sans se départir de ce sourire exaspérant de courtoisie superficielle. Convaincu qu'il allait subir le même sort que Jules, Roland le défia du regard. S'il devait mourir, au moins il le ferait comme un homme.

— Nous devons partir, annonça le SS. Nous sommes attendus ailleurs.

Un certain soulagement envahit Roland lorsqu'il réalisa qu'il allait devoir vivre un jour de plus. L'enfer n'était pas pour aujourd'hui. Il se sentit aussitôt coupable. Ce répit, il le devait en partie à la mort de Jules Cabanac.

41

Ussat-les-Bains,
le même jour

Inquiet, l'homme referma la porte de sa chambre et la verrouilla soigneusement. Il ne fut pas surpris de remarquer que sa main tremblait. Il crevait littéralement de peur et se sentait constamment observé. Il était à peu près certain d'être le seul client de l'hôtel, mais comment pouvait-il en être sûr? Quelqu'un attendait-il le moment propice pour l'assassiner, tapi dans le noir? Peut-être ne verrait-il pas le soleil se lever. Cette pensée le hantait chaque soir, peu importe la chambre occupée, et le privait de sommeil.

En traversant la pièce, il passa devant le miroir et fut surpris de l'image qu'il y découvrit. Il avait maigri et semblait flotter dans son costume. Ses yeux s'étaient creusés et cernés. Il avait l'air de ce qu'il était: un homme traqué. Il se défaisait littéralement aux coutures et, sous une telle tension, il ne tiendrait plus très longtemps. Une partie de lui regrettait de s'être lancée dans cette folle entreprise. Mais l'autre partie était toujours déterminée à atteindre son but coûte que coûte. Pour le moment, la deuxième était encore la plus forte. Il jouerait le rôle que Dieu lui avait assigné même si, pour cela, il avait dû conclure un pacte avec le diable. Heureusement, la fin approchait. Bientôt, tout serait fini.

Il atteignit la fenêtre, jeta un coup d'œil prudent dehors et ne vit personne. Il s'assura qu'elle était bien fermée et tira les rideaux, puis saisit la seule chaise de la pièce et la cala sous la poignée de la porte. Il vérifia qu'elle était bien en place et, sans éteindre la lumière, revint vers le lit. Il se laissa tomber dessus, son porte-documents par terre près de lui, et croisa les mains derrière la nuque. Le plafond était jauni. Il se savait condamné à le fixer toute la nuit. Au matin, il en connaîtrait les moindres détails. S'il se rendait jusqu'à l'aube, évidemment.

On lui avait donné rendez-vous aux Marronniers à dix heures le lendemain avec la somme convenue. L'indispensable mot de passe avait été déterminé. Même s'il méprisait tout ce qu'il incarnait, il n'avait aucune raison de douter de l'honnêteté de Karl Wolff. Il attendrait, donc. Il ne pouvait rien faire d'autre. Le sort en était jeté.

Estantens

Hartmann consulta sa montre-bracelet en arquant le sourcil avant de reporter le regard sur Anna.

— Un peu de galanterie, monsieur Sentenac. Aidez votre compagne à se relever, suggéra-t-il avec un brin de sarcasme. Nous sommes presque en retard, mais cela n'exclut pas le savoir-vivre.

Tiré de sa réflexion, Roland s'accroupit auprès de l'amnésique et fouilla son regard. Elle était encore très pâle et avait l'air égaré. Il s'en voulut amèrement. Cette pauvre femme, déjà éprouvée, souffrait à cause de lui. La quête n'était pas la sienne, malgré l'aide qu'elle lui avait apportée. Que vaudrait son salut s'il avait été gagné au prix de vies innocentes? Mais l'autre voie était bien pire.

— Vous pouvez vous lever? lui demanda-t-il avec une douceur qu'il ne reconnaissait pas dans sa propre voix.

Elle le regarda, confuse, en plissant les paupières sous la lumière des phares.

— Quoi?

— Nous devons partir, insista-t-il.

— Partir? répéta-t-elle. Pour... Pour aller où?

— Je ne sais pas, mais je ne crois pas que refuser de suivre ces gens soit une option.

Il lui empoigna le coude et la main pour l'aider à se remettre sur ses pieds. Une fois debout, l'amnésique porta la main à son front et vacilla un peu avant de retrouver son équilibre.

— Qu'est-ce qui s'est passé? s'enquit-elle en clignant des yeux et en reprenant ses esprits. Je me souviens de la crypte, du tombeau, du mort et du message, puis d'être sortie de la chapelle, mais ensuite...

— Vous vous êtes évanouie, expliqua-t-il vaguement en insistant pour l'entraîner plus loin. Venez.

Encore abasourdie, elle obtempéra et fit quelques pas en direction de la voiture, toujours soutenue par Roland, qui se disait que l'amnésie avait parfois du bon. Elle s'immobilisa soudain, les sourcils froncés par la concentration. Il essaya de la faire avancer, mais elle résista et finit par se retourner, à la recherche des souvenirs qui cherchaient à émerger.

— Ne regardez pas, chuchota-t-il en vain.

Quand les yeux d'Anna se posèrent sur le cadavre de Jules, que les deux hommes de Hartmann étaient occupés à traîner vers un bosquet – *l'efficacité allemande à l'œuvre*, observa Roland, cynique – ils devinrent ronds. Son visage blêmit et elle porta la main à sa bouche. Pendant un instant, Roland crut qu'elle allait encore tourner de l'œil, mais elle fit face sans faiblir.

— Il n'y a plus rien à faire pour lui, dit Roland, faute de mieux.

Que des innocents soient sciemment placés sur sa route par Dieu et son archange, ou qu'ils la croisent par hasard, le côtoyer était dangereux. Si Jules Cabanac était mort, si la pauvre Anna risquait à tout moment de se faire abattre comme un chien, c'était à cause de lui. Il les avait utilisés et ils en payaient le prix.

Il aurait voulu promettre à l'amnésique de la protéger, mais il n'avait aucun moyen de le faire. Il était tout entier à la merci des événements. Il insista un peu et l'entraîna vers la voiture, près de laquelle Hartmann les attendait en tapant presque du pied. Ses deux hommes émergèrent du bosquet où ils avaient largué le pauvre Jules et revinrent vers eux. L'éclairage des phares permit à Roland de voir qu'il s'agissait bien du grand Aryen blond et du châtain foncé plus costaud.

Anna le dévisagea, son regard désemparé et humide lui adressant une question qu'elle n'avait nul besoin de formuler.

— C'est de ma faute, admit-il. Je suis désolé. J'aurais dû lui donner tout de suite ce qu'il demandait.

Ils franchirent les quelques pas qui les séparaient du véhicule, suivis du grand blond qui pointait son arme dans leur dos. Roland reconnut la Daimler noire qui était passée sans s'arrêter pendant qu'il réparait la crevaison. Il secoua la tête avec dépit lorsqu'il comprit que leur mésaventure avait permis aux Allemands de les devancer. Sans doute s'étaient-ils tapis quelque part le long de la route d'Estantens pour les filer discrètement jusqu'à la chapelle. Une fois sur place, ils avaient attendu leur sortie, bien peinards. Décidément, tout semblait arrangé d'avance. Il n'était qu'une marionnette insignifiante dont quelqu'un, aux cieux, tirait les ficelles.

— Vos mains ! ordonna, dans un français plus guttural que celui de son supérieur, l'individu qui les tenait en joue.

Pendant une seconde, Roland considéra un coup d'éclat. Le problème était que Hartmann se tenait à l'écart et le tirerait comme un lapin avant qu'il puisse lui mettre la main au collet. Il renonça donc. À quoi bon lutter contre le destin ? Il obtempéra et sentit des bracelets de métal se refermer sur ses poignets, assez serrés pour lui faire mal. On épargna toutefois Anna, qui n'avait rien de très menaçant.

D'un geste digne d'un élégant majordome anglais, Hartmann les invita à monter. Roland s'assit sur la banquette arrière, Anna à sa droite et le grand blond à sa gauche. L'homme lui enfonça le canon de son Luger dans les côtes.

— Tu viens de me menotter, abruti ! grogna-t-il. Tu t'imagines que je vais faire quoi ? Hein ? Merde !

L'Allemand s'installa sur le siège du passager, son porte-documents sur les cuisses, puis se retourna pour tenir ses prisonniers en joue, lui aussi.

— On n'est jamais trop prudent. Un coup de tête est si vite arrivé, dit Hartmann.

— Même si je lui pète la tête, à votre sbire, je fais quoi ensuite ? Je vous assomme, vous et votre chauffeur, et je saisis le volant avec mes pieds ?

À cet instant, le plus costaud arriva en courant et prit place derrière le volant. Il avait à peine claqué la portière qu'une explosion retentit.

42

Une boule de feu illumina la nuit. Ébloui, Roland eut le réflexe de porter ses mains à ses yeux, mais les menottes les retinrent dans son dos. Il tourna le visage à droite tandis qu'Anna, apeurée, enfouissait le sien dans le creux de son épaule en s'agrippant à deux mains à son bras. Il fut incapable de lui offrir d'autre protection que celle de sa joue appuyée sur sa tête.

— Putain de Dieu… gronda-t-il, incertain de ce qui venait de se passer, tandis que son cœur battait la chamade.

Quand le pire fut passé, l'amnésique se détacha pour jeter un coup d'œil prudent à travers le pare-brise. Devant la voiture, les flammes illuminaient la chapelle Saint-Amans. Ce n'était cependant pas l'édifice qui brûlait, mais quelque chose situé à plusieurs mètres de là. Au cœur de l'épaisse fumée, Roland reconnut les restes de la Citroën de son père.

— Vous m'en voyez désolé, minauda Hartmann en feignant une mine contrite. Pour une voiture française, elle était jolie, mais vous n'en aurez plus besoin. Je peux difficilement me permettre de laisser traîner des traces de votre passage ici.

Il observa les dégâts d'un air songeur.

— Comme tout ce qui sort des usines allemandes, la grenade modèle 24 est très efficace, renchérit-il avec un relent de fierté. S'il était encore de ce monde, même monsieur Citroën ne reconnaîtrait pas son produit.

Tandis qu'Anna redressait prudemment la tête, Roland décida d'aller à la pêche.

— Et pourquoi est-il si important d'effacer mes traces ? s'enquit-il.

— Parce que vous et moi ne sommes pas les seuls à chercher la Vérité, répondit simplement le SS.

— Ah bon ? Vous m'en direz tant, crâna Roland.

Le chauffeur démarra et la Daimler s'ébranla, laissant derrière eux la chapelle Saint-Amans et le tombeau de Gondemar de Rossal. Il faisait si noir qu'on avait l'impression que la Daimler filait dans un tunnel.

— Une fois sur place, qu'est-ce qu'on fait ? s'enquit-il après quelques minutes.

— Je suis à peu près sûr de l'endroit auquel Rossal fait allusion dans son texte, révéla Hartmann.

— Vous êtes bien perspicace, je trouve !

— J'ai surtout des années d'avance, rétorqua l'Allemand, sur le ton de la conversation. La *Schutzstaffel* cherche le Saint Graal depuis longtemps. Les plus grands experts et les plus beaux esprits du Reich y travaillent sans relâche. Des historiens, des médiévistes, des folkloristes, des linguistes, des théologiens, des géographes… Ils sont des centaines au sein de l'*Ahnenerbe*, la branche de la *Schutzstaffel* qui s'intéresse aux questions d'identité nationale et qui, brique par brique, reconstruit patiemment l'antique édifice de la culture aryenne. Ils rendent régulièrement compte de leurs recherches au *Reichführer* Himmler et à son cercle rapproché, dont j'ai l'honneur de faire partie.

Roland nota la manière dont le boche avait bombé le torse en disant cela. Il savait un peu lire dans les gens et celui-là était orgueilleux comme un paon. Hartmann adorait le son de sa propre voix. Roland demeura silencieux pour l'inciter à parler davantage. Les orgueilleux aimaient remplir les vides et finissaient toujours par trop en dire, surtout quand ils étaient fébriles comme l'était celui-là. Le SS ne résista pas longtemps à l'envie d'expliquer ce qui le passionnait manifestement et de briller par la même occasion.

— Nos experts soupçonnent depuis longtemps que les légendes médiévales du Graal cachent une vérité que la chrétienté a étouffée.

Roland se contenta de fixer Hartmann avec intérêt.

— Déjà, au douzième siècle, dans son *Parzifal*, Wolfram Von Eschenbach semblait le laisser entendre, poursuivit ce dernier, de plus en plus ému. Nos savants sont convaincus que la religion chrétienne n'a aucun lien avec les véritables enseignements de Jésus, qu'elle a dénaturés pour mieux s'établir.

Il se pencha un peu sur le dossier de la banquette avant pour se rapprocher de Roland, prêt à lui révéler un grand secret.

— La vraie bible a été écrite en Allemagne. Le catholicisme s'est approprié Krist et son message, déclara-t-il. L'ancienne religion nordique n'est pas antichrétienne ; elle est la chrétienté, monsieur Sentenac.

— Vous délirez... fit Anna.

— Vous croyez, madame ? répondit courtoisement Hartmann. Pourtant, les preuves s'accumulent.

— Quand on veut, on trouve toujours des preuves, souffla-t-elle.

— Nous verrons bien.

— Et Rahn ? s'enquit Roland.

— De tous nos savants, Otto Rahn était l'un des plus convaincus. Il a passé des années à collectionner toutes les légendes qu'il a pu trouver dans le Sud de la France, à fouiller les grottes de la région, à dépouiller les vieux documents. Et il a fini par voir ses efforts récompensés quand il a découvert le testament de Gondemar de Rossal. L'auteur y raconte comment, au douzième siècle, un ordre secret larvé au sein des Templiers protégeait ce qu'il appelait « la Vérité » et dont la nature avait le pouvoir de faire s'effondrer la chrétienté toute entière. Ce ne pouvait être que le Graal de Von Eschenbach !

Ainsi donc, l'*Obersturmführer* Rahn avait bien découvert le document mentionné dans sa lettre et l'avait remis à Himmler. Roland n'avait pas manqué de noter que l'homme avait parlé de lui au passé. *Le Graal n'a rien de saint*, avait-il écrit. Mais il avait aussi laissé entendre qu'il y avait encore plus à découvrir que ce que Hartmann venait de raconter. *Il existe quelque chose de bien pire que ce que savait Rossal. La Vérité est immonde. Elle change tout. Elle efface tout. Elle justifie le Mal. Elle est larvée au cœur du mensonge.*

— Vous avez raison, monsieur Sentenac. Le sieur de Rossal fait allusion à Montsaunès, poursuivit Hartmann. Au douzième siècle, il s'agissait de la plus importante commanderie templière de la région et, comme par hasard, son église, un moment associée à saint Christophe, était consacrée à saint Jacques parce qu'elle était un arrêt important sur le chemin de Compostelle.

— Vous en savez des choses.

— J'ai beaucoup étudié. Et je crois que ce n'est pas par hasard si Rossal parle d'un *Temple* avec un T majuscule. Il fait référence aux Templiers et non pas au bâtiment. Alors, pour répondre à votre question, une fois là-bas, nous chercherons. Il suffit de décortiquer le langage codé d'un homme mort depuis six cent soixante ans. On nous guide d'outre-tombe, monsieur Sentenac. La destinée du Reich a atteint un moment décisif et s'accomplira bientôt. Vous en êtes un instrument, tout comme moi, Otto Rahn, le *Reichführer* Himmler et tous les autres. Nous sommes les pierres qui servent à reconstruire les fondations d'Ultima Thulé.

Dans ses yeux brillait une lueur d'exaltation presque mystique qui mit Roland mal à l'aise. Cet homme était un fanatique et aucune espèce n'était plus imprévisible et dangereuse que celle-là. Ne comprenant pas la moitié du quart de ce dont parlait ce fêlé, Roland le dévisagea sans rien dire avec une expression impassible. Le SS sembla déçu de sa réaction et laissa échapper un long soupir résigné.

— Vous n'êtes pas un des nôtres, déplora-t-il. Vous ne pouvez pas comprendre.

Il dévisagea Anna et lui adressa un élégant sourire.

— Nous n'avons pas eu l'honneur d'être présentés, dit-il. *Sturmbannführer* Gustav Hartmann, pour vous servir. Et vous êtes, chère madame ?

— Je l'ignore, rétorqua l'amnésique, en baissant les yeux. J'ai eu un accident de voiture et j'ai perdu la mémoire. Monsieur Sentenac m'a sauvée. Je ne sais pas qui je suis, ni ce que je fais dans cette histoire de fous, et j'aimerais bien que vous me libériez.

— Malheureusement, ce ne sera pas possible. J'en suis désolé.

Un silence lourd tomba dans la voiture. Roland laissa son attention dériver sur la route. Il ne pouvait rien faire pour le moment. Peut-être qu'une fois à Montsaunès, lorsque les boches auraient trouvé ce qu'ils cherchaient, les choses seraient différentes. Mais peut-être aussi était-ce par eux qu'il perdrait toute chance de salut.

43

Montsaunès,
18 mars 1939

Tout au long du trajet, le pistolet du grand blond resta enfoncé dans les côtes de Roland. Sur sa droite, Anna s'était blottie contre lui, plus que ne l'exigeaient la décence et l'espace un peu restreint de la banquette arrière. À l'avant, Hartmann ne s'intéressait plus à eux. S'éclairant avec une lampe torche, le dos voûté, il était plongé dans la lecture des documents, indifférent à tout ce qui l'entourait. De temps à autre, il marmottait et prenait des notes dans un calepin à la couverture de cuir écornée. Son attitude avait quelque chose d'enfiévré et le conducteur lui adressait de temps en temps à la dérobée un coup d'œil empreint d'inquiétude.

Le trajet dura encore une trentaine de minutes sur une route sinuant à travers champs attendant les semailles du printemps. Parfois, ils dépassaient une maison blottie derrière un muret de pierres bas. Ils atteignirent le cœur du village. Montsaunès dormait. Quittant enfin l'étude des papiers de Rahn et de Rossal, Hartmann leva la main pour signifier au conducteur de ralentir.

— *Hier*[37], dit-il.

Il remit avec soin les papiers dans le porte-documents et éteignit sa lampe, plongeant à nouveau l'habitacle dans l'obscurité. Le conducteur ralentit, rangea la Daimler sur le bas-côté et éteignit les phares. La voiture noire se fondit entièrement dans les ténèbres fendues seulement par la lumière des étoiles. Roland en conclut que le ciel se dégageait. C'était au moins ça de pris.

Tout le monde resta immobile et muet pendant de longues minutes tandis que Hartmann tendait l'oreille. Quand il fut rassuré, il ouvrit sa portière, sortit et la referma sans bruit. Dans la nuit, sa silhouette était à peine perceptible tandis qu'il arpentait lentement les alentours du véhicule. Satisfait, il rebroussa chemin et tapa doucement sur le capot avec ses jointures. Le conducteur alla ouvrir la portière arrière gauche. Roland sentit que son voisin lui appuyait le silencieux du Luger un peu plus fort encore dans les côtes.

Une fois dehors, il ne put résister à l'envie d'étirer un peu ses membres endoloris. Ses épaules étirées vers l'arrière commençaient à le faire souffrir, mais il doutait fort qu'on lui retirât les menottes. Il observa les environs. Faiblement éclairée par un quart de lune, la rue était tranquille.

De l'autre côté de la voiture, Hartmann ouvrit la portière d'Anna, claqua des talons, et s'inclina

37. Ici.

avec cette galanterie un peu raide propre aux Allemands. Soudain, Roland pouvait parfaitement imaginer l'homme vêtu d'un uniforme d'officier SS, avec de longues bottes de cuir, un manteau aux genoux, les mains gantées et la casquette sous le bras.

— Veuillez sortir, madame ! invita Hartmann d'un ton courtois. Permettez-moi de vous aider.

Anna n'avait peut-être plus de souvenirs, mais elle conservait son tempérament et sa dignité. Incrédule, elle contempla la dextre tendue, renâcla avec mépris et l'écarta sèchement pour s'extraire du véhicule par ses propres moyens. Une fois dehors, elle tourna ostensiblement le dos à l'Allemand, le nez en l'air.

Le chauffeur récupéra un sac de voyage en cuir dans le coffre arrière qu'il referma sans bruit. Hartmann prit les devants et le groupe s'engagea à sa suite dans une rue étroite, Roland et Anna entre lui et les deux autres SS qui les tenaient toujours en joue.

— Cet homme est complètement fou, chuchota Anna, apeurée.

— Pas autant que vous le croyez, répondit sombrement Roland.

— *Schweigen Sie !*[38] cracha l'un des Allemands derrière eux.

Une poussée du silencieux dans son dos fit presque perdre l'équilibre à Roland. Ils dépassèrent, sur leur gauche, une bâtisse ornée d'une clôture basse en fer forgé et qui avait toutes les apparences d'un presbytère. Quelques pas de plus et ils arriveraient à destination. Ils remontèrent le trottoir qui menait à l'édifice. Hartmann s'immobilisa devant l'église

38. Taisez-vous !

plusieurs fois centenaire. Il jeta un coup d'œil prudent aux alentours, alluma sa lampe torche et promena le faisceau sur la façade percée d'une grande rosace, qui se prolongeait en hauteur pour former un mur à cinq ouvertures abritant autant de cloches de trois tailles différentes, la plus petite trônant seule au sommet.

Au pied du mur se trouvait un portail central massif encadré de deux ouvertures en ogive. De chaque côté de celui-ci se dressaient aussi deux colonnes en pierre, chacune surmontée d'un chapiteau finement sculpté et décoré d'une multitude de personnages.

Hartmann repêcha son carnet dans la poche de sa veste et retrouva vite la page désirée sur laquelle, devina Roland, il avait passé le voyage à transcrire les messages de Rahn et de Rossal ainsi que les hypothèses qui lui étaient venues. Il lut quelques passages en relevant souvent les yeux vers les chapiteaux, le faisceau de la lampe allant sans cesse de l'un à l'autre.

— *Saint Pierre crucifié la tête en bas, saint Étienne lapidé, Lazare ressuscitant des morts sous le regard de ses sœurs, Pierre défendant Jésus à Gethsémani, le Christ prêchant...* marmonna-t-il.

Roland réalisa soudain que, loin d'être à la merci des circonstances, il voyait plutôt sa destinée se déployer littéralement sous ses yeux. Gustav Hartmann était en train de décoder le message de Gondemar de Rossal. Une fois de plus, les événements s'étaient enclenchés d'eux-mêmes. Il se sentait comme un rat dans un labyrinthe que des savants observaient.

Hartmann lut encore quelques secondes puis balaya avec sa torche l'arche du portail qu'ils découvrirent ornée d'une multitude de têtes sculptées dans la pierre, la plupart humaines, certaines animales. L'Allemand arrêta le faisceau sur l'une d'elles qui, en y regardant bien, tirait la langue.

— *Le portier te tirera la langue quand tu franchiras le seuil du Sanctum Sanctorum*, dit-il d'un ton triomphant.

Roland reconnut la phrase tirée du message de Rossal. Il repéra ce qui réjouissait l'Allemand. Du côté gauche de l'arche qui surmontait le portail, la cinquième tête sculptée représentait un homme à l'air un peu ahuri qui tirait la langue à ceux qui s'approchaient de la porte.

— Nous sommes au bon endroit, annonça Hartmann.

Il éteignit sa lampe et jeta une nouvelle fois un coup d'œil aux alentours.

— Il doit y avoir une porte sur le côté, dit-il au conducteur de la voiture.

L'autre disparut immédiatement tandis que son compagnon gardait toujours les deux prisonniers en joue. Il revint peu après.

— Il y en a une de chaque côté, confirma-t-il. À l'époque, elles devaient donner sur des bâtiments qui ont disparu.

Ils contournèrent la vieille église par la droite et parvinrent à une porte au centre du mur de côté, décoré de quatre immenses fausses arches en pierre percées d'une petite fenêtre. Dans l'ombre d'un grand arbre, ils étaient maintenant à abri des regards, mais

Hartmann ne ralluma pas la lampe. La lune leur suffisait. L'homme posa son sac par terre, l'ouvrit et en extirpa un pied-de-biche court et plat.

— *Du musst leise sein*[39], chuchota Hartmann.

Le grand blond inséra l'extrémité de la barre entre la porte en bois massif et le chambranle, s'arc-bouta et tira jusqu'à ce que ses bras en tremblent. Malgré la puissance de l'effort consenti par son dos musclé et ses larges épaules, il n'obtint aucun résultat. Il répéta l'opération à quelques reprises, accompagnant chacune d'un grognement de plus en plus sonore. Voyant que son homme n'arrivait à rien, Hartmann se joignit à lui, sans plus de succès.

— Aidez-nous ! ordonna le *Sturmbannführer* à Roland.

À contrecœur, le damné appuya l'épaule contre la porte, s'ancra les pieds au sol et, à trois, tout le monde y alla de son plus bel effort. Cette fois, un grand craquement fendit le silence de la nuit. Ils se retirèrent et la porte tourna sur ses gonds.

— Entrez ! ordonna Hartmann, essoufflé.

Roland sentit la pression du Luger dans le bas de son dos. Il laissa passer Anna et lui emboîta le pas, conscient qu'il pénétrait dans un endroit où sa quête allait prendre une tournure nouvelle ou s'interrompre.

Une fois tout le monde entré et la porte refermée, Hartmann balaya l'intérieur de l'église avec sa lampe, révélant un édifice à l'ambiance presque irréelle. Le lieu était étonnamment petit et pas très haut de plafond. Sa largeur permettait tout juste d'accueillir

39. Ne fais pas de bruit.

quatre rangées de banquettes bien serrées et un bénitier en pierre dans l'allée centrale. Les murs sur lesquels se promenait le rayon de la lampe étaient en briques recouvertes d'un revêtement de plâtre disparu par endroits. Des colonnes ponctuaient les parois et se prolongeaient en une élégante voûte en arc. Au fond se trouvait l'abside en demi-cercle avec, en son centre, l'autel et le tabernacle. Sur le mur de gauche, un escalier abondamment sculpté et décoré menait à la chaire d'où le curé tonnait tous les dimanches. En face se dressait un confessionnal en bois sombre et un autre autel surmonté d'un Christ en croix. Çà et là, l'enceinte étaient percée de fenêtres hautes et étroites, ce qui rendait peu probable que l'on remarque la lumière de l'extérieur.

Le moins que l'on pût dire, c'était que le *Sanctum Sanctorum* annoncé par Gondemar de Rossal n'était pas un endroit ordinaire. Du peu que Roland fût en mesure d'en juger, son étrangeté était à la hauteur de la quête que Dieu lui avait imposée, malgré la pauvreté de ses moyens, et dont il avait maintenant perdu le contrôle au profit des Allemands.

— Voyez-vous ça... marmonna Hartmann émerveillé comme un enfant, le cou cassé vers l'arrière pour tout voir. Tout est à un cheveu de l'hérésie... C'est tout à fait... remarquable. Il faudra penser à envoyer des spécialistes ici dès que...

Perdu dans ses pensées, il n'acheva pas sa phrase. Il se mit à tourner lentement sur lui-même pour admirer l'ensemble en promenant sa lumière ici et là. Ne sachant que faire d'autre, Roland l'imita et leva la tête. On aurait dit qu'un enfant fou s'était amusé à décorer cette église avec tout ce qui lui passait par la tête. Le résultat était un véritable fouillis de dessins à la peinture ocre et à moitié délavés.

La voûte toute entière était parsemée de motifs : des triangles, des cercles et des étoiles, des fleurs de lys, des lignes et toutes sortes d'autres ornements. Les murs, quant à eux, n'étaient qu'un délirant kaléidoscope de symboles et de dessins. Des arches dessinées à leur sommet affichaient des représentations de saints qui semblaient les observer de leur perchoir. Çà et là, il put apercevoir des damiers, un centaure, des chiens, des triangles, un chevalier, des croix pattées, des étoiles, un diablotin, un évêque et plusieurs visages imprécis, parfois inachevés. Il lui sembla aussi voir quelque chose qui ressemblait à un seau de puits au bout de sa corde, et un autre croquis représentant un campement rempli de tentes. L'ensemble constituait un spectaculaire capharnaüm artistique, parfaitement à la mesure de l'aventure délirante dans laquelle il était entortillé.

— *Bemerkenswert*[40]... redit Hartmann, en admiration devant l'antique spectacle quelque peu extravagant qui se déployait sous ses yeux.

Roland jeta un regard sur Anna. Stimulée par l'énigme qui se déployait en trois dimensions sous ses yeux, l'amnésique semblait avoir recouvré ses esprits et examinait les figures avec autant d'intérêt que le SS. Une fois de plus, il se demanda qui elle pouvait bien être.

— Bon. Nous sommes entrés dans le temple de Jacques, à Montsaunès, accueillis par le portier qui

40. Remarquable...

nous tirait la langue, récapitula Hartmann pour lui-même, en comptant sur ses doigts. Ce Rossal n'était pas très doué pour les énigmes, ce qui est fort bien. Maintenant, il reste à trouver ce qu'il y a caché. Ça ne devrait pas être trop difficile.

Il balaya l'ensemble de l'édifice du regard en se tapotant distraitement la bouche avec son index.

— Il faisait forcément allusion à ces dessins, réfléchit-il à haute voix. Ils seront notre point de départ.

Il apostropha ses hommes.

— Nous cherchons l'image d'un archange, d'un démon et d'une dame en noir, leur annonça-t-il avec l'assurance d'un officier supérieur. Repérez tout ce qui pourrait leur ressembler.

Il interpella Roland et Anna :

— Cherchez, vous aussi.

— Pourquoi nous vous aiderions ? cracha l'amnésique avec un rire cynique.

— Pour ne pas mourir, rétorqua froidement l'Allemand.

— Et si je préfère mourir ?

— Je vous satisferai avec plaisir une fois que tout sera terminé, rétorqua-t-il d'un ton glacial.

Il se retourna vers ses hommes, qui n'avaient pas bougé, et eut un petit geste d'impatience de la main droite. Les deux SS claquèrent des talons. Le chauffeur de la Daimler entraîna Anna sans excès de galanterie tandis que le grand blond s'occupait toujours de Roland, se tenant prudemment à quelques pas derrière lui pour ne pas être surpris par un mouvement brusque, son pistolet dans une main, sa lampe torche dans l'autre. Les deux groupes se séparèrent et arpentèrent lentement les lieux, les rayons de lumière balayant les murs et la voûte.

Roland et son gardien se postèrent près de l'autel, puis longèrent le mur en direction de la rosace et du portail. Explorant au hasard, il remarqua une croix cathare identique à celle qui était gravée dans la chair de son épaule. Un éclair de douleur la traversa et il y porta ses mains menottées en grimaçant. Le nez en l'air, occupé à chercher les images indiquées par son supérieur, le grand blond ne remarqua rien.

Presque arrivé au fond de l'église, Roland se figea soudain sur place. Un grand froid l'envahit et un frisson de terreur le traversa. Malgré lui, il recula légèrement. Voilà presque sept siècles, au sommet du mur de gauche, près du portail de l'entrée, quelqu'un avait dessiné Métatron.

44

Dans le haut du mur se trouvait l'archange dans toute sa gloire, droit comme un chêne, exactement comme Roland l'avait vu en enfer. Ses ailes étaient repliées et sa robe blanche ressemblait à un surplis ecclésiastique. Dans sa main droite, la crosse d'or semblait sur le point de marquer la créature qui se tenait devant lui. La décoloration rendait l'identification difficile, mais Roland y voyait un démon qui se contorsionnait et narguait le messager de Dieu, la queue dans les airs, les longues oreilles dressées, la gueule ouverte. Métatron n'avait pas du tout l'air impressionné et, si le dessin n'avait pas été si pâle, nul doute que la moue arrogante qui ne quittait jamais ses lèvres eut été visible tandis qu'il toisait son adversaire avec l'assurance hautaine que Roland lui connaissait.

— Saloperie de petite femmelette… maugréa ce dernier, les dents et les poings serrés par la profonde détestation que lui inspirait la créature céleste qui tenait dans ses mains le sort de son âme éternelle.

L'habituelle brûlure à l'épaule fut suivie d'un élancement dans la tête. Roland les ignora.

Si cette représentation ne signifiait rien pour les SS, pour lui, la conclusion sautait aux yeux : celui qui l'avait dessiné avait vu l'archange de ses propres yeux. À sa connaissance, un seul homme pouvait prétendre à cet honneur douteux : Gondemar de Rossal.

Il fit un effort considérable pour garder la tête froide et examina le reste du mur. Au-dessus de Métatron, une croix pattée dans un cercle semblait flotter. À gauche, on pouvait encore apercevoir une silhouette presque effacée qui, contrairement au reste, avait été tracée à la peinture noire et non pas ocre. Plus haut, là où l'arche de la voûte prenait naissance, un dragon surplombait le tout.

Sous la garde de l'archange, du démon et de la Dame en noir, tu trouveras la Vérité, avait écrit Rossal. Il sut qu'il avait trouvé. Son ventre se serra et son cœur se mit à battre plus fort dans sa poitrine. La Vérité se trouvait là quelque part, tout près. Quelle que soit sa nature, il pouvait presque la sentir, la toucher. Bientôt, il la connaîtrait. Le fait que les nazis s'emparent de ce que Dieu l'avait chargé de protéger était-ce un échec ou, au contraire, exactement ce qui était attendu de lui ? Sous peu, il en aurait le cœur net. Soit il vivrait encore un peu, soit il se retrouverait au paradis, soit il retournerait en enfer.

Près de lui, l'Allemand qui le surveillait avait manifestement repéré les dessins qui l'avaient tant effrayé.

Après les avoir évalués un instant, il se retourna vivement vers son supérieur.

— *Sturmbannführer!* appela-t-il d'une voix fébrile. Regardez!

Installé au pied de la chaire, Hartmann dépouillait méthodiquement le haut du mur avec sa lampe. Il se retourna en entendant l'appel de son subalterne puis s'empressa de le rejoindre. Il dirigea son attention vers ce que ce dernier éclairait et ses yeux s'agrandirent. Un demi-sourire lui retroussa la commissure des lèvres. L'autre Allemand arriva en compagnie d'Anna.

Les rivalités et les tensions temporairement oubliées, tous se concentrèrent sur les dessins avec un mélange de stupeur, de méfiance et d'émerveillement. Son regard et le faisceau de sa lampe balayèrent les figures jusqu'au sol.

— *Sous la garde de l'archange, du démon et de la Dame en noir*, chuchota-t-il de nouveau en appuyant sur le premier mot.

Son visage s'illumina. Il tira un canif de sa poche, en déplia la lame, puis braqua sa lampe torche sur les dalles de pierre qui constituaient le sol depuis des siècles. Il s'agenouilla et se mit à les inspecter avec soin, en grattant les joints de la lame. De temps à autre, il levait la tête pour définir sa position par rapport aux trois personnages sur le mur. Il désigna les trois dalles qui se trouvaient directement en dessous.

— Creusez ici, ordonna-t-il.

Celui qui portait le sac de cuir le déposa au sol, l'ouvrit et en sortit une petite masse et le pied-de-biche, puis deux pelles de tranchée qu'il assembla en quelques gestes habiles. Il en tendit une au grand blond.

— Nous allons devoir faire du bruit, *Sturmbannführer*, prévint l'homme.

— Je sais. Faites-en aussi peu que possible. Je me charge de quiconque viendrait mettre son nez dans nos affaires, déclara Hartmann en jetant un regard sombre à la porte, son pistolet en main. Hâtez-vous !

Les deux SS retirèrent chacun leur manteau et leur veston, roulèrent les manches de leur chemise, desserrèrent leur cravate et déboutonnèrent leur col, puis se mirent à l'ouvrage. Le coup de masse asséné par le plus costaud des deux tomba au beau milieu du premier des trois carrés de pierre et y provoqua une fissure. Il frappa à nouveau, brisant en deux une des moitiés, puis répéta l'opération. Cela fait, il recula pour permettre à son collègue d'insérer le pied-de-biche sous un des morceaux puis de s'arc-bouter pour le soulever. Un à un, ils retirèrent ainsi tous les éclats. Ils répétèrent l'opération sur les deux dalles suivantes. Quand les trois carreaux de pierre furent réduits en éclats, ils abordèrent la seconde partie du travail avec la même détermination méthodique et se mirent à creuser à la pelle.

Surveillé de près par Hartmann, Roland attendait, guettant il ne savait quoi au juste. Les SS excavèrent le sol pendant une bonne heure et ne s'arrêtèrent, suants et sales comme des esclaves, que lorsqu'ils eurent atteint plus d'un mètre de profondeur. Dans le trou jusqu'à la taille, le grand blond s'essuya le front avec son avant-bras, se barbouillant de saletés. Il en sortit, haletant.

— Il n'y a rien, *Sturmbannführer*, annonça-t-il en jetant sa pelle avec dépit. Absolument rien.

Refusant de croire ce qu'il venait d'entendre, Hartmann déposa son porte-documents, retira son manteau et le jeta sur le sol. Il s'approcha de ce qui avait toutes les apparences d'une fosse, ramassa la pelle et y sauta à son tour. Avec frénésie, il multiplia les coups de pelle rageurs, projetant des nuages de terre qui forcèrent les autres à reculer. Après une dizaine de minutes d'efforts soutenus, il s'arrêta, à bout de souffle et en nage. Il émergea du trou, une expression de frustration sur le visage et balaya la terre de son costume.

— Au bout du compte, on dirait que Rossal était moins bête que vous ne le pensiez, ne put s'empêcher de le narguer Roland, soudain pris d'une irrésistible envie de défendre l'honneur de son prédécesseur. En tout cas, il était moins con que vous.

Hartmann lui retourna un regard torve, mais ne trouva rien à répliquer. Il ouvrit le porte-documents et en retira le message de Gondemar de Rossal pour le relire. Roland nota au passage que le vieux parchemin commençait à se fendiller à plusieurs endroits. Il ne durerait plus longtemps, mais il avait rempli sa mission. Restait à savoir s'il atteindrait son but.

— Montsaunès… le Temple de Jacques… le portier… l'archange, le démon et la dame noire… récapitula Hartmann en grommelant.

L'Allemand était manifestement habitué à avoir raison et concevait une grande frustration de son échec.

— *Herr Sturmbannführer*? intervint le petit trapu, sur le ton de celui qui sait qu'il risque de provoquer une explosion.

Hartmann releva la tête et posa sur son subordonné aux cheveux châtains un regard à glacer le sang.

— Oui, Hellenbrand?

— Là-bas, poursuivit le SS. Près du tabernacle, il y a une statue de la Vierge.

— Et?

— Elle est noire. Une Vierge noire. Notre-Dame noire. Une Dame noire… J'ai pensé que…

— Et c'est maintenant que vous le dites? coupa l'officier SS sur un ton lourd de menaces.

— J'allais vous en avertir quand Ewert vous a appelé, *Herr Sturmbannführer*, répondit le costaud, sur la défensive.

Mis en cause, le grand blond fusilla son camarade du regard. Hartmann fit un effort palpable pour ravaler sa colère et se concentrer sur la tâche à accomplir. Il remit le document dans la mallette.

— Montrez-moi! ordonna-t-il sèchement.

Trop heureux, Hellenbrand s'empressa de guider Hartmann vers le chœur tandis que le pauvre Ewert, clairement dans les mauvaises grâces de son supérieur, fermait la marche derrière Roland et Anna, le sac d'outils dans une main, son pistolet dans l'autre, presque à la recherche d'un prétexte pour passer sa colère sur eux et les abattre.

Au fond de l'abside, sur la gauche, au bas du mur circulaire, entre l'autel et le tabernacle, se trouvait une niche fermée par un antique grillage de fer.

Derrière les barreaux, telle une prisonnière, se trouvait une petite statue de la Vierge, manifestement très ancienne et toute noire. Tenant son fils dans ses bras, Notre-Dame, sculptée dans un style un peu grossier, penchait pudiquement sa tête voilée. Deux fentes lui tenaient lieu d'yeux et lui conféraient un air vaguement asiatique. Le SS s'accroupit et examina minutieusement la sculpture avant de tourner la tête vers l'archange et le dragon. Une ombre de dépit passa sur son visage.

— Évidemment, dit-il avec amertume. L'archange et le démon surveillent de là-bas tandis que la dame en noir protège la Vérité derrière ses barreaux. C'était pourtant évident.

Il admonesta ses hommes.

— Ewert, Hellenbrand, cassez-moi ça !

Le grand blond sortit à nouveau le pied-de-biche et la masse du sac. Il tendit le premier outil à son collègue et leva le second pour l'abattre en plein centre du grillage. Les vieux barreaux plièrent. Quelques coups de plus et ils cédèrent dans un grincement de métal fatigué. Hellenbrand finit d'agrandir l'ouverture sans trop d'efforts.

Hartmann posa son porte-documents, saisit la petite statue, qui ne faisait pas cinquante centimètres de haut, la tira hors de sa niche et lui consacra quelques secondes. N'ayant rien trouvé qui justifiât davantage son attention, il la leva au-dessus de sa tête et la fracassa sur le sol de pierre. Le vieux bois sec se fendit sur la longueur. Quelques chocs de plus et l'antique sculpture ne fut plus qu'un amas d'éclats de bois. Mais rien de plus.

Le visage ruisselant de sueur, les cheveux dépeignés et le costume souillé, l'officier SS n'avait plus rien à voir avec l'homme froid et en plein contrôle de soi qui les avait cueillis à la porte de la chapelle Saint-Amans quelques heures auparavant. Les yeux un peu fous, il reporta son attention vers la niche et y enfouit la tête. Le cul en l'air, il fouilla l'intérieur de l'alcôve et en inspecta les joints des briques. Il tendit ensuite une main impatiente vers Hellenbrand.

— *Gib es Mir*[41] *!* cracha-t-il.

À peine l'outil en main, il se mit à cogner furieusement à l'intérieur de la niche, faisant voler des éclats de brique et de ciment. Après plusieurs minutes, il dut se rendre à l'évidence : la petite ouverture en ogive, désormais à demi démolie, ne contenait rien de plus que ce qu'il en avait retiré.

— Treize, intervint soudain Anna.

41. Donne-moi ça !

45

Tout le monde se tourna vers l'amnésique, mais elle ne s'était adressée à personne en particulier. Les yeux dans le vague, elle réfléchissait intensément, dans cette attitude que Roland avait appris à connaître au cours des derniers jours. Il l'observa, toujours aussi perplexe. Quand elle tombait dans cet état, cette femme sans passé ni identité semblait au bord de la transe, absente, morte au monde. Même le ton de sa voix devenait monocorde. Elle semblait puiser ses réflexions et ses connaissances dans un univers auquel elle seule avait accès.

Mais voilà qu'elle s'apprêtait à aider les boches. Devait-il la faire taire ? À la moindre tentative, il serait assurément abattu comme un chien enragé et c'en serait fini de sa quête. Si celle-ci devait se poursuivre, il semblait évident qu'elle passerait par ces nazis. Anna avait été placée sur son chemin pour lui venir en aide. C'était une évidence. Il n'avait d'autre choix que de s'en remettre à son sort et de la laisser faire. Il verrait bien où cela le mènerait.

Ayant manifestement compris qu'il était dans un cul-de-sac et que toute aide était bienvenue, Hartmann changea immédiatement d'attitude. Il posa le pied-de-biche par terre, se releva et lissa machinalement un costume désormais souillé au-delà de tout espoir.

— Je vous écoute madame, l'encouragea-t-il en se replaçant les cheveux.

Elle désigna de la main la rosace qui trônait sur la façade, au-dessus du portail d'entrée.

— *À la demie de treize et de trois, sous la garde de l'archange, du démon et de la Dame en noir se trouve la Vérité,* récita-t-elle. Il y a treize cercles dans la rosace. Ils représentent Jésus entouré de ses douze apôtres.

Avant que Roland comprenne à quoi elle faisait allusion, tout le monde eut déjà l'air d'avoir reçu une révélation divine. La grande fenêtre centrale était en effet entourée de douze autres, plus petites. Treize cercles.

— Et il y a trois fenêtres là-haut, renchérit l'amnésique en désignant le sommet du mur derrière le tabernacle.

Le regard de Hartmann suivit à nouveau la direction désignée. Il n'avait pas remarqué la présence des trois ouvertures en ogive dont la disposition suivait le pourtour de l'arche, plaçant la fenêtre centrale plus haut que les deux autres.

— En toute logique, la demie à laquelle il fait allusion est le milieu de l'édifice, conclut Anna avec une assurance qui jurait avec son amnésie. Ce que vous cherchez se trouve au centre de l'église. Inutile de continuer à tout casser.

L'officier, qui avait rétabli son empire sur lui-même, la dévisagea avec admiration.

— Même endommagé, madame, votre esprit est un outil remarquable, roucoula-t-il en frottant ensemble ses mains sales.

— Faites ce que vous avez à faire et finissons-en, rétorqua sèchement Anna. J'en ai assez de me faire trimballer dans une histoire qui ne me concerne pas. J'ai une vie à retrouver, figurez-vous !

Hartmann ramassa son porte-documents, se plaça au centre de l'église et constata que la dalle sur laquelle il se tenait portait une croix templière sculptée qui, si l'on pivotait sur soi-même, devenait le proverbial « X » d'une carte au trésor. Les pieds joints, il regarda en direction de la façade, vers le haut, puis du chœur, et secoua la tête avec un découragement un peu amusé.

— Si on traçait une droite entre la Vierge noire et l'archange, elle passerait exactement ici, ricana-t-il.

Il fit quelques pas de côté et n'eut aucun ordre à donner. Son regard suffit. Ewert et Hellenbrand s'attaquèrent à la dalle marquée d'une croix pattée avec une énergie renouvelée. En quelques minutes, elle fut réduite en miettes et la terre dessous fut dégagée. Les pelles finirent par heurter quelque chose de métallique et ils redoublèrent d'acharnement. Quelques efforts de plus suffirent à dégager une boîte de métal grossière et rouillée, mais encore entière et bien solide, qui fut déposée sur le sol de pierre.

Le *Sturmbannführer* s'agenouilla avec une attitude qui ressemblait à de la révérence émue. Son souffle s'accéléra distinctement tandis qu'il balayait le coffret avec ses mains et l'examinait sous toutes ses coutures. Il avait l'air d'un amant qui fait durer le plaisir de la découverte. Les six faces avaient été solidement rivetées voilà très longtemps et sa moue d'approbation trahit l'admiration que la qualité de l'ouvrage lui inspirait. Il arracha le pied-de-biche des mains d'Ewert et retira un marteau du sac de cuir. Il fallut plusieurs coups, mais un à un, les rivets anciens finirent par sauter. Le SS retira le couvercle et ses yeux s'écarquillèrent de surprise.

— *Bei allen Göttern*[42]... chuchota-t-il, pris de stupeur.

Il introduisit dans la caisse des mains qui tremblaient un peu pour en sortir un objet parfaitement conservé, en or massif incrusté de pierres précieuses. L'objet faisait une cinquantaine de centimètres de haut sur une quarantaine de large et autant en profondeur. Sur une petite porte étaient gravés deux symboles : un *agnus dei*[43] et un poisson. Roland se demanda distraitement combien tout cet or et ces pierres pouvaient valoir.

— Un reliquaire, murmura Hartmann en le tenant à bout de bras, telle une offrande. Comme il était écrit dans le testament de Rossal.

Il le posa par terre et caressa l'or d'un geste tendre, l'effleurant du bout des doigts, suivant le contour des motifs. Il finit par se décider à ouvrir

42. Par tous les dieux...
43. Agneau de Dieu.

la châsse. La peur et la surprise se mêlant sur son visage, il ne put retenir un mouvement de recul. Près de lui, ses hommes en firent autant. Anna laissa échapper un petit cri et s'accrocha au bras de Roland, qui se surprit à apprécier cette nouvelle habitude.

Un silence déférent tomba dans l'église, comme si la plus précieuse des reliques venait d'être exhibée. Leurs rivalités oubliées, les SS et leurs prisonniers demeurèrent momentanément unis dans la surprise et la répulsion. Roland entendit Anna, apeurée, qui aspirait l'air entre ses dents. Par-delà les siècles, une horrible tête momifiée faisait face au groupe hétéroclite. Au milieu de la barbe hirsute qui dévorait encore des joues à la peau brunâtre et desséchée, pareille à du vieux cuir, des lèvres retroussées sur des dents jaunies semblaient leur adresser un sourire cynique. Les paupières closes, la tête semblait dormir.

La Vérité si précieuse à Dieu et à son maudit archange n'était qu'une vieille tronche desséchée, se dit Roland, médusé. Qu'est-ce que cela signifiait? S'était-on payé la sienne, de tête, depuis le paradis où résidaient tous ces êtres désagréables?

— C'est lui! murmura Hartmann avec le sourire ébahi d'un petit garçon découvrant que le père Noël était vraiment passé durant la nuit. C'est vraiment lui. Yehohanan. Rossal disait vrai. Il l'avait vu, lui aussi.

Il s'autorisa un bref ricanement avant de reprendre son sérieux.

— Qui c'est, votre macchabée? s'enquit Roland sur un ton volontairement léger.

— Si vous aviez à le savoir, monsieur Sentenac, vous le sauriez, rétorqua l'Allemand sans lui accorder la moindre attention.

— Sans moi, vous ne l'auriez pas retrouvée, votre tête pourrie.

— C'est exact. Vous êtes la preuve vivante que même l'ignorance peut mener quelque part avec un peu de chance et beaucoup d'aide. Maintenant, taisez-vous avant que je ne décide que vous avez épuisé votre capital d'utilité.

Le *Sturmbannführer* continua à dévisager le mort dans son écrin.

— Tout ce temps, tu as gardé le secret, lui dit-il sur un ton admiratif, comme s'il discutait avec un vieil ami. Rossal t'avait bien caché. Tu peux enfin te délester de ton fardeau et me livrer la Vérité. Il en sera fait bon usage.

À ces mots, Roland se raidit. Hartmann effleura du bout des doigts un petit bouton doré sous la porte qu'il venait d'ouvrir pour dévoiler la tête du mort. Il le tira avec délicatesse. Un petit tiroir glissa lentement vers lui. Il observa sans bouger ce qui se trouvait à l'intérieur, comme s'il n'arrivait pas à y croire. Puis il y mit la main et en sortit un petit livre. Même de loin, il était évident que sa couverture de cuir était très ancienne.

— L'épître… Bientôt, grâce à toi, la chrétienté ne sera qu'un tas de ruines fumantes et puantes, comme il se doit, marmonna Hartmann. Le cloaque impur et corrompu sera exhibé pour ce qu'il est, et deux mille ans d'imposture prendront fin. À ta façon, tu auras été le vrai messie et ton message aura été utile. Tu auras été l'artisan du retour à la vraie religion.

Ému, les mains tremblantes, il feuilleta les pages en parchemin épais couvertes d'une écriture serrée à l'encre pâlie.

— De l'araméen... murmura-t-il, ébahi.

Inséré entre la dernière page et la couverture, il découvrit un autre parchemin plié en quatre et parut un peu surpris. Il le déplia avec la même prudence et le parcourut en travers. Roland crut entrevoir une larme dans le coin de son œil droit.

— *Non surrexit inter natos mulierum maior Ioanne Baptista*[44], dit Hartmann d'une voix rendue épaisse par l'émotion.

Roland laissa son regard s'attarder sur la tête, au fond de la châsse. Cette relique répugnante, Gondemar de Rossal avait posé les yeux dessus, lui aussi. Son regard s'embrouilla et il sentit le sol vaciller sous ses pieds. Les paupières millénaires s'ouvrirent et les lèvres desséchées se retroussèrent en un horrible sourire.

— *La Vérité est multiple,* déclara la voix caverneuse et usée qu'il reconnut immédiatement comme celle de Gondemar de Rossal. *Ce qui est dans l'ombre est mille fois plus dangereux que ce qui est dans la lumière. Ton chemin vers le salut est encore long.*

Roland cligna des yeux et secoua la tête. Le monde cessa de tanguer. Autour de lui, personne n'avait remarqué son absence. De toute évidence, on n'avait rien entendu non plus. Devant lui, toujours accroupi au centre de l'église, Hartmann referma le reliquaire avec la même gravité mêlée de révérence

44. Parmi les enfants des femmes, il n'en a pas surgi de plus grand que Jean le Baptiste, Matthieu, 11:11.

superstitieuse. Cela fait, il ramassa l'objet en or et se releva en le soutenant de ses deux mains comme une offrande sacrée déposée sur un coussin cérémoniel.

— Le sac! ordonna l'officier.

Tandis qu'Ewert tenait toujours Roland et Anna en joue avec son Luger, sa lampe torche dans l'autre main, Hellenbrand s'empressa de vider le sac, jetant pêle-mêle par terre les outils restants. Il se planta ensuite devant son supérieur en le tenant grand ouvert. Avec des gestes solennels, Hartmann y déposa le reliquaire, puis l'épée de Gondemar de Rossal. Il se chargea du bagage tandis que son subalterne dégainait son arme et rejoignait son compagnon derrière les prisonniers. Le *Sturmbannführer* considéra l'église avec nostalgie.

— *Le Temple de Jacques, à Montsaunès*, récita-t-il en ricanant un peu. Tout simplement. Rahn était bien plus près du but qu'il ne le croyait.

Il reporta son attention sur Anna et Roland.

— Je l'ai connu, vous savez, déclara-t-il, la mine attristée. C'était un grand érudit. Il adhérait sincèrement aux idéaux du Reich. Malheureusement, il a perdu la foi. C'est en partie grâce à lui et à ses découvertes si le rêve de notre *Führer* est en voie de devenir réalité. Il en savait trop pour son propre bien. Il était devenu un risque. Il a été victime de ses succès.

— Vous semblez vous-même connaître un certain succès. Si j'étais vous, je serais prudent et je surveillerais mes arrières, ironisa Roland.

— C'est ce que je fais.

Roland désigna Anna de la tête.

— Vous avez ce que vous vouliez. Laissez-la partir!

— C'est impossible. Elle est vraiment très douée et semble en savoir plus qu'elle ne le prétend. Elle pourrait m'être encore utile.

— J'ai perdu la mémoire, lança la jeune femme avec amertume. Je ne sais même pas ce que je sais! Et franchement, j'ai autre chose à faire que de chercher des têtes momifiées et des vieux papiers. Je me fiche de ce que vous voulez en faire. Tout ce que je veux, c'est savoir qui je suis!

— C'est ce que vous affirmez, mais comment puis-je être sûr que vous dites vrai? Tout le monde peut prétendre avoir perdu la mémoire. J'aimerais vous rendre votre liberté, madame, mais c'est impossible. Vous devez venir avec nous. Quand tout sera fini, nous verrons.

Ewert empoigna solidement la jeune femme par le bras. En colère, elle se débattit en vain.

— Mais laissez-moi, ragea-t-elle en essayant de se défaire de l'emprise de l'Allemand.

Hartmann se tourna vers Roland, qui brûlait de se jeter sur Ewert.

— Vous aussi, monsieur Sentenac, ajouta-t-il.

— Et où allons-nous? s'enquit ce dernier, en découvrant ainsi qu'il vivrait encore un peu.

Hartmann lui adressa un sourire énigmatique, mais sa réponse ne le surprit pas outre-mesure.

— Nous avons déjà ce reliquaire et son contenu. Il reste à récupérer l'autre part de la Vérité, monsieur Sentenac, rétorqua-t-il comme s'il s'agissait d'une évidence. Cela fait, tout sera en place pour détruire l'Église et ériger un monde nouveau.

Roland ne s'en étonna pas. Bien au contraire, il s'était attendu à ce qu'on venait de lui apprendre. Après tout, Rossal ne venait-il pas de le prévenir que sa quête n'était pas terminée et, implicitement, qu'il n'avait pas encore sauvé son âme? Quelle forme prendrait cette autre part? Il l'ignorait. Mais il n'avait d'autre choix que d'essayer de protéger l'ensemble. *Tu retourneras parmi les vivants et tu protégeras la Vérité jusqu'au moment de sa révélation.*

46

De retour sur la banquette arrière de la Daimler, entre Anna et Hellenbrand, les mains à nouveau menottés derrière le dos et le Luger bien enfoncé dans les côtes, Roland ne pouvait qu'attendre. Il était à la merci des événements et du bon vouloir de l'archange. La nuit était redevenue opaque et, par les vitres il ne pouvait identifier aucun paysage, de sorte qu'il n'avait aucune idée de leur prochaine destination, mais la voiture roulait vite et les virages étaient serrés.

— Il fait noir comme chez le diable, ragea Ewert, au volant, en étirant le cou comme si cela lui permettrait de voir un peu plus loin.

Dans la pénombre, Roland ricana. Ce type ne savait pas de quoi il parlait.

— Chez le diable, il ne fait pas noir, déclara-t-il sombrement. Vous seriez surpris de la lumière que les flammes peuvent dégager. Surtout quand on est dedans.

Il fut l'objet de regards torves et le silence, oppressant, retomba dans le véhicule. À sa droite, il sentait que l'amnésique était toujours affectée par ce qu'elle avait vécu en entrant dans l'église. Chaque fois qu'il tournait la tête vers elle, profitant d'une lueur passagère, il la trouvait les yeux dans le vague. Comment l'en blâmer?

Sur la banquette avant, Hartmann tenait le sac de cuir contenant le reliquaire sur ses cuisses avec la même prudence qu'il l'aurait fait pour un enfant au berceau. Lui aussi était perdu dans ses pensées. Le vernis de réserve et de calme de l'officier SS s'était craquelé. Dépeigné, le visage, les mains et le costume souillés, il ressemblait beaucoup plus au fanatique qu'il était vraiment. La Daimler était remplie d'une forte odeur de transpiration et de terre humide.

Non sans intérêt, Roland nota que, cette fois, Hartmann n'étudiait pas les messages de Rossal et de Rahn. Les documents étaient restés dans le porte-documents qu'il avait posé à ses pieds. Son attitude satisfaite était celle d'un homme qui avait tout compris et était convaincu d'avoir déjà gagné.

Roland se sentait étrangement calme. Pour l'instant, il n'avait rien d'autre à faire qu'observer et réfléchir. Le *Sturmbannführer* semblait assuré de trouver ce qu'il avait appelé «l'autre part». Roland l'était aussi. *La Vérité est multiple. Ce qui est dans l'ombre est mille fois plus dangereux que ce qui est dans la lumière. Ton chemin vers le salut est encore long.*

En quelques jours, il avait appris à ne pas balayer du revers de la main de tels messages, même quand il n'en saisissait pas le sens. À ce jour, chacun s'était avéré. Les événements étaient prédestinés. Ils étaient tous des marionnettes, impuissantes et insignifiantes. L'amnésique, les nazis, lui-même… Chacun avait un rôle à jouer dans une pièce dont seul l'auteur connaissait le dénouement. Les SS avaient été guidés vers la chapelle Saint-Amans, puis jusqu'à l'église templière de Montsaunès par le testament de Gondemar de Rossal, découvert par Otto Rahn. Lui-même avait été mis sur la piste par l'épée de Rossal, cachée par Rahn sous le plancher de l'hôtel Les Marronniers. Autant de destins mis en branle par des tierces parties et qui avaient convergé vers un moment déterminant au centre d'une petite église du douzième siècle perdue dans un village du Sud de la France.

Pour l'instant, la Vérité consistait en un petit livre très ancien dont il ne connaissait que l'auteur : Yehohanan. Ce qu'il renfermait, Roland l'ignorait, mais Hartmann semblait fermement convaincu que cela suffirait à réduire en cendres la chrétienté. Le contenu devait, par conséquent, en être particulièrement explosif. Il lui fallait donc attendre passivement la suite. Les marionnettes n'existent que suspendues au bout de leurs ficelles. Sinon, elles ne peuvent que reposer par terre et regarder le monde tourner.

Le trajet dura assez longtemps pour que Roland, épuisé plus qu'il ne l'avait soupçonné par la tension et l'anxiété des derniers jours, somnole un peu. Ce fut le ralentissement de la Daimler qui le tira de son sommeil. Il releva la tête, confus, et regarda autour de lui. L'évidence lui sauta aux yeux : ils étaient revenus au point de départ. Non seulement étaient-ils de retour à Ussat-les-Bains, mais ils étaient stationnés devant Les Marronniers.

— Qu'est-ce que nous fichons ici? s'enquit-il, la bouche un peu pâteuse.

Sur sa banquette, Hartmann se retourna pour lui faire face.

— Je vous l'ai déjà dit, monsieur Sentenac, répondit-il, comme si la chose allait de soi. Nous venons récupérer la deuxième part de la Vérité.

— Mais… Nous étions ici voilà quelques heures à peine, bredouilla Roland. Pourquoi revenir?

— Vous posez beaucoup de questions.

Roland attendit la suite, mais elle ne vint pas. Hartmann ouvrit la portière et sortit en prenant grand soin du reliquaire dans son sac. Le chauffeur l'imita et se posta à deux mètres du véhicule, pistolet en main, prêt à faire feu au moindre geste. Puis son collègue et Anna en firent autant.

Quand tous furent sortis, Hartmann ouvrit le coffre arrière de la Daimler, y mit le reliquaire en sécurité. Il en tira ensuite un autre sac, plus petit, et se mit en marche vers Les Marronniers. Ewert fit signe à Anna et à Roland d'avancer. Le groupe franchit la clôture basse en fer forgé et se dirigea vers la porte de l'hôtel. Roland vit qu'une des fenêtres à l'étage était encore éclairée malgré l'heure tardive. Dans la nuit noire, personne ne remarqua la tache de sang séchée laissée par une mendiante assassinée la veille.

Il fallut un moment avant que quelqu'un réponde à la porte. Elle s'entrouvrit et la face bouffie de sommeil de Louise Bourrue apparut dans l'embrasure. Dans ces circonstances, la commère portait encore mieux son patronyme.

— Ouais? Qu'est-ce que c'est? s'enquit-elle sans la moindre courtoisie.

— Bonsoir, madame. Pardonnez-nous cette intrusion à une heure si tardive, mais nous avons rendez-vous avec un de vos clients, expliqua Hartmann avec son habituelle civilité.

— Z'en avez des drôles d'heures de visite, vous autres, les boches, grommela-t-elle en jaugeant leurs vêtements un peu sales.

Le *Sturmbannführer* n'accorda pas d'attention à l'accueil discourtois. Ils entrèrent à la file indienne. Quand la bonne femme enveloppée dans une vieille robe de chambre aperçut Roland, ses yeux ensommeillés s'écarquillèrent.

— Dites donc, z'avez pas vu Jules? Quand je suis redescendue après avoir fait les chambres, il n'était plus au comptoir, expliqua-t-elle en se tordant les mains. Personne ne sait où il est passé. Moi, je crois qu'il fait la fête quelque part. Ça lui arrive parfois. Mais je m'inquiète un peu. D'habitude, il prévient. Il n'a pas beaucoup de jugeote, le Jules...

— Non, je suis désolé, mentit Sentenac en lui faisant face pour cacher ses menottes dans son dos.

— Moi non plus, renchérit Anna.

— Ah! Très bien. Je me demandais. On l'aime bien, au fond, le petit Jules, même s'il est pas toujours sympa.

Ils laissèrent la femme de chambre à son inquiétude et s'engagèrent dans l'escalier. Une fois à l'étage,

Hartmann se dirigea sans hésiter vers la chambre numéro 4 et adressa un sourire entendu à Roland.

— Le hasard est parfois amusant, vous ne trouvez pas ?

— Ha ! ha ! ha !...

Tandis que ses hommes, toujours postés à l'arrière, gardaient les prisonniers en joue, leurs pistolets à la hauteur des reins, l'Allemand frappa un coup à la porte, suivi de trois, de un et de un encore. Des bruits de pas leur parvinrent de l'autre côté, puis le bruit distinctif d'un loquet que l'on déverrouille. La porte s'entrouvrit à peine, et un visage apparut à moitié, l'œil injecté de sang à la pupille dilatée. Le regard nerveux les balaya à tour de rôle et, même de loin, Roland put y lire une frayeur proche de la panique. Hartmann fit un petit pas vers l'avant et posa doucement la main sur le battant pour l'immobiliser.

— Bonsoir, monsieur l'abbé, salua-t-il.

47

Dans l'étroit espace entre la porte et le chambranle, les paupières autour de l'œil se plissèrent avec méfiance.

— Q-Qui êtes-vous ? demanda l'occupant de la chambre 4 d'une voix tendue marquée par un fort accent italien.

— *SS-Sturmbannführer* Gustav Hartmann, envoyé par l'*Obergrupenfüher* Karl Wolff, rétorqua l'Allemand en inclinant poliment la tête. Ai-je l'honneur de m'adresser à monsieur l'abbé Benvenuto Clementelli ?

Derrière la porte entrebâillée, l'homme paniqué sembla grimacer, comme si d'entendre son nom prononcé en public était la dernière chose qu'il souhaitait. Il acquiesça de la tête.

— Où est votre uniforme ? Vous devriez porter un uniforme, lâcha-t-il sur un ton saccadé.

— Nous sommes en France, monsieur l'abbé. L'uniforme SS, si élégant soit-il, n'y serait pas à sa place. Pas pour le moment, en tout cas, mais le jour viendra, j'imagine. Bientôt. Très bientôt.

Derrière la porte, l'ecclésiastique se déplaça un peu afin de mieux voir. Roland entrevit un visage émacié et tendu, à la barbe de trois jours – la mine de quelqu'un qui n'avait pas dormi depuis longtemps.

— Vous avez proposé à la *Schutzstaffel* une transaction très particulière, insista l'officier SS. Je suis ici pour la conclure.

— Comment puis-je savoir que vous dites vrai? demanda l'occupant apeuré de la chambre 4 en reculant d'un pas.

— Nous avons un code à échanger afin de nous identifier formellement. Cela devrait atténuer vos craintes.

— Oui, oui, c'est vrai.

Épuisé et terrorisé, Clementelli avait du mal à réfléchir. Des gouttes de sueur coulaient sur ses tempes et il dégageait une odeur âcre de terreur et de saleté. Ses yeux clignèrent à quelques reprises, puis papillonnèrent un peu partout, comme s'il cherchait à se rappeler quelque chose. Ils se posèrent enfin sur le *Sturmbannführer*.

— À vous de commencer, monsieur l'abbé, l'invita ce dernier d'un geste élégant de la main.

L'autre se frotta nerveusement le visage, comme pour chasser la confusion qui semblait embrumer son esprit fatigué.

— *Sì, sì,* bien sûr, balbutia-t-il. Voilà. *Ioannes Baptista resurrexit a mortuis...*

— ... *et propterea inoperantur virtutes in illo*[45], compléta le SS.

— *Quid petam?*

— *Caput Ioannis Baptistae*[46]. Maintenant, pouvons-nous entrer? Cela faciliterait notre affaire.

Les mains dans le dos, dans cette pose typique commune aux officiers nazis, il fit mine d'avancer, mais l'autre se plaça pitoyablement en travers pour lui bloquer le chemin, comme s'il en avait la force.

— Et eux? Qui sont-ils? s'enquit-il en désignant Roland, Anna et leurs gardiens. On m'a dit que je rencontrerais une seule personne.

— Bien sûr. Comment ai-je pu oublier?

D'un geste ample, Hartmann désigna ses hommes.

— Voici les *Scharführer* Ewert et Hellenbrand.

— Et les autres? insista l'individu.

Le *Sturmbannführer* laissa échapper un profond soupir contrarié. Cette fois sa réponse fut donnée sur un ton glacial indiquant que sa patience frôlait dangereusement ses limites.

— Cette dame et ce monsieur sont mes prisonniers. Vous comprendrez que je ne pouvais pas les laisser seuls dans la voiture, grinça-t-il. Pour le reste, j'ai bien peur que les raisons de leur présence ne vous regardent pas, monsieur l'abbé. Maintenant, puis-je entrer? *Tempus fugit*[47], comme on dit, mon père, et nous avons une transaction à conclure.

L'abbé demeura hésitant, toisant le groupe avec une défiance qui avait quelque chose de sauvage.

---

45. Jean-Baptiste est revenu d'entre les morts. C'est pourquoi il a le pouvoir de faire des miracles. Évangile de Marc, 6, 14.
46. Que dois-je demander? La tête de Jean le Baptiste. Évangile de Marc, 6, 24
47. Le temps passe.

— On m'avait affirmé que je rencontrerais une seule personne, répéta-t-il.

Le visage de Hartmann se durcit et sa mâchoire se contracta.

— Je me permets de vous rappeler que c'est vous qui nous avez contactés, pas le contraire, insista-t-il d'un ton plus sec. Je me suis dûment identifié, tel qu'entendu, et, pour dire vrai, ce n'est pas vous qui fixez les conditions. Je suis certain que vous ne demandez qu'à quitter cet endroit au plus vite pour vous faire oublier sous des cieux plus cléments. Non?

— *Sì, evidentemente*[48], grommela l'homme en s'écartant.

— Alors finissons-en, si vous voulez bien.

Hartmann fit un pas en avant et l'autre n'eut d'autre choix que de reculer. Le groupe entra, les deux *Scharführer* en dernier. Une fois tout le monde bien entassé dans la petite pièce, Hellenbrand referma la porte.

Roland concentra son attention sur l'occupant de la chambre. Il n'était pas si vieux – peut-être quarante-cinq ans – mais ses traits tirés et blêmes lui en faisaient paraître au moins quinze de plus. Ses cheveux en broussaille et sales étaient plus blancs que gris. Il semblait tendu comme une corde de violon et littéralement sur le point d'exploser. Ses mains tremblaient un peu et sa respiration était rapide.

À y regarder de plus près, cependant, son front haut et son nez aquilin avaient quelque chose de patricien. Ses vêtements étaient fripés comme s'il avait dormi dedans, ce qui était probablement le cas,

48. Oui, évidemment.

mais semblaient d'excellente coupe et ses souliers vernis étaient de qualité. De toute évidence, la loque effrayée et tremblante qui se tenait là était quelque chose comme un aristocrate.

Le fait que Hartmann l'ait appelé «monsieur l'abbé» et «mon père» à quelques reprises n'avait pas échappé à Roland. Effectivement, il pouvait aisément imaginer cet homme vêtu d'une soutane et d'un col romain amidonné, raide comme un manche de pelle, toisant ses ouailles avec mépris du haut de sa chaire. Il nota avec intérêt que le crucifix qui avait été suspendu au-dessus du lit gisait sur la commode, laissant une trace plus pâle sur le papier peint. À l'oreille, l'homme était italien. Après les maudits boches, un spaghetti. Et curé en plus. Côté fréquentation, les choses ne s'amélioraient pas.

Une pression du Luger dans le creux de ses reins indiqua à Roland d'avancer. Ewert le mena vers le coin de la chambre, loin de la porte d'entrée. Il en fut de même pour Anna, sur le visage de qui la colère et l'indignation avaient remplacé l'hébétude. L'Allemand se planta près d'eux et les garda bien en joue, alerte comme un chat guettant une souris.

Roland n'était pas naïf. Il savait bien que dès que les boches auraient obtenu ce qu'ils étaient venus chercher, Anna et lui deviendraient inutiles. On se débarrasserait d'eux sans la moindre arrière-pensée. Qu'y avait-il de si terrible sur ces vieux papiers? Il ne le savait même pas.

Ton chemin vers le salut est encore long, lui avait affirmé l'archange par l'entremise de la tête momifiée. Tout se contredisait. Il se jura qu'une fois de retour en enfer, il ferait passer un mauvais quart d'heure au petit précieux. Il lui fourrerait ses ailes dans le cul une plume à la fois. L'élancement qui lui traversa le crâne ne fit que le motiver.

— Hellenbrand, le sac ! ordonna Hartmann.

Le SS traversa la chambre en quelques pas et remit à son supérieur le sac de voyage qu'il avait pris dans le coffre de la Daimler. Le *Sturmbannführer* le remit à l'abbé Clementelli.

— Voici la somme convenue avec l'*Obergrupenfüher* Wolff, lui assura-t-il. Libre à vous de compter, si vous le souhaitez.

— Oui, je préfère vérifier, rétorqua le prêtre en ravalant sa salive, les yeux rivés sur le bagage.

L'abbé vida sur le lit les liasses de francs que contenait le sac. Puis il s'assit et se mit à compter, mouillant ses doigts sur sa langue. Après quatre liasses choisies au hasard, il parut rassuré et se contenta d'inspecter rapidement les autres avant de les remettre toutes dans le sac, dont il referma les sangles.

— À votre tour, maintenant, déclara Hartmann. Si le ton demeurait courtois, le regard était dur et froid comme la lame d'un poignard. Avec des airs de condamné à mort, l'Italien se leva, empoigna le matelas et le rabattit contre le mur. Sur le sommier apparut un objet rectangulaire qu'il ramassa. Il revint vers Hartmann en serrant à deux mains contre sa poitrine ce qui se révéla être une enveloppe en cuir maroquiné d'apparence très ancienne. Il la remit au *Sturmbannführer*, qui la reçut en inclinant poliment la tête. Dessus, un seul mot était écrit à la feuille d'or.

MENDACIUM.

Hartmann admira l'objet avec un sourire énigmatique.

— Mensonge… soupira-t-il, songeur. Bientôt, tout le monde saura et les choses seront rectifiées.

Il s'attarda brièvement sur l'antique sceau de cire brisé, puis ouvrit l'enveloppe et glissa la main à l'intérieur. Il en sortit des documents, d'apparence aussi ancienne que leur étui, et les lut en diagonale. Une grande émotion se dessina sur son visage habituellement impassible à mesure qu'il prenait connaissance de leur contenu. Il remit le tout dans l'enveloppe et toisa Clementelli, qui attendait dans une attitude soumise et craintive évoquant celle d'un esclave qui espère plaire à son maître.

— Ce sont les originaux?

— Oui, confirma le prêtre avec empressement. Ils viennent tout droit des Archives secrètes du Vatican.

— Il en existe des copies?

— Je ne saurais l'assurer mais, compte tenu de leur contenu et du secret dont ils ont fait l'objet, j'en doute beaucoup. L'Église n'a pas avantage à multiplier les risques d'une fuite.

— Fort bien. Merci, monsieur l'abbé.

Avec un calme désarmant, il extirpa de sa veste son pistolet muni d'un silencieux. Clementelli écarquilla les yeux en réalisant ce qui se tramait. Sa main droite remonta sur sa poitrine et il commença à se signer, puis s'interrompit avec un petit rire cynique qui se transforma en sanglots. Ses épaules s'affaissèrent tandis qu'il lâchait prise, résigné et vaincu par une destinée plus puissante que lui. Hartmann appuya sur la détente et un sifflement fendit l'air. Tandis que l'arrière de sa tête giclait sur le mur, Clementelli eut le temps d'espérer que Dieu existait et qu'il était aussi miséricordieux qu'on le lui avait affirmé.

48

Rome, palais du Latran,
le même jour

Dans les appartements papaux, l'ambiance était maussade. Depuis son accession au trône de saint Pierre, Eugenio Pacelli, qui avait pris le nom de Pie XII pour bien marquer la continuité avec son prédécesseur, avait l'impression qu'une chape de plomb s'était posée sur ses épaules et il craignait de ne pas avoir la force de la porter. Il se demandait surtout pourquoi l'effort en vaudrait la peine. Depuis toujours, sa vocation sacerdotale avait été pour lui d'une évidence indubitable. À travers la prêtrise, il s'était épanoui. Il y avait trouvé l'occasion d'utiliser à bon escient les talents qu'il avait eu la faveur de recevoir de Dieu et il avait tenté de faire le bien. Son ascension dans la curie romaine avait été un modèle de régularité et jamais, pour autant qu'il pût en juger, il n'avait fait honte aux fonctions qu'on lui avait confiées.

Il était devenu un diplomate de premier plan auquel Pie XI avait confié les relations entre le

Saint-Siège et le Reich allemand. En tant que secrétaire d'État de Sa Sainteté, il avait timidement suggéré que le Vatican vienne en aide aux Juifs allemands persécutés par le régime nazi, mais s'était heurté à une fin de non-recevoir. Les assassins du Fils de Dieu pouvaient bien crever, lui avait-on fait comprendre. Il avait dû se résoudre à conclure un concordat infâme qui livrait pratiquement l'Église catholique allemande en pâture à Hitler et lui interdisait tout commentaire sur la question juive. Depuis six ans, l'Allemagne n'avait même pas fait semblant de respecter ce traité et les notes de protestation qu'il avait lui-même adressées au gouvernement allemand étaient restées sans suite.

La diplomatie exigeait souvent que l'on se pince le nez pour ne pas sentir l'odeur des compromis et des concessions que l'on faisait. Elle ne pouvait exister que si l'on acceptait parfois de pactiser avec le diable – ou avec le *Führer*. Elle ne pensait jamais à court terme et elle était terriblement ingrate. Cela, Pie XII le savait mieux que quiconque.

Il n'ignorait pas que, dans les officines du Vatican et à l'étranger, on le surnommait « le pape d'Hitler ». L'épithète lui faisait saigner le cœur, mais il représentait le prix du devoir. Et ce prix, Eugenio Pacelli avait toujours accepté de le payer. À la veille d'une guerre qui semblait inévitable et qui s'annonçait aussi longue que meurtrière, le conclave avait élu le pape diplomate dont l'Église avait besoin. L'élection du camerlingue en charge de la transition entre l'ancien et le nouveau pape était chose inhabituelle, mais les cardinaux avaient choisi de regarder ailleurs, comme ils savaient si bien le faire quand il le fallait. Le conclave avait donc été le plus bref de l'histoire.

Sa longue expérience de la diplomatie, pour désabusée qu'elle fût, ne l'avait toutefois pas préparé à ce qui s'était produit le soir de son intronisation. À peine avait-il retiré la tiare papale de sa tête que, selon la tradition, on l'avait mis au fait des dossiers les plus chauds et les plus embarrassants de l'Église. Le Vatican n'étant qu'un gros village où les rumeurs circulaient à toute vitesse et étaient rarement infondées, il en avait évidemment déjà connu la plupart et les autres ne l'avaient pas réellement surpris. Il avait passé des heures à scruter des scandales financiers et de mœurs, des tromperies et des bassesses. La routine habituelle.

Il avait travaillé tard et allait se mettre enfin au lit quand le secrétaire de feu Sa Sainteté avait demandé à le voir dans l'appartement papal. Considérant l'heure tardive, complètement contraire au protocole, il avait accueilli son visiteur en robe de chambre et en mules de soie. Quelques minutes plus tard, toutes ses illusions avaient volé en éclats.

Depuis cet instant fatidique, ce calice dont il avait dû boire le contenu amer, il était atterré de jour comme de nuit et avait beaucoup de mal à contenir sa rage, et les pensées noires ne le quittaient plus. Tous les papes depuis Innocent III avaient sans doute éprouvé les mêmes sentiments. Sans le savoir, il était littéralement devenu le pape de Satan. Un vulgaire imposteur. Le Graal existait et il n'avait rien de saint. Les fondations de la chrétienté étaient fausses depuis le premier jour. La religion du Christ risquait maintenant de servir à cautionner la montée de la Bête nazie. La seule idée le faisait frissonner de dégoût.

Et comme si cela ne suffisait pas, la situation menaçait maintenant de se dégrader jusqu'à l'irréparable.

— Toujours pas de nouvelles de ce Clementelli? s'enquit-il d'une voix harassée, affalé dans un luxueux fauteuil en brocart tandis que, sur un guéridon à sa droite, une tasse de thé refroidissait.

Robert Leiber, son secrétaire particulier, lui adressa une mine déconfite – pour peu qu'un Allemand pût avoir des expressions faciales, songea-t-il.

— Non, admit ce dernier en secouant la tête avec dépit. Il semble s'être volatilisé.

— Il peut bien brûler en enfer en ce qui me concerne.

— Encore faudrait-il que l'enfer existe. L'Église n'en est pas à un mythe près, comme le sait Votre Sainteté.

Votre Sainteté… Pacelli n'arrivait pas à s'y faire. Plus que jamais, il aurait voulu être seulement Eugenio. Mais ce ne serait plus jamais possible. Il était condamné à mourir pape. Il dévisagea Leiber. Cet homme était son ami de longue date et avait sa confiance absolue. Aussi avait-il pris la liberté de partager avec lui le secret qui se révélait trop lourd pour ses frêles épaules. Quand on lui avait appris la disparition de Benvenuto Clementelli, archiviste adjoint aux Archives secrètes, c'était son fidèle ami qu'il avait dépêché, en compagnie du secrétaire du pape précédent, pour vérifier que les documents maudits s'y trouvaient toujours. La pâleur de leur visage quand ils étaient revenus avait tenu lieu de réponse.

— Ce sont les papiers qui m'inquiètent, ajouta le Saint Père. Pas celui qui les a. Imaginez la catastrophe s'ils tombaient entre les mains d'Hitler. Je n'ose même pas envisager ce qu'en ferait ce fou, que je ne connais que trop bien.

— Il les utiliserait pour appuyer ses idées et justifier les pires horreurs, à n'en point douter, répondit son secrétaire, formulant à haute voix ce qu'il n'avait pas osé dire.

Pendant un temps, ils restèrent silencieux. Le pape avala une gorgée de thé tiède et grimaça. Leiber fit mine de se lever pour en commander un autre, mais Pie XII l'interrompit d'un geste impatient et lui fit signe de se rasseoir. La température de sa boisson était le dernier de ses soucis.

— Pourquoi n'a-t-on jamais détruit ces documents ? déplora-t-il dans un soupir las.

— Le Vatican n'a jamais rien jeté. D'où l'existence des Archives secrètes. Qui sait quand un document se révélera utile ?

— J'aurais préféré ne jamais savoir.

Le secrétaire posa ses coudes sur ses cuisses et, les mains jointes, se pencha vers le pape.

— Eugenio, mon vieil ami, as-tu considéré que le moment est peut-être venu pour la vérité d'éclater, demanda-t-il avec sollicitude.

Pie XII eut un petit rire amer et secoua la tête avec dépit.

— Tu t'imagines malgré tout que Dieu se mêle des affaires temporelles de l'Église ? Existe-t-il même ?

— J'aime à croire l'un et l'autre, oui.

— Alors pourquoi a-t-il permis une telle abomination? Pour salir sa propre Église? Pour éprouver ses serviteurs?

— Il ne faut pas confondre la foi et l'institution. L'Église n'est pas la sienne, mais celle des hommes. Ses voies sont impénétrables. Tu le sais comme moi. Prions, tu veux bien?

Le pape et son secrétaire s'agenouillèrent humblement sur le plancher, joignirent les mains et, ensemble, implorèrent la lumière divine. Pacelli avait l'impression que sa croix pectorale allait brûler sa soutane pour lui rôtir la peau.

49

Ussat-les-Bains,
le même jour

Un silence oppressant régnait dans la chambre d'hôtel. Le corps de Clementelli avait glissé lentement contre le mur, laissant une traînée ensanglantée sur le papier peint fané. Assis par terre, un petit trou rond au milieu du front, l'abbé italien avait gardé une expression surprise. Les yeux ronds, la bouche ouverte, il avait des airs de pantin désarticulé. Près de Roland, Anna était statufiée. Instinctivement, il se plaça devant elle pour lui faire un bouclier de son corps. Une partie de lui se demanda d'où il sortait cet esprit de sacrifice. *La conscience que tu ne croyais pas avoir te brûlera sans cesse*, répéta Métatron dans un coin de son esprit. Les Allemands observaient le cadavre sans sourciller. Dans la main de Hartmann, le pistolet muni d'un silencieux fumait encore.

L'air parfaitement calme, le *Sturmbannführer* fut le premier à agir. Il enjamba le mort pour atteindre le lit, ramassa le sac de cuir contenant l'argent et y glissa l'enveloppe contenant les documents qu'il aurait dû acheter. Il revint vers la porte. Roland sentit la main d'Anna sur son bras. L'amnésique l'écarta.

— Pourquoi avez-vous fait ça? demanda-t-elle, frémissante d'indignation. Vous aviez ce que vous vouliez.

— Un témoin, même satisfait, risque toujours de devenir bavard ou de tenter d'extorquer davantage, madame, rétorqua Hartmann sans sourciller.

— Tout ça pour quelques vieux papiers, déplora Roland.

L'officier SS fronça les sourcils, intrigué, et le détailla comme on le fait d'un animal étrange.

— Je ne vous comprends pas, monsieur Sentenac, déclara-t-il. Cette mystérieuse dame et vous suivez avec une efficacité étonnante une piste complexe tracée voilà six siècles et demi et pourtant, vous ne semblez pas avoir la moindre idée de la place que ces documents occupent dans l'Histoire. Mais qui êtes-vous donc?

— Un homme très fatigué et dépassé par les événements. Et un damné revenu de l'enfer pour protéger la Vérité en échange du salut de son âme, rétorqua Roland, faute de mieux.

Hartmann ricana avec résignation en entendant ce qu'il prenait pour une boutade.

— Puisque vous ignorez leur valeur, sachez, monsieur Sentenac, que le texte contenu dans le reliquaire récupéré dans l'église de Montsaunès et celui que vient de me remettre feu l'abbé Clementelli figurent, sans l'ombre d'un doute, parmi les plus importants à avoir été écrits au cours des deux derniers millénaires, déclara-t-il, une lueur d'exaltation dans les yeux. Grâce à eux, l'Histoire va bientôt être réécrite du tout au tout par le *Führer*. Ce sera un peu grâce à vous.

— Dois-je vraiment m'en réjouir ? le questionna Roland, qui sentait le besoin de gagner du temps.

— Je me targue de bien connaître l'histoire, et j'ai pu observer que les sociétés nouvelles ont toujours été érigées sur les ruines fumantes de la précédente. Celle que le Reich prévoit ne fera pas exception. Le monde tel que nous le connaissons est malade ; les anciennes religions l'ont gangréné au point où couper le membre pourri ne suffira plus à stopper la putréfaction. Nous allons le purifier par le feu, le faire rougir pour le reforger.

— Impressionnant, railla Roland. Et ils disent quoi, au juste, ces textes pour permettre une chose pareille ?

Le visage du *Sturmbannführer* se durcit.

— Ils rectifient un mensonge millénaire, monsieur Sentenac. Le mensonge qui a discrédité la religion de mes ancêtres.

Il pointa le Luger vers Anna et Roland.

— Merci pour tout, monsieur Sentenac. Votre contribution au monde nouveau que désire instaurer le Troisième Reich ne sera jamais dûment soulignée, mais je vous promets d'en garder le souvenir vivant.

Le cœur de Roland se serra. Il avait échoué. Il allait retourner en enfer pour l'éternité.

Je serai ton tourment et tu seras le mien ! Nous allons passer l'éternité à souffrir ensemble ! On se haïra jusqu'à la fin des temps ! Et, comme si cela ne suffisait pas, voilà que cela allait coûter la vie à la pauvre femme qui avait eu la malchance de croiser son chemin. Il devait faire une ultime tentative pour empêcher cette issue.

— Je me fiche, comme de la merde dans ma première couche, que vous entreteniez ou non mon souvenir, rétorqua-t-il. Là où je vais, j'aurai d'autres préoccupations. Je n'ai jamais voulu vous aider et vous le savez très bien. Mais laissez partir Anna. Elle n'a rien à voir avec tout ça. Cette histoire était la mienne.

— Je le souhaiterais, mais vous savez bien que c'est impossible, dit Hartmann. L'idée de faire violence à une dame me répugne, surtout quand elle est intelligente et jolie. Mais je ne peux laisser de témoins derrière.

Roland vit l'index presser imperceptiblement la détente, mais refusa de fermer les yeux. Il allait emporter en enfer une ultime image d'une vie ratée, la seule qu'il ait jamais eue. Le chuintement du silencieux fendit le silence. Il se raidit tandis qu'une partie de lui se demandait avec un étrange détachement où la balle l'atteindrait. Le cœur? La tête? Le ventre? Étrangement, il ne sentit rien. Dieu lui évitait la souffrance de la mort pour mieux lui infliger celle de l'éternité. Ses jambes ne fléchirent pas, même si elles étaient molles. Il respirait toujours.

Puis il comprit. La surprise se dessina sur le visage de Hartmann. Hébété, le SS baissa la tête pour observer la tache foncée qui se formait sur sa poitrine, à la hauteur du cœur. Il laissa tomber le pistolet et le sac, puis porta une main hésitante à son thorax. Du sang vermeil s'écoula entre ses doigts. Il releva les yeux vers Hellenbrand et vacilla un peu avant de s'écrouler lourdement, tel un arbre coupé, face contre le plancher. Sa tête rebondit avant de retomber.

Roland se plaça devant Anna pour lui faire écran et sursauta. Ewert était affalé dans un coin, le regard fixe, une flaque de sang se formant sous lui. Non loin de là, Hellenbrand pointait maintenant sur eux l'arme avec laquelle il venait d'abattre son officier et son collègue. Les idées tourbillonnaient dans la tête de Roland. Il essaya d'évaluer la situation. *Surtout, ne suis pas le chemin vers la Terre Promise, mais celui du traître de Germanie.* De toute évidence, il avait présumé à tort que Rahn avait été cet homme, mais cette fois, il venait de trouver celui que Rossal lui avait annoncé. Hellenbrand avait-il agi ainsi pour les sauver ou pour s'emparer des documents? De la réponse à cette question dépendrait leur vie, à Anna et à lui.

— Vous nous expliquez? suggéra-t-il.

— Non, répondit Hellenbrand.

Sans cesser de les tenir en joue, le *Scharführer* se dirigea vers le cadavre de son supérieur, et se pencha pour ramasser le Luger et le sac d'argent. Il ouvrit l'enveloppe, en fit sortir la moitié des papiers et les lut en diagonale avant de les remettre en place. Il secoua la tête avec un air émerveillé, comme s'il n'arrivait pas tout à fait à croire ce qu'il venait de voir.

— Madame, ouvrez la porte, je vous prie, ordonna-t-il. Il est temps de partir.

— Pour aller où? demanda Roland.

— Vous verrez bien. Sortez. Au moindre geste, je vous abats, les prévint Hellenbrand. Même si je préférerais ne pas avoir à le faire.

Une fois encore, Roland songea que le moment de sa mort n'était pas venu. En fait, il semblait sans cesse repoussé. Ils quittèrent la chambre, dont l'Allemand referma la porte du pied, et redescendirent vers le hall d'entrée. À cette heure de la nuit, le comptoir de l'hôtel était déserté, et ils quittèrent Les Marronniers sans croiser âme qui vive. Tandis qu'ils passaient devant le comptoir abandonné, Roland eut une pensée pour Jules qui, même cupide et détestable, n'avait pas mérité de payer de sa vie une quête qui n'était pas la sienne. Il ne put qu'espérer que l'enfer n'était pas ce qui l'attendait. En silence, le trio se dirigea vers la Daimler.

— Montez à l'arrière, ordonna l'Allemand.

Anna ouvrit la portière et, à tour de rôle, ils prirent place sur la banquette. Roland se permit un espoir. Si cet imbécile croyait qu'il pouvait conduire et les tenir en joue en même temps, il allait bientôt avoir une douloureuse surprise. Hellenbrand referma la portière et fit le tour de la voiture. Il ouvrit du côté conducteur, se pencha à l'intérieur et actionna une commande. Un déclic retentit et Roland comprit qu'il venait de verrouiller les portes.

Un petit cylindre métallique apparut dans la main de l'Allemand qui, sans hésiter, arracha une goupille. Une épaisse fumée pâle envahit aussitôt l'habitacle. Roland entendit la portière se refermer et, à tâtons, essaya vainement d'ouvrir la sienne. Il se mit à tousser et à s'étouffer. Son dernier souvenir fut la sensation de la vitre froide contre sa tête.

50

Quelque part en France

Roland tenta d'ouvrir les yeux, mais en fut incapable. Puis il voulut parler, mais seul un son assourdi monta entre ses lèvres. Sa tête lui donnait l'impression qu'elle allait se fendre en deux. Il fit mine d'avaler sa salive et trouva sa langue si sèche qu'elle était pour ainsi dire collée à son palais. Il secoua la tête et, cette fois, son corps lui obéit mieux, même si des cloches résonnèrent dans son crâne, le faisant grimacer.

— Vous revoilà des nôtres, fit une voix un peu étouffée.

Au prix d'un suprême effort de volonté, Roland ouvrit les yeux. La lumière l'aveugla et une vive douleur lui traversa la tête. Il les referma et attendit qu'elle se passe. Il sentit des doigts lui toucher la bouche et comprit qu'on lui retirait un bâillon. Puis on appuya quelque chose contre ses lèvres.

— Buvez ! lui intima-t-on. Ça vous fera du bien.

Il ne se fit pas prier. L'eau fraîche coula dans sa gorge comme un nectar. Il déglutit avec une telle avidité qu'il manqua de s'étrangler, prit un moment pour retrouver son souffle, puis se remit à boire.

— Doucement, fit la voix avec sollicitude. Vous allez vous étouffer. Voilà, comme ça.

Quand il eut fini, il inspira profondément et, cette fois, réussit à rouvrir les paupières. Il fallut un moment pour que la brume se dissipe de ses yeux et que la scène prenne forme. Le vieil homme qui se tenait devant lui, un verre vide à la main, lui adressait un sourire bienfaisant. Il avait un visage ridé, orné d'une épaisse barbe poivre et sel qui lui grugeait les joues jusque sous les yeux. Ses cheveux de même couleur étaient coupés court hormis deux mèches gardées longues et passées derrière ses oreilles. Il portait un costume noir, élimé et fripé sur une chemise plus jaune que blanche au col boutonné au cou, mais dénué de cravate.

— Qui… Qui êtes-vous ? demanda Roland malgré sa gorge irritée.

L'inconnu eut une moue triste et résignée, suivie d'un haussement des épaules.

— Meh… Qui peut dire ce qu'il est vraiment ? Un ami ? Un ennemi ? répondit-il d'une voix chantante à l'accent étrange. Ça dépend de celui qui regarde. Un peu comme la célèbre paille dans l'œil du voisin.

Tandis que le brouillard se dissipait peu à peu dans sa tête, Roland prit acte de sa situation. Il était installé sur une chaise, les mains entravées derrière le dossier.

Ses jambes étaient attachées aux pieds du siège et, jusqu'à encore un instant, il avait été bâillonné.

— Anna? fit Roland en se raidissant tandis que le souvenir de l'amnésique reprenait sa place parmi ses idées. Où est Anna?

Des pas résonnèrent sur sa droite et un autre homme s'approcha. Il tourna la tête et ce fut sans trop de surprise qu'il reconnut Markus Hellenbrand. Le *Scharführer* avait retiré sa cravate et déboutonné son col de chemise.

— Elle va bien, rassurez-vous! déclara ce dernier. Elle dort. L'effet du gaz se dissipera bientôt pour elle aussi.

Le souvenir de la fumée qui envahissait la voiture lui revint en tête, et Roland le dévisagea sans trop savoir qu'en penser. Cet homme avait abattu de sang-froid Hartmann et Ewert pour s'emparer des maudits papiers de Gondemar de Rossal. Il aurait pu les abattre, Anna et lui, mais il avait plutôt choisi de les endormir. Malgré cela, ils se retrouvaient prisonniers.

Le vieux fit un signe de la tête à Hellenbrand qui sortit de la pièce – une cuisine, réalisa Roland.

— Pourquoi suis-je ici? Que voulez-vous? demanda-t-il sèchement au vieil homme en tirant sur ses liens pour bien indiquer qu'il était conscient de leur présence.

— Pourquoi?... soupira le vieillard avec un air songeur. Voilà un mot qui ouvre toutes les possibilités et qui mène aux grandes découvertes...

— Oui, bon, mais dans le cas qui nous intéresse, insista Roland d'un ton grinçant. Votre ami Hellenbrand vous a certainement remis la tête de mort, le vieux livre et les documents du curé italien. Si je suis encore vivant, je présume que c'est que vous me considérez toujours utile. Alors crachez le morceau et finissons-en, vous voulez bien?

Sur ces entrefaites, des pas hésitants se firent entendre sur sa gauche. Roland tourna la tête et vit Anna qui s'approchait, soutenue par Hellenbrand. Elle avait les yeux bouffis, les cheveux ébouriffés et l'air encore un peu démuni. Elle aperçut Roland et son visage s'éclaira d'un faible sourire qu'il se surprit à lui rendre.

— En effet, nous avons besoin de vous, monsieur Sentenac, confirma le vieil homme. Et vous, de nous.

— Pour quoi faire?

Sur un signe du vieux, Hellenbrand passa derrière Roland, pour libérer ses poignets des menottes qui les avaient enserrés. Sans perdre le vieux de vue, le damné les frotta distraitement pour y ramener le sang et les sensations. Le vieil homme prit un air grave et une expression de profonde souffrance traversa ses yeux fatigués.

— Pour sauver le peuple juif, monsieur Sentenac, laissa-t-il tomber.

51

Ne sachant s'il devait prendre le vieux au sérieux, Roland dévisagea l'homme avec circonspection. Libre de ses mouvements, il aurait assurément pu atteindre son interlocuteur pour lui tordre le cou avant que Hellenbrand ne puisse intervenir, mais comme le destin l'avait mené jusqu'ici, il voulait entendre ce que l'autre avait à dire. Le salut de son âme y résidait peut-être.

— Je croyais qu'il y avait déjà eu un messie, pour ça. D'ailleurs, la chose ne lui a pas réellement réussi, finit-il par dire d'un ton railleur.

— Elle a été couronnée d'épines plus que de succès, en effet, acquiesça le vieux avec un ricanement amer. La question du messie est sujette à débat. Elle se trouve même à la base de toute l'affaire qui nous préoccupe, monsieur Sentenac.

Roland se leva et se planta devant le vieil homme, qui ne broncha pas. À quelques pas de là,

Hellenbrand porta la main à son veston, prêt à sortir son pistolet, mais les doigts osseux que le vieux leva sans quitter Roland des yeux l'arrêtèrent net.

— Je suis fatigué et très, très tendu ! gronda Roland, à bout de patience. Je me retrouve à courir après de vieux papiers dont je ne connais même pas le contenu, encore moins le sens. J'ai retourné des chambres d'hôtel, j'ai mis des églises sens dessus dessous et j'ai profané une tombe. On a abattu des gens devant moi et on m'a gazé avec je ne sais trop quoi.

Sans compter que je me suis fait sauter la tête, que je me suis retrouvé en enfer et que j'en suis revenu, ajouta-t-il pour lui-même. Il désigna Anna d'un geste brusque du pouce.

— De plus, cette pauvre fille se retrouve embrigadée dans une histoire qui ne la concerne pas, au lieu de se consacrer à recouvrer la mémoire. Alors faites-moi plaisir, cher vieux monsieur, dit-il, la mâchoire serrée, et cessez vos paraboles, parce que je suis à bout de patience. Si vous avez quelque chose à me dire, dites-le. Maintenant.

Le vieillard lui répondit par un autre sourire bienveillant et dénué de peur.

— Je comprends votre frustration, dit-il pour l'apaiser. La volonté de Dieu est parfois bien opaque à nos yeux de pauvres mortels. Que voulez-vous ? Être le Créateur de l'Univers vient avec ses privilèges.

— Je pourrais vous en dire long sur le caractère du Créateur…

— Asseyez-vous et discutons, vous voulez-bien?

Il désigna la table dans le coin de la cuisine, sur laquelle Roland fut soulagé d'apercevoir Memento.

— Vous aussi, bien sûr, madame, ajouta-t-il avec courtoisie.

Hellenbrand les précéda et, avec un respect tangible pour le vieil homme, tira la chaise pour qu'il puisse s'y asseoir.

— Merci, mon bon Markus ! fit ce dernier en prenant place. Apporte-nous un peu de schnaps, tu veux bien ? J'en ai bien besoin et nos amis aussi, je crois.

Tandis que Roland et Anna s'installaient à leur tour, Hellenbrand obtempéra et revint avec une bouteille d'eau-de-vie et des verres. Il déposa le tout sur la table. Le vieil homme versa des rasades qu'il glissa devant chacun d'eux et leva son verre.

— *Auf Ihr Wohl !*[49] s'exclama-t-il avant de procéder à un cul-sec enthousiaste.

Interdits, Roland et Anna se contentèrent d'une gorgée modérée et polie. Le vieil homme reposa son verre sur la table et le remplit.

— Le schnaps est l'un des rares plaisirs de la vie qui me reste encore, soupira-t-il avec contentement. La vieillesse n'a rien de bien réjouissant, mais j'imagine qu'il est encore plus triste de ne pas en avoir une. Au moins, on a un long passé sur lequel se pencher avec nostalgie

— Vous ne croyez pas si bien dire, grinça Anna.

Le vieux avala une autre gorgée, plus raisonnable, et les dévisagea longuement.

— Je me nomme Jacob Weinsteiner, déclara-t-il enfin. Je suis un des patriarches d'un réseau secret appelé « Sages de Sion ». Nous avons toujours été douze – un pour chacune des douze tribus d'Israël.

---

49. À votre santé !

À cette heure, toutefois, il est probable que je sois le seul encore vivant.

Visiblement ému, il fit une pause et retrouva un semblant de contenance.

— Éventuellement, les autres seront remplacés, comme toujours, mais pour l'instant, et à mon corps défendant, je dois le dire, je me retrouve l'unique responsable d'une affaire d'une extrême importance, poursuivit-il. Il me revient donc de vous expliquer des choses... complexes. Je vous avoue que je ne sais pas trop par où commencer.

— Par le début? rétorqua Roland.

— Pourquoi pas, en effet. Alors voici.

Il but à nouveau et fit claquer sa langue.

— Depuis presque deux mille ans, les Sages de Sion veillent à la préservation du peuple juif. Pour y arriver, tous les moyens sont bons. Nous infiltrons les cours, les églises, les gouvernements et les parlements. Nous sommes les conseillers, les éminences grises, les banquiers, les prêteurs sur gage, les prêtres, les ministres, les maîtresses et les amants. Dans la plus grande discrétion, et de toutes les façons, nous influençons les décisions des puissants afin d'en atténuer leurs effets, d'éviter le pire à notre peuple et, quand c'est possible, de le favoriser. Oh, nous n'avons jamais été naïfs. Depuis toujours, les pogroms, les persécutions, les expulsions et les bûchers sont notre lot. Ainsi l'a voulu Yahvé, qui éprouve son peuple élu. Mais, malgré les atrocités et les morts, nous avons toujours réussi à assurer la survie des nôtres. Nous avons accumulé assez d'argent pour acheter des nations entières et nous n'hésitons jamais à l'utiliser pour nous protéger, dans la mesure du possible, évidemment. Parfois, nous devons nous résigner à laisser une tragédie se produire, sinon ceux qui nous persécutent finiraient par soupçonner notre influence occulte.

Weinsteiner s'arrêta, l'air atterré, et vida son verre avant de le remplir de nouveau. Roland et Anna ne dirent rien. Quand le vieillard eut dominé ses émotions, il leur adressa un sourire triste et résigné.

— Si vous pouviez savoir ce que je sais et voir ce que j'ai vu… soupira-t-il. Imaginez… S'empêcher d'intervenir quand on sait que des centaines, voire des milliers des nôtres mourront, afin que le plus grand nombre puisse survivre. Devoir laisser des innocents – des enfants, des femmes – être brûlés vifs sur le bûcher ou battus à mort, alors qu'il aurait suffi de chuchoter quelques mots à l'oreille d'un roi, d'un pape ou d'un président. Laisser des voisins être emportés vers des camps, comme du bétail, pour y être soumis à un travail forcé auquel ils ne survivront pas. Tout ça parce que, pour assurer la survie du plus grand nombre, il faut choisir les combats que l'on mène.

Ses épaules se voûtèrent. Une seule larme, pudique, roula sur sa joue pour se perdre dans ses rides. Il ne tenta pas de l'essuyer.

— Le poids moral, monsieur Sentenac, est lourd. Depuis deux millénaires, tous les patriarches l'ont porté, chacun à sa façon. Mon tour est venu et je ferai de mon mieux. Jamais le danger n'a été aussi grand que maintenant, laissa tomber Weinsteiner. Jamais les moyens utilisés par les ennemis du peuple hébreu n'ont été aussi ambitieux que ceux qui sont mis en place par le Troisième Reich, en ce moment. Selon nos informateurs au sein de la *Schutzstaffel*, ce que nous voyons aujourd'hui – les rafles, les saccages, l'intimidation, les confiscations, les camps de travail, les privations, les violences collectives – tout cela n'est rien en comparaison de ce que nous verrons dans quelques années. On évoque une extermination physique de grande envergure ; un holocauste plus colossal que tout ce que le monde a pu voir. Et jamais les Sages de Sion n'ont été aussi démunis. Les documents que vous avez retrouvés et ceux que l'abbé italien a vendus aux nazis font partie des rares armes encore à notre disposition.

— Bon, alors maintenant, vous les avez, déclara Roland. Réjouissez-vous.

— Vous dites vrai. Malheureusement, les choses ne sont pas si simples, monsieur.

— Pourquoi je m'attendais à ce que vous disiez quelque chose comme ça ?

Weinsteiner avala une gorgée d'eau-de-vie, modeste, cette fois, et ferma les yeux tandis que l'agréable brûlure lui descendait dans l'œsophage. Puis il prit Memento pour la faire tourner distraitement entre ses mains.

— Vous n'ignorez pas que, même mort depuis sept siècles, Gondemar de Rossal joue un rôle central dans l'affaire qui nous occupe, reprit-il. C'est lui qui a déposé – ou fait déposer – le reliquaire dont il avait reçu la garde dans l'église de Montsaunès. Il est aussi lié au document que le prêtre a tenté de vendre, qu'il a été contraint de livrer lui-même aux émissaires du pape après l'avoir récupéré à Montségur. Nous savons tout cela parce qu'il a laissé un récit détaillé de sa vie, que l'*Obersturmführer* Rahn a retrouvé.

Les mots d'Otto Rahn revinrent en tête à Roland. *Le testament est maintenant entre les mains du SS-Reichführer Heinrich Himmler et deviendra assurément l'assise de sa folle entreprise d'unification de l'Europe et, éventuellement, du monde autour d'une foi païenne commune. Je regrette d'autant plus amèrement cette situation que c'est moi qui le lui ai remis. En cela, de deux maux, j'ai choisi le moindre.*

— Je pensais que les SS étaient les seuls à connaître le testament du sire de Rossal, dit-il.

Un sourire espiègle éclaira fugitivement le visage du patriarche et fit briller ses yeux.

— C'est ce qu'ils croient.

Il caressa pensivement sa longue barbe tandis qu'il mettait de l'ordre dans ses idées.

— Peut-être la meilleure manière est-elle de vous laisser prendre connaissance des documents, reprit-il. Notre discussion sera plus productive ensuite. Markus, tu veux bien m'apporter les papiers?

Hellenbrand, qui s'était tenu à l'écart à l'autre bout de la cuisine, acquiesça de la tête et sortit. Quelques instants plus tard, il revint avec une caisse en métal fortifié qu'il déposa sur la table devant le patriarche. Ce dernier sortit une clé de sa poche, déverrouilla les deux serrures et souleva le couvercle. Roland reconnut le petit livre à reliure de cuir et les documents qu'avait détenus l'abbé Clementelli.

— Et la tête de mort? s'enquit Roland.

— À part servir de relique, elle ne nous est d'aucune utilité, rétorqua le patriarche. Mais elle fait bon effet. Lisez.

Roland prit les manuscrits que lui tendait Weinsteiner et, sans hésitation, les tendit à Anna. L'amnésique ouvrit avec délicatesse le petit livre fragile pour prendre enfin connaissance de son contenu.

— Vous trouverez une traduction en latin à la fin, précisa le vieil homme. L'autre document est déjà dans cette langue.

Weinsteiner remplit leurs verres à ras-bord.

— Faites-moi confiance, ricana-t-il quand Roland fit mine de l'interrompre. Vous en aurez besoin, je crois.

Anna commença à traduire à voix haute en français.

52

Épître de Yehohanan aux Judéens.

Yehohanan dit : il y a le Bien et il y a le Mal. Tout est Lumière ou Ténèbres. Rien n'existe entre les deux. Sers le premier, évite le second et tu trouveras la paix. Car Dieu est en chacun de nous et chacun de nous est une étincelle de la Lumière divine.

Et Yehohanan dit : il n'est qu'une seule Vérité. Au commencement, Dieu créa les âmes et leur donna l'amour. Et Il vit que cela était bon. Les âmes baignaient dans Sa Lumière et vivaient dans le contentement. Puis Satan se rebella contre son Père, qui le chassa dans les Ténèbres. Voulant imiter son créateur, Satan y créa la matière, sur laquelle il établit son règne. De la boue, il modela la chair. Puis il corrompit des âmes et leur fit miroiter des plaisirs pour les convaincre de s'incarner. Depuis, les hommes sont emprisonnés dans la chair et seule la purification, acquise au fil des incarnations, leur permettra de s'en détacher. Ainsi, seulement, leur âme sera libérée et retournera à la Lumière. Alors viendra la fin des temps et le monde de Satan sera détruit. La chair se putréfiera pour toujours et seule l'âme pure vivra auprès de Dieu pour les siècles des siècles.

Et Yehohanan dit encore : le monde de Satan est séduisant. Il est facile d'oublier la Vérité pour s'y complaire. Aussi, dans son infinie bonté, Dieu envoie-t-il aux hommes des prophètes pour leur rappeler ce qu'ils sont. Mais même ceux-là ne sont pas incorruptibles et il leur arrive de céder aux tentations de la matière. Il en est ainsi de Ieschoua, qui se dit le Messie et qui, pourtant, attise la haine. Il apparaît dans le feu à ses disciples et prêche la violence. Il veut verser le sang sur la terre. Il séduit le cœur des hommes et les entraîne à leur perte. Quand il vous a convaincus, vous lui dites « nous t'appartenons, indique-nous la voie du Salut ». En vérité, je vous le dis : ne le suivez pas, car il a renié le baptême des agneaux et il est devenu un guerrier. N'acceptez pas de chuter avec le faux Messie, car l'épée qu'il brandit se retournera contre vous. Sa voie est celle qui éloigne de la Lumière. Respectez les lois, même celles qui ont été édictées par des tyrans ; elles n'atteignent que votre chair et ne corrompront jamais votre âme éternelle.

Et Yehohanan dit enfin : les prescriptions de Dieu sont simples. Rendez grâces à votre Créateur et ne prononcez Son nom qu'avec la crainte respectueuse et la vénération que vous Lui devez, vous qui êtes ses créatures. Aimez votre prochain plus que vous-mêmes et traitez-le comme vous estimez être en droit d'être traités. Ne le jugez pas si vous ne voulez pas être jugés par lui à la même aune. Ne versez pas son sang. Soyez honnêtes, sincères, généreux et humbles avec lui. Donnez-lui plus que vous ne recevez de lui. Exercez les dons que vous avez reçus de Dieu, pour Sa gloire et au profit de vos semblables. Ne laissez pas le Mal triompher, mais domptez-le par le Bien. Accumulez votre fortune dans les cieux et non sur terre. Ne craignez pas la mort, car elle est la vie. En tout, soyez fidèles à ces préceptes et Dieu vous mènera à bonne fin.

Roland cligna des yeux à quelques reprises, comme si ce geste pouvait lui permettre de se sortir de l'hallucination dont il était forcément prisonnier. Puis il secoua la tête et se tourna vers Anna. L'amnésique, le visage blême, le regard fixe, semblait fascinée par les propos du livre qu'elle tenait encore.

— Putain de Dieu!... lâcha-t-il en se passant la main sur le crâne.

— On peut dire ça, oui, ricana le patriarche amusé. Surtout que Dieu agit souvent comme un vieux maquereau. Mais lisez, lisez. Nous discuterons quand vous saurez tout.

Roland invita Anna à reprendre la lecture, ce qu'elle fit. Il nota que la main de la jeune femme tremblait.

Au très puissant, terrible et divin Tiberius, empereur de Rome.
De Pilatius Pontius, Procurateur de Judée.

Salut

Je dois porter à ton auguste attention des événements qui ont frappé récemment la province de Judée dont, dans ton infinie sagesse, tu as jugé bon de me confier l'administration en ton divin nom, pour que j'y fasse régner ta clémence et ta justice.

Depuis bientôt trois ans, un agitateur nommé Ieschoua arpentait la province et y fomentait la colère contre ton autorité. Au début, j'ai cru qu'il s'agissait d'un exalté comme tous les autres. Car ils sont légion en Judée, ceux qui prêchent à grands cris l'avènement prochain de celui qu'ils appellent le Messie, un roi-prêtre mythique censé libérer les juifs de ce qu'ils considèrent comme le joug de Rome. Mais celui-là, plus rusé que les autres, se disait ouvertement descendant des lignées de David, roi d'Israël, et d'Aaron, frère du prophète Moïse. S'appuyant sur cette prétention aristocratique, il s'est lui-même proclamé Roi des juifs. Sa popularité s'est accrue si vite que j'ai jugé nécessaire de faire enquête à son sujet. Voici ce que j'ai appris.

Ieschoua vient de Galilée. Il est le fils premier-né de Joseph et de Marie de Magdala. Son père, mort depuis peu, était bel et bien de la lignée de David. Sa mère, toujours vivante, est réputée descendre d'Aaron. Hormis son jumeau Thomas, il a quatre frères: Jacob, Joseph, Jude et Simon. Tous font partie de son entourage et parcourent les routes avec lui. Il a étudié la Loi juive. On dit qu'il était un élève brillant qui, encore enfant, arrivait à confondre les prêtres du temple sur des questions de doctrine. Jeune homme, plutôt que de se marier comme l'exige sa religion, il s'est rendu à Alexandrie, en Égypte. Il y a poursuivi son apprentissage auprès des prêtres hébreux de la lignée d'Aaron qui y vivent et dont on vante la science et la sagesse. Là, il a été initié à un judaïsme pur, mystique et ascétique qu'il prêche maintenant. Quand il en est revenu voilà trois ans, il était devenu un puissant mage. On prétend que, d'un seul mot ou par un souffle, il a multiplié la nourriture, guéri des lépreux, exorcisé des possédés, rendu l'esprit à des fous, fait marcher des paralytiques et redonné la vue aux aveugles. On dit même qu'il a ressuscité un homme mort depuis quatre jours et dont le corps était déjà corrompu par les vers. Toutes ces histoires, qu'elles soient vraies ou fausses, n'ont fait qu'accroître sa popularité.

Partout où il passait, il prêchait aux juifs la crainte de leur dieu, l'amour de leurs semblables, l'entraide et la charité, mais aussi la haine et le rejet de Rome. Il incitait à la guerre et exigeait du peuple des aumônes qu'il consacrait à l'armement de troupes destinées à un éventuel soulèvement. Lui et ses hommes ont même pillé le temple des juifs, où se tiennent les marchands et les changeurs. Son but avoué était de réunifier les anciens royaumes de Judée, de Galilée et de Samarie pour en devenir roi et grand prêtre.

Au début, il trouvait ses partisans parmi les pauvres et les prostituées. Mais peu à peu, les foules ont été gagnées par ses prétendus miracles et enflammées par les visions d'indépendance qu'il proposait. Il a acquis une telle renommée que, peu avant la plus récente fête de Pâques, il est entré en triomphe dans Jérusalem, qui était remplie de pèlerins à cette occasion. «Hosanna au fils de David! Béni soit celui qui vient au nom du Seigneur! Le roi d'Israël!» criaient les milliers qui l'accueillaient. Je fus très alarmé par ce développement et je décidai d'agir.

Les prêtres du Sanhédrin, des docteurs de la religion juive jaloux de leur pouvoir, n'aimaient pas l'ombrage que Ieschoua leur causait. Je n'avais que faire des accusations de blasphème que ces érudits lui adressaient, mais je ne pouvais tolérer plus longtemps les incitations à la révolte contre ton autorité. Je contactai donc le prêtre Joseph Caïphe, dont la loyauté m'est acquise, et ensemble, nous devisâmes un plan. Un des disciples du fauteur de troubles, un certain Judas bar Simon dit l'Ishkarioth, accepta de livrer son maître en échange de trente pièces d'or. Ieschoua fut capturé sur le mont des Oliviers, après que ses partisans l'eussent défendu l'arme au poing. Conduit devant le Sanhédrin, il fut interrogé par les prêtres, qui me le remirent pour que je prononce sa sentence de mort. Un tel dénouement ne me souriait guère. Pour ne pas leur donner une raison de plus de se plaindre de Rome, j'aurais préféré que les juifs règlent leurs affaires entre eux. De plus, l'exécution de Ieschoua risquait de provoquer une révolte dans la population. Je leur proposai donc de le faire corriger sévèrement puis de le relâcher, mais ils refusèrent. Comme Ieschoua est galiléen, je tentai ensuite de transférer sa cause à Hérode Antipas, tétrarque de Galilée, mais il me le retourna. Je dus me résoudre à le faire mener devant moi, déterminé à trouver une échappatoire qui me permettrait de maintenir la paix.

Je fus étonné de découvrir un petit homme dans la quarantaine, chétif et sale, qui, avec ses haillons, ses cheveux et sa barbe en broussaille, n'avait rien du souverain qu'il prétendait être. J'ordonnai qu'on nous laisse seuls et entrepris de le questionner. Il se révéla être très intelligent, et de conversation intéressante. J'essayai de lui faire comprendre combien il était futile de s'opposer à la puissance de Rome avec des moyens aussi puérils que les siens. Je lui expliquai que le châtiment qui le guettait s'il insistait pour usurper le titre de roi était la mort la plus ignominieuse qui soit: la crucifixion. Je tentai de le convaincre de se rétracter publiquement et lui offris même, en échange, un exil doré dans l'endroit de son choix. Nous discutâmes toute la nuit de manière fort civilisée, mais rien ne put ébranler ses convictions.

Il était hors de question que je puisse le libérer. Son influence était bien trop grande et je devais faire un exemple. Lorsque je lui demandai, résigné, s'il était bien celui qu'on appelait le roi des juifs, il me répondit simplement « tu le dis », en apparence indifférent au fait qu'il scellait ainsi son sort. J'appelai donc les gardes et le fis conduire en prison. Puis je signai sa condamnation et, un peu à regret, me lavai les mains de lui.

La sentence fut exécutée le lendemain, premier jour de la Pâques juive. Il fut d'abord fouetté puis mené vers la colline de Golgotha, à l'extérieur de Jérusalem. Comme le veut l'usage, il porta lui-même la barre transversale de sa croix, le PATIBULUM. *Une fois sur place, lorsque le soleil était à sa méridienne, il y fut cloué par les poignets pendant que quelques centaines de légionnaires contrôlaient la foule hostile. Il fut ensuite hissé au poteau et ses pieds y furent rivés. Je fis accrocher au sommet de la croix un* TITULUM *indiquant son crime : «* IESUS NAZARENUM, REX IUDAEORUM[50] *». De chaque côté de lui se trouvait un autre séditieux.*

Trois heures plus tard, il était déjà mort, ce qui m'étonna. Habituellement, le supplice dure beaucoup plus longtemps. Pour s'en assurer, un légionnaire lui enfonça sa lance dans le côté. Comme il avait expiré si vite, le CRUCIFRAGIUM *lui fut évité et ses jambes ne furent pas brisées, comme on le fait habituellement pour accélérer l'agonie. J'aurais dû le laisser pourrir sur la croix, comme le veut l'usage, mais j'éprouvais une étrange sympathie pour cet homme digne et je désirais lui éviter cet ultime outrage. J'autorisai donc les siens à le descendre de la croix et à disposer de sa dépouille,*

50. Jésus, Roi des Juifs.

ce qu'ils firent sans tarder. Quelques jours plus tard, une rumeur inquiétante s'est mise à courir. On racontait que Ieschoua avait survécu. Après enquête, la chose se confirma. Il appert que ses partisans l'avaient drogué pour qu'il paraisse mort. Mais que pouvais-je faire ? La sentence était accomplie et Ieschoua avait disparu sans laisser de traces.

Tout cela se passait voilà trois semaines. Dans Jérusalem, les passions se sont calmées. Mais déjà, on entend chuchoter que le dieu des juifs a ressuscité leur Roi pour qu'il revienne, un jour, chasser Rome d'Israël. Ma plus grande crainte demeure que l'on fasse de Ieschoua un mythe. Car un mythe est infiniment plus puissant que la réalité. Quoi de mieux, en effet, qu'un homme devenu dieu pour motiver les juifs à se révolter ? Quoi de plus dangereux qu'une petite secte qui devient religion ? Je garde donc l'œil bien ouvert et veille à tes intérêts, mais pour l'instant, la rébellion semble bien brisée, ô divin César.

Que les dieux te gardent.

Le 12 avril DCCLXXXVI
depuis la fondation de Rome,
dans la dix-neuvième année de ton règne.

53

Ébranlée, Anna déposa la traduction latine de la lettre de Pilate à côté de l'originale. Roland s'efforçait de donner un sens à tout ce qu'on venait de lui asséner en quelques minutes. Il n'était pas théologien, mais il n'était pas complètement ignare non plus. De toute évidence, le monde tel qu'il le comprenait venait de changer pour toujours. De l'autre côté de la table, son verre au creux des mains, Weinsteiner les observait avec la patience tranquille de celui qui a compris depuis longtemps que les choses vraiment importantes prennent du temps et qui accepte le sort, quel qu'il soit.

— Ces documents sont véritables? s'enquit Roland d'une voix éteinte par le choc.

— Leur authenticité est indiscutable, confirma le patriarche.

— Et les traductions? s'enquit Anna avec une pointe d'espérance dans la voix.

— Elles ont été vérifiées et trouvées rigoureusement exactes par nos experts, chère madame. N'oubliez pas que l'araméen était la langue des Hébreux de l'Ancien Testament. Certains des nôtres la connaissent encore bien. Le latin date du Moyen Âge et l'encre et le papier sont authentiques.

Weinsteiner se tut et les regarda avec la même sérénité qu'auparavant, leur laissant le temps de digérer les informations.

— Je n'ai pas été à la messe depuis mes dix ans et je suis à peu près sûr que je prendrais feu si je touchais à une hostie ou à de l'eau bénite, mais je me souviens encore un peu de l'histoire sainte. Ce Yehohanan, c'est... ? s'enquit Roland.

— Jean, confirma le vieil homme. Non pas l'Évangéliste, mais celui que les chrétiens connaissent comme le Baptiste. Celui qui baptisa Jésus dans le Jourdain, confirma le patriarche.

Un silence retomba dans la cuisine. Roland tendit une main qui tremblait un peu vers son verre de schnaps, le porta à sa bouche et le vida d'un trait avant de le reposer sur la table.

— Vous aviez raison. J'en avais besoin, admit-il sans gêne en grimaçant tandis que la brûlure de l'alcool lui mouillait les yeux.

— Évidemment, le choc est plus violent pour des chrétiens, compatit le vieil homme, qui semblait savoir exactement ce qu'ils ressentaient.

— Les conséquences de ce que je viens de lire... fit Anna, sans pouvoir terminer sa phrase.

— ... Sont immenses, compléta Weinsteiner. Comme vous avez pu le lire, Jean le Baptiste considère Jésus, son propre cousin, comme un séditieux et un imposteur, et non pas comme le messie envoyé par Dieu pour sauver les hommes. Un lion plutôt qu'un agneau sacrifié. Le reste de l'épître prêche l'ancienne religion que pratiquaient plusieurs sectes juives de l'époque et tous les hérétiques que l'Église a effacés de la surface de la Terre depuis. Pour sa part, Ponce Pilate, procurateur de Judée, présente Jésus à l'empereur Tibère comme un agitateur charismatique un peu magicien qui se prétend le roi des juifs. Et, chose capitale dans l'affaire qui nous concerne, il affirme que Jésus a feint de mourir sur la croix avec l'aide de ses partisans.

Tandis que le vieil homme remplissait à nouveau son verre, Roland jeta un regard vers Anna. Le visage de l'amnésique était ravagé.

— Ainsi donc, la religion chrétienne n'est qu'une supercherie, laissa-t-elle tomber, atterrée. Une sinistre et cruelle farce.

— Si Jésus a survécu à la croix, c'est qu'il n'a pas ressuscité, confirma le patriarche. Et sans le dogme de la résurrection, l'Église chrétienne n'a plus de fondations théologiques. Par conséquent, elle n'a plus de raison d'être. Et chaque pape depuis Pierre est au courant. Le mythe du Christ les a bien servis.

— Deux mille ans à faire gober ces conneries aux fidèles, fit Roland sidéré. Putain de Dieu…

— La description est assez juste, oui, ricana Weinsteiner. Ieschoua ben Ioseph a poursuivi tranquillement sa vie et est mort à un âge avancé, entouré des siens. Mon peuple le sait depuis toujours, mais personne n'écoute les Juifs. Et l'Église, qui les accuse depuis mille ans d'avoir tué le Christ, les persécute et les brûle ! Meh ! On peut parler jusqu'à en avoir le visage bleu, il faut une preuve.

D'un geste, il désigna les documents sur la table.

— Et la voici.

Tu retourneras parmi les vivants et tu protégeras la Vérité jusqu'au moment de sa révélation. Roland se sentit envahi par un profond sentiment de soulagement. Il connaissait enfin la Vérité, qui serait sous peu révélée : l'épître de Yehohanan et la lettre de Pilate à Tibère. Il avait contribué à les protéger. Il avait réussi. Sa gorge se serra. Son âme était sauvée. Il eut une pensée pour Gondemar de Rossal, auquel il était lié par-delà le temps et la mort. Il peinait à imaginer l'effet qu'avait eu cette découverte sur cet homme d'une époque entièrement imprégnée et dominée par le christianisme. Le pauvre diable avait dû avoir l'impression que le sol se dérobait sous ses pieds et que son univers s'effondrait. Rahn avait dit vrai. Le Graal n'avait rien de saint.

— L'existence de ces documents doit vous ravir, dit-il d'un ton acide.

— À strictement parler, bien sûr, convint le vieil homme. Imaginez les conséquences s'ils sont rendus publics. La chrétienté qui nous persécute depuis deux millénaires et nous accuse de tous les malheurs du monde ne serait plus qu'un tas de ruines fumantes. Pour les Sages de Sion, ils représentent un pouvoir formidable.

— Je note que vous parlez au conditionnel, remarqua Anna, méfiante.

— Rien ne vous échappe, madame. En effet, leur révélation, bien que tentante, n'est pas nécessairement l'option la plus profitable, confirma le patriarche. Il suffirait de les agiter un peu pour que l'Église catholique, toutes les confessions protestantes et l'église orthodoxe, chantent comme des canaris. Nous pourrions les contraindre à faire tout ce que nous voulons, y compris mobiliser leurs considérables ressources pour protéger les Juifs du génocide mondial qui s'annonce. Ironique, non? Vous comprenez, maintenant, pourquoi il nous fallait à tout prix récupérer ces documents avant les nazis? À plus d'un égard, ils signifient la survie de notre peuple.

Le vieillard se tortilla un peu sur sa chaise, dont l'assise dure endolorissait ses fesses maigres.

— Maintenant, passons aux choses sérieuses, annonça-t-il quand il fut à nouveau à l'aise.

— Vous voulez dire qu'on n'y était pas encore? rétorqua Roland, stupéfait.

— Tout dépend du point de vue, je suppose, ricana amèrement le patriarche. Voyez-vous, l'Histoire n'est pas ce qu'elle paraît. En surface, elle consiste en une interminable succession de causes et d'effets, de décisions et de conséquences. Le plus souvent, les historiens arrivent à en dégager un sens. Ce qu'ils ignorent, c'est que les choses se décident souvent derrière le décor.

Il prit une gorgée de schnaps et se frotta le visage avec une immense lassitude.

— Des forces agissent dans l'ombre depuis des millénaires, reprit-il. Les Sages de Sion en font partie, évidemment, mais nous ne sommes pas seuls. D'autres groupes tirent les ficelles, insinuent, influencent les puissants, infiltrent les lieux de pouvoir, bloquent ou facilitent les initiatives selon des intérêts qui leur sont propres. Tous disposent en abondance de deux denrées rares : le temps et la patience. Ils durent alors que les pouvoirs politiques, économiques et religieux finissent toujours par passer.

Les mots d'Otto Rahn revinrent en tête à Roland. *Les SS te trouveront. Rien ne leur échappe. Ils voient tout. Ils ont des tentacules partout. Ils peuvent tout. Ils décident de la vie et de la mort de millions de gens.* Les SS ! Quelle ironie ! Il faisait allusion aux Sages de Sion.

— Parmi ces forces occultes se trouve le *Germanenorden*. Les SS les plus importants en font partie et influencent les décisions du Troisième Reich pour la reconstruction d'Ultima Thulé et la restauration de la religion nordique. À l'autre extrémité du spectre se trouvent les Familles Fondatrices, continua Weinsteiner. Depuis les débuts du christianisme, ces familles juives forment un réseau occulte consacré à une seule cause : la recherche des preuves matérielles de la fausseté du christianisme et la restauration éventuelle de l'ancienne religion de Yehohanan. Notre religion, à nous, juifs. On leur doit la création, en 1119, des *Pauperes commilitones Christi Templique Salomonici*[51] ayant pour mission de fouiller les ruines du temple de Salomon afin d'y trouver de telles preuves. Ce sont eux qui ont découvert les documents dont vous venez de prendre connaissance. La lettre de Pilate a été confiée à un noyau occulte au cœur du Temple : l'Ordre des Neuf, établi dans la forteresse de Montségur, dont l'unique raison

51. Pauvres Chevaliers du Christ et du Temple de Salomon.

d'être était de protéger ce qu'il appelait « la Vérité ». Il accueillait exclusivement des cathares jusqu'à ce que Gondemar de Rossal y soit admis au début du treizième siècle. Pour autant que nous puissions le dire, Rossal en a été le dernier maître. Une autre faction des Neuf était implantée à Gisors pour veiller sur un suaire prouvant la survie de Jésus, et que le pape Innocent III a réussi à détruire. Quant à la protection du reliquaire et de l'épître de Yehohanan, elle a été assurée par un ordre différent, appelé le *Praetorium*, situé au-dessus du précédent dans la hiérarchie des Familles Fondatrices, et qui chapeautait Montségur et Gisors. Rossal en a aussi été le dernier chef.

Le vieil homme eut un ricanement mauvais, visiblement amusé par la tournure des événements.

— Ironiquement, l'Église a cherché pendant plus de mille ans à s'emparer de la lettre de Pilate à Tibère alors qu'au fond, celle-ci n'avait pas beaucoup d'importance pour les Familles Fondatrices en comparaison du texte du Baptiste. Le plus drôle, c'est qu'elle vient de la perdre de nouveau. Les Familles et le *Praetorium* n'ont pas donné signe de vie depuis la fin du treizième siècle. Sans doute considéraient-elles leur mission accomplie.

— Bon, alors, des forces occultes écrivent l'Histoire dans les coulisses, tout le monde cherche des documents incriminants et les religions sont de tristes farces, résuma Roland avec irritation. Vous avez vos documents, vous tenez l'Église par les couilles, vous nuisez aux boches et vous protégez les vôtres. Tout est bien qui finit bien. Maintenant, si vous n'avez pas d'objection, cette dame et moi, on doit y aller. Elle a une mémoire à retrouver et moi, j'ai un archange à rencontrer.

Roland fit mine de se lever, mais Weinsteiner leva la main pour lui signifier de patienter.

— Malheureusement, il y a beaucoup plus, indiqua-t-il.

Voyant le visage grave du vieillard à qui il se surprenait à vouloir faire confiance, Roland se laissa retomber sur sa chaise, en attente de la suite.

— Plus... soupira le damné, à court d'étonnement.

— L'Ordre des Neuf et le *Praetorium* ne savaient pas tout. Rossal encore moins. Les Familles Fondatrices ont survécu parce qu'elles savaient compartimenter leurs secrets et faire en sorte que personne ne les connaisse tous. Nous tenons de source sûre que Himmler et ses fanatiques sont à la recherche d'une relique, sans doute retrouvée jadis par un autre organe des Familles, et face à laquelle la lettre de Pilate et l'épître de Yehohanan prennent des airs de mauvaise blague. Une fois mise au jour, elle aurait, semble-t-il, le pouvoir de détruire d'un seul coup toutes les confessions chrétiennes et le judaïsme, ce qui laisserait le champ libre à la folie des nazis. C'est elle qu'ils convoitent plus que tout. La lettre et l'épître ne sont que des amuse-gueules.

Jacob Weinsteiner regarda tour à tour Anna et Roland dans les yeux. Tout éclat de vie avait déserté son regard. L'air vieux et harassé, il affichait l'apparence de celui qu'il disait être : l'homme qui portait seul, sur ses épaules voûtées, le poids d'un peuple et de son histoire cinq fois millénaire. Roland, lui, sentit le découragement l'envahir alors qu'il prenait conscience que rien n'était terminé.

— Et... Quelle est cette relique? s'entendit-il demander d'une voix éteinte.

— Avez-vous déjà entendu parler des Tables de la Loi, monsieur Sentenac?

À SUIVRE